新时代新理念职业教育教材·铁道交通类

动车组牵引传动系统

主　编　李　笑

副主编　张冰玉

主　审　高静涛

前　　言

　　"动车组牵引传动系统"是动车组检修技术专业的一门核心课程。该课程从工作岗位的需求出发，注重学生专业能力、方法能力和社会能力的养成，以适应将来从事动车组检修及相关岗位的高技能型专门人才的岗位能力需求。本书主要介绍了 CRH_1、CRH_2、CRH_3、CRH_5 四种车型的动车组高压电器的基本工作原理、机构特点及技术参数等内容，并以 CRH_2 型动车组为例详细讲解其牵引主电路图及相关控制电路图。

　　在本书的编写过程中，为适应动车组检修技术专业高技能人才培养的要求，我们在搜集大量技术材料的基础上，坚持理论联系实际的原则，突出实用性和可授性，减少了繁杂的理论分析、公式推导，力求做到图文并茂、语言规范、深入浅出、通俗易懂，满足读者多方面的需求。

　　本书由天津铁道职业技术学院李笑担任主编，天津铁道职业技术学院张冰玉担任副主编，北京铁路局车辆处高静涛主审。其中项目1、项目3、项目6由李笑编写，项目2由张冰玉编写，项目4由天津铁道职业技术学院梁炜昭、罗利锦、尚红霞、李遐编写，项目5由天津铁道职业技术学院唐红林、张磊、梁玲坤，兰州铁路局兰州车站曲志恒编写。

　　由于时间紧迫及编者水平有限，书中不足之处在所难免，恳请广大读者批评指正。

编　者

2016 年 6 月

目　录

项目1　牵引传动系统简介

项目描述

作为动车组的九大关键技术之一，高效的牵引控制系统是实现高速行车的重要保障。动车组牵引系统的本质是通过向动车牵引电动机提供适当的电能，使电机在合理的工况下实现由电能到机械能的转换，从而达到调节传动装置速度，控制车速的目的。就高速动车组而言，这一目的的实现需要更为先进成熟的受流技术，比现有普通机车牵引效率更高的动力及传动装置，同时配合采用分散式的动力配置方式等，这些也是发展高速动车组所必须解决的技术问题。

通过对本项目的学习，读者能够对动车组牵引传动系统有整体的认识，为后续课程的深入学习奠定良好的基础。

本项目任务：

任务1.1　电力牵引传动方式与装置；

任务1.2　动车组牵引动力的配置方式。

教学目标

1. 知识目标

（1）了解动车组牵引传动系统相关理论知识；

（2）熟悉动车组牵引传动系统的传动装置；

（3）掌握动车组不同的配置方式及各种配置方式的特点。

2. 能力目标

（1）能够区分动车组牵引传动系统中的各电器部件；

（2）能判断动车组牵引动力的配置方式；

（3）能对部分国家动车组的牵引方式有所了解。

3. 素质目标

（1）培养学生利用网络自学的能力；

（2）在项目完成过程中培养学生企业经济效率意识、创新和挑战意识；

（3）在项目完成过程中培养学生严谨认真的态度；

（4）能客观、公正地进行学习自我评价及对小组成员的评价。

【任务1.1】 电力牵引传动方式与装置

　　高速动车组是当今世界高新技术的集成，应用了轮轨关系、交流传动、制动控制、列车运行控制、信息工程、空气动力学工程、人体工程、环保工程、可靠性与安全性技术等多个专业领域的研究成果，是高速铁路的标志性装备。动车组共有九大关键技术，包括动车组系统总成、转向架、车体、牵引传动系统（通常再细分为牵引电机、牵引变压器、牵引变流器、牵引控制系统）、网络控制系统、制动系统，如图1-1所示。由此可见动车组牵引传动系统是动车组技术最重要的组成部分，通常称之为动车组的"心脏"。

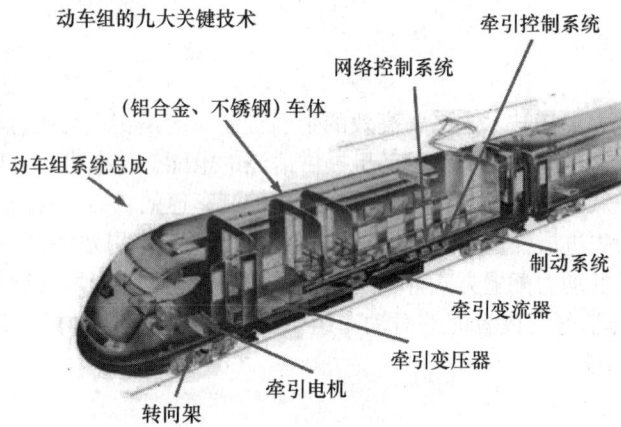

图1-1　动车组的九大关键技术

1.1.1　传动方式与传动装置

1. 传动方式

　　所有的牵引传动系统大致分为两类，一类是非电力传动，另一类是电力传动。

　　非电力传动就是在能量转换的过程中没有电能的参与，比如蒸汽机车的传动方式及内燃机车的机械传动和液力传动都属于非电力传动（见图1-2），这样的传动方式弊端很多，早已退出了历史舞台。

图1-2　非电力传动机车

所谓的电力传动就是将外部输入的能源（如电力动力车）或本身产生的能源（如内燃动力车）通过一整套电能变换和传递装置，将电能转换为机械能，驱动动力车轮对以牵引列车。这种电能变换和传递装置称为电传动装置。

目前高速列车的牵引传动系统绝大部分采用电力牵引传动方式，即使个别采用内燃牵引的高速列车也采用电力传动方式。因此可以说，高速列车的牵引传动系统毫无例外地一律采用电力传动方式（见图 1 - 3）。

图 1 - 3　电力传动机车

2. 传动装置

图 1 - 4 所示为电力牵引系统的组成。一般习惯上以车载受电弓为分界点，受电弓以上为供电部分，包括接触网线、牵引变电所等，受电弓及以下部分为牵引传动装置部分，主要由受电弓、主断路器、牵引变压器、牵引变流器及牵引电机组成。

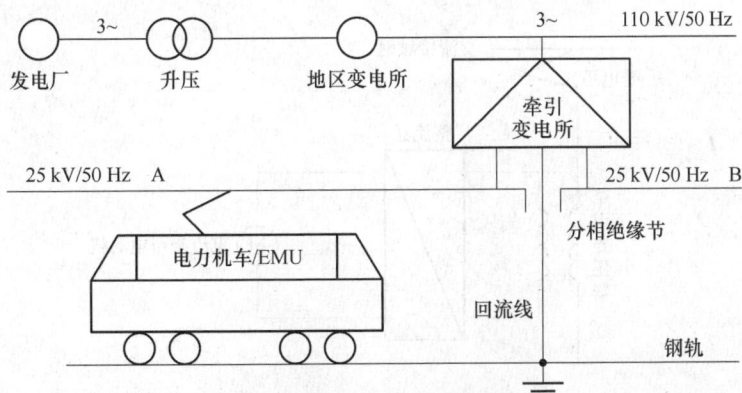

图 1 - 4　电力牵引系统的组成

1.1.2　电力牵引传动方式

按照电传动装置所采用的牵引电动机的类型，电力牵引传动方式可分为两大类，一类是以直流牵引电动机为动力的直流电传动方式；另一类是以交流牵引电动机为动力的交流电传动方式。

1. 直流电传动

直流电传动根据其牵引供电系统的不同分为直—直电传动和交—直电传动。

直—直电传动是指供电系统为直流供电，牵引电动机为直流牵引电动机的传动方式。直—直电传动动力车原理图如图1-5所示。动力车通过受电弓从接触网获得直流电源，电能直接供给直流牵引电动机，转变为机械能后通过传动装置驱动动力车轮对。

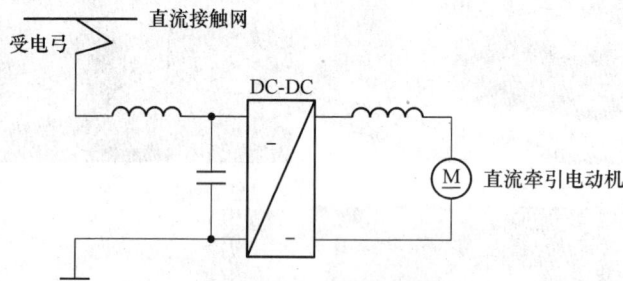

图1-5　直—直电传动动力车原理图

由于直—直电传动的设备简单、技术可靠，因此其在铁路电气化早期发展阶段占有主导地位。但随着列车速度和质量的提高，牵引功率要求有更大的增长，而直—直电传动由于本身的一些不足（如接触网电压受直流牵引电动机电压的限制而不能大幅度提高、接触网使用的有色金属较多、牵引变电所数量多等），不可能得到进一步的发展，目前个别国家的高速列车采用直—直电传动方式，是不得已沿用既有电气化铁路直流供电系统的结果。从20世纪50年代开始新建的电气化铁路则大都采用单相工频交流供电系统，其传动方式转为交—直电传动。

交—直电传动是指由单相交流供电系统供电，直流牵引电动机为动力的传动方式。交—直电传动动力车原理图如图1-6所示。动力车通过受电弓从接触网获得单相交流电源，经牵引变压器降压后再由整流器将交流电变为直流电给直流牵引电动机供电，实现电能向机械能的变换。

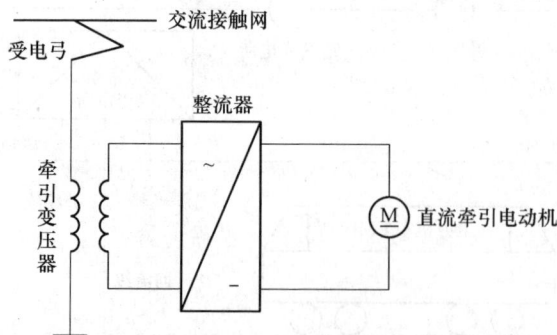

图1-6　交—直电传动动力车原理图

目前世界上一些国家的高速列车采用这样的传动方式，现以法国 TGV - PSE 高速列车动力车的传动为例进行介绍，其原理图如图 1 - 7 所示。该列车由前后 2 节动力车和中间 8 节拖车组成，动力车采用双流制的电传动方式，即能在两种不同的电流制式下工作的一种电传动方式。动力车既能在直流供电制下工作又能在交流供电制下工作。这是法国为了解决直流供电与交流供电区段衔接而采用的一种方式。

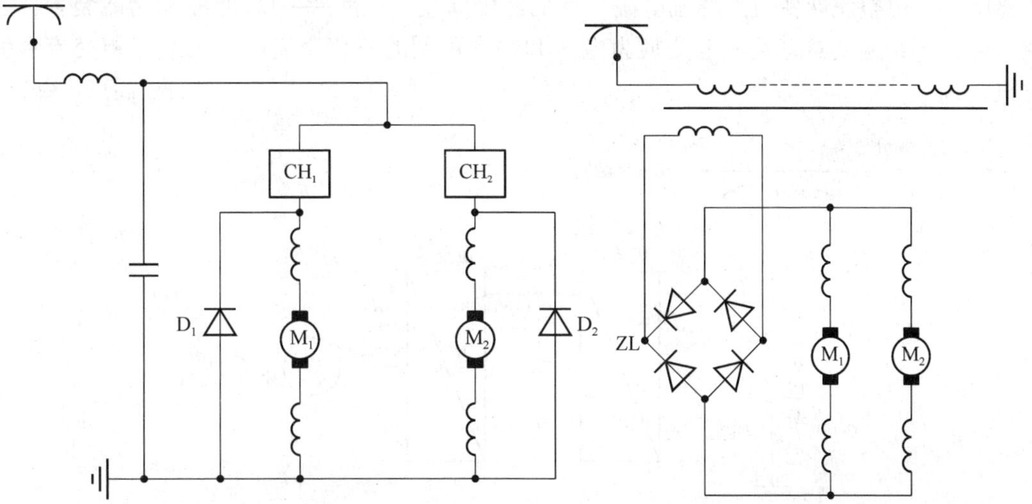

(a)直-直电传动的主电路　　　　　　　　　(b)交-直电传动的主电路

图 1 - 7　TGV - PSE 高速列车动力车原理图

D_1、D_2—二极管；CH_1，CH_2—斩波器；ZL—整流器；M_1，M_2—牵引电动机

TGV - PSE 高速列车在旧线上运行时，由电压为 1.5 kV 的直流电网供电，最高速度不超过 200 km/h；在单相交流 25 kV、50 Hz 供电条件下运行时，动力车能发挥它的全部功率，最高速度可达到 260 km/h。每台动力车设有三个电气柜，分别向同一转向架上安装的两台直流串励牵引电动机供电。

电力牵引从直流制转为交流制是铁路电气化的一大技术进步，因为单相工频交流制具有一系列的优点，具体如下。

（1）可以大大提高动力车的牵引功率，为高速运行提供最根本的前提条件；

（2）可以实现高压输电，减少变电站的数量，从而降低电气化的初期投资；

（3）大大减少有色金属用量（约可减少60%）；

（4）可以降低能耗约1/3，从而减少运营支出；

（5）可以避免直流电腐蚀底下设施。

2. 交流电传动

交流电传动是指交流供电系统供电，交流牵引电动机为动力的一种传动方式。交流牵引电动机与直流牵引电动机相比具有功率大、转速高、体积小、质量轻、成本低、结构简单、运行可靠、维修方便等优点。但是，在相对长的一段时间内，采用交流牵引电动机为动力的传动方式终因调速不便和效率低而未被应用。直到 20 世纪 70 年代，由于电子技术的飞速发展，特别是晶闸管技术和大功率逆变技术的逐步成熟，使得在大功率条件下交流电的变频得以顺利实现，从而可以使交流牵引电动机的转速和转矩能够得到快速、平稳、精确的控制。

交流电传动形式很多，但主要有以下两种。

1）交—直—交电传动

这种电传动方式的特点是在交流电源和交流输出之间有一直流电路。图 1-8 所示为交—直—交电传动动力车原理图。动力车通过受电弓从接触网获得单相交流电源，经牵引变压器降压后由整流器变换为直流电源，然后经中间直流电路——LC 滤波和储能装置，送入逆变器，再经逆变器将交流电变换为电压和频率可调的三相交流电，供给三相交流牵引电动机。

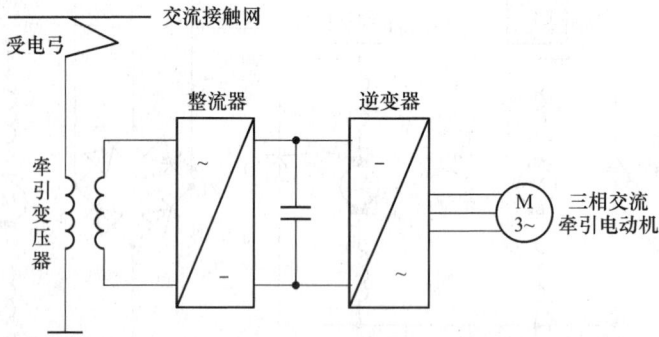

图 1-8　交—直—交电传动动力车原理图

CRH 系列动车组采用交—直—交电传动方式，其变压、变频技术也是传统电传动技术的一项突破。

2）交—交电传动

这种传动方式的特点是单相交流电源不经中间直流电路，直接变换为频率可调的三相交流电，供给三相交流牵引电动机。交—交电传动动力车的原理图如图 1-9 所示。动力车通过受电弓从接触网获得单相交流电源，经牵引变压器降压后，通过一个或几个变频装置直接变换成频率可变的三相交流电，供给三相交流电动机。

交—交电传动方式在动车组上较少采用。

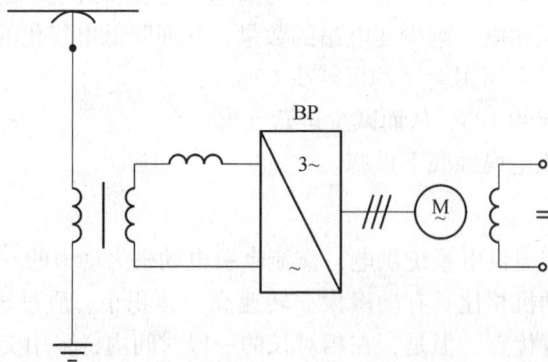

图 1-9　交—交电传动动力车的原理图

BP—变频装置；M—三相交流牵引电动机

【任务 1.2】 动车组牵引动力的配置方式

1.2.1 牵引动力的型式

电力牵引和内燃电传动牵引同样都能满足牵引高速列车的要求。从世界各国发展高速铁路的情况看，尽管电力牵引初始投资较大，但绝大多数国家的高速列车都采用电力牵引。这是因为电力牵引具有牵引功率大、轴重小、经济性能好、利于环境保护等一系列优点。内燃电传动牵引因其投资少、见效快、经济性能好等特点，应用于高速列车的牵引也有成功的先例，如英国的 HST 高速列车、德国的 VT610 内燃动车组。内燃电传动牵引可用于尚未电气化的高速铁路区段，也可作为加速发展高速铁路建设的一种过渡牵引型式。

1.2.2 牵引动力的配置

目前世界上高速电动车组有两种牵引方式：动力分散式和动力集中式。前者以日本为代表；后者以欧洲为代表。动力分散配置又有两种模式：一种是完全分散模式，即高速列车编组中的车辆全部为动力车，如日本的 0 系高速列车，16 辆编组中全部是动力车；另一种是相对分散模式，即高速列车编组中大部分是动力车，小部分为无动力拖车，如日本的 100 系、700 系高速列车。动力集中式电动车组列车头尾各有一台动力车，以前拉后推形式运行，中间为拖车，这种动力布置方式实质上是传统机车牵引方式的变形，欧洲主要采用这种方式。但随着动车组运行速度的不断提高，欧洲 300 km/h 以上的动车组也转向动力分散的形式。

1. 动力集中式

动力集中式高速列车是将这些动力设备全部安装在两端的头车，如图 1-10 所示，全列车的牵引力由集中在动力头车的动力轮对上的电动机提供。此时须注意两个问题：第一，动力轴的质量必须能够提供牵引力所需的黏着力，否则动力车轮将产生空转，丧失牵引力，不但使电机功率不能发挥，反而会损伤车轮和钢轨。第二，动力轴的质量又不能过大，否则在高速运行时会产生过大的轮轨力，损坏钢轨和线路。为此，欧洲高速铁路网在有关的技术规程中规定高速列车的最大轴重不能超过 17 t，在做牵引力计算中，当低速启动时，黏着系数定为 0.2；当运行速度为 100 km/h 时，黏着系数为 0.17；当运行速度为 200 km/h 时，黏着系数为 0.13；当运行速度为 300 km/h 时，黏着系数为 0.09。

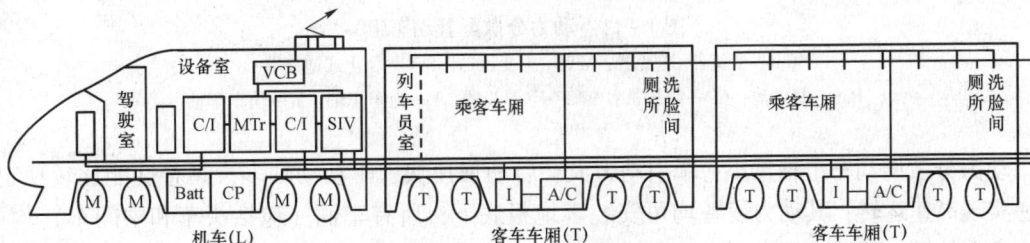

图 1-10 动力集中配置动车组

VCB—真空断路器；C/I—变流器/逆变器；MTr—主变压器；SIV—静止式逆变器；
Batt—蓄电池；CP—空压机；A/C—空调装置；T—拖车车轴；M—动车车轴

动力车轴重及轮轨黏着系数的限值，给高速列车的动力配置造成了很多困难。如德国设计的 ICE1 型动力集中型高速列车的动力车每轴功率为 1 200 kW，一台动力头车的功率为 4 800 kW，较大功率的动力设备和传动机构，使每轴的轴重达到 19.5 t。尽管它有很大功率的牵引电动机，并且可以产生较大的启动牵引力（双机启动牵引力为 400 kN），但过大的轴重使欧洲高速铁路网拒绝接纳。针对这一问题，法国采取的办法是保持动力车轴重为 17 t，采用增加动力转向架的方式来满足列车功率和牵引力的需要。即在紧接动力头车的拖车中将靠近动力车的一台转向架设为动力转向架，如用在巴黎—伦敦的 EUROSTAR 型和出口韩国的 TGV 高速列车都是这样的动力设置。

但是动力集中设置有其特有的优点，主要在于集中在头车的动力设备便于检修和集中通风冷却，同时使拖车少负担动力设备的质量和噪声干扰。

2. 动力分散式

另一种动力配置方法，为动力分散式，是将全列车分为若干个动力单元，每一个动力单元中将牵引电机的驱动轴（动力轴）分散布置在动力单元的每一个或部分车轴上，更重要的是将传动系统的各个动力设备也分散地设置在各个车辆底下，而不占用任何一辆车厢。图 1–11 所示即该类配置的一个例子，图中为 2 辆动力车和 1 辆无动力拖车（简称 2 动 1 拖）组成的一个列车单元。动力分散式列车可以按需要由若干个动力单元组成，列车两端必须设有带驾驶室的头车。从图 1–11 可以看出动力系统的主要设备包括主变压器、变流器/逆变器，以及空压机、空调装置等辅助设备，它们都以吊挂的方式置于各车体的底部，为了平衡质量分配，拖车下面也安装一定的动力设备，此图为一种典型的配置方式，主变压器承担前后 2 台动力车的功率供给，即 2 台动力车共用一台主变压器。

动力分散布置列车单元一般可由 2 ~ 4 辆车构成。根据列车的牵引、加速、最高速度等特性决定各单元动车（M）和拖车（T）的组合。如可能的组合和有 2M、2M1T、2M2T、3M1T、4M 等。如 CRH₁ 型车有 3 个牵引动力单元；CRH₂、CRH₃ 及 CRH₅ 型车分别都有 2 个牵引动力单元。

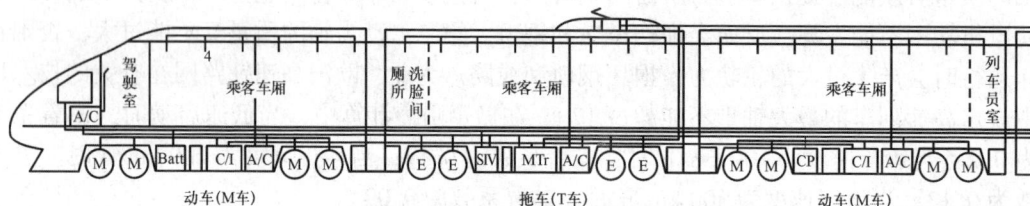

图 1–11　动力分散配置动车组

C/I—变流器/逆变器；MTr—主变压器；SIV—静止式逆变器；
Batt—蓄电池；CP—空压机；A/C—空调装置；E—拖车车轴；M—动车车轴

动力分散型动车组轴重小，牵引动力大，启动加速快，驱动动轴多，黏着性能比较稳定，容易实现高速运转；其动力设备均可安装于地板底下，所有车辆（包括头车和中间车）均可作为客车使用，以此来提高列车定员。以新干线 300 系为例，其额定功率为 12 000 kW，启动加速牵引力可达到 360 kN，每吨启动加速牵引力可达 0.5 kN，由启动加速到 250 km/h 速度的时间仅需 215 s，走行 9.6 km。新干线 300 系每米定员为 3.29 人，超过 TGV – A 的 2.04 人和

ICE 的 1.85 人。基于这种特点，动力分散型动车组比较适合铁路路基松软、站距较短的日本等国家。40 年来，日本始终坚持动力分散型电动车组，从 0 系到 700 系，一直不变，取得了辉煌的成绩。之所以取得这样大的成绩，主要缘于：

　　(1) 轮轨作用力小，牵引、制动性能良好；

　　(2) 采用交流传动（从 300 系开始）；

　　(3) 部件轻量化；

　　(4) 采取了减小运行阻力和噪声的措施。

3. 动力集中式与动力分散式之间的特点比较

　　动力集中型动车组为世界许多国家广泛采用，其运行速度也可达到 330 km/h，动力集中型动车组技术成熟，编组较动力分散型动车组更为灵活。另外，在成本方面，动力集中型两端为动力车，设备集中，动力设备数量少，在车内环境方面，动力集中型驱动装置集中在两端，远离旅客座位，噪声小。动力分散型驱动设备分布在车下，有一定的振动影响。

　　综合上述内容，可从以下几方面对两种不同动力配置方式的动车组进行比较。

　　1) 牵引总功率和轴功率

　　从轮轨关系来看，理论上每根动轴能传递的牵引功率为轴重、黏着系数和速度的乘积，而实际上能实现的功率受轮径、传动装置布置方式和电传动技术水平等的限制，由于动力分散式电动车组的轮径和车体底下空间位置比动力集中式的小（实际上也不需要大），所以就单轴功率而言，动力分散式的较小，目前最大为 550 kW，动力集中式的大，目前最大可达 1 200 kW。就动车组总功率而言，由于动力分散方式动轴多，可以超过 10 000 kW；动力集中式目前尚未超过 10 000 kW。当然，也可以在动力车相邻的中间车转向架上加牵引电动机的办法来增加总功率，但总的来说，只要站线长度允许，动力分散式可以增加动力单元，其总功率比动力集中式大，从而可牵引更多的车厢，并且能保证较快的启动加速度。

　　2) 最大轴重和簧下重量

　　根据日本新干线的运用经验，在速度和簧下重量一定时，轨道下沉量随着轴重增加而增加，所以采用动力分散式的理由之一是可以减少线路建设费用，降低轴重。一般轴重在 16 t 以下，新干线 300 系车降到 11.4 t。动力集中式电动车组一般轴重大，规定不超过 17 t，但 ICE 车高达 19.5 t，所以就最大轴重而言，动力集中式比动力分散式大，对线路不利。但对轨道的破坏不只是轴重，簧下重量也起着同样重要的作用。日本曾就轴重 14 t、10 t 计算了簧下重量与运行速度的关系。结果表明，如果簧下重量不变，即使减轻轴重，对轨道的破坏也不会有太大的好转，簧下重量必须与轴重一起减少。

　　3) 黏着重量

　　动力分散式一般轴重较轻，单轴黏着力也较小，但由于动轴多，可以发挥的黏着牵引力大，而动力集中式虽然轴重大，单轴黏着力大，但由于动轴少，单轴黏着利用接近极限，可以发挥的总的黏着牵引力小。就启动加速度而言，经计算表明，在低速区段，动力分散式可以充分利用黏着重量大的特点，动力集中式黏着重量小，低速时采用恒流控制。

4）制动

动力分散式的一个主要优点是动轴多，对每个动轴都可以施加电力制动和盘形制动，制动功率大，甚至可以超过牵引功率，使列车迅速停车，动力集中式动轴少，制动功率没有动力分散式那么大。

5）制造成本

采用动力分散式电动车组，电气设备分散，总重大，造价高，日本曾用传统机车牵引客车和动力分散式电动车组作过比较，BD75 型机车牵引 12 辆客车，一列车造价为 34 240 万日元，而 583 电动车组 6 辆动车和 6 辆拖车的造价为 47 740 万日元，为了降低列车制造成本，日本已由 16 个全动车减少到 12M＋4T 及 10M＋6T。意大利 ETR450 型 10M＋1T 一列车造价为 2 200 万美元，法国 M－P 型 1M＋8T＋1M 一列车造价为 1 300 万美元，这都说明动力集中式电动车组造价比动力分散式电动车组低得多。

6）维修费用

由于动力分散式电动车组的每辆动力车均装有一套电气设备，维修工作量大。德国曾把动力分散式电动车组与一台 BR41 型电力机车牵引三辆客车的穿梭列车作过比较，结果表明，如果只分析每公里折旧维修费，则 BR430 型电动车组约贵 50%，BR420/421 电动车组约贵 20%。日本也承认动力分散式电动车组维修费用比动力集中式电动车组高得多，就拿 TGV－A 与 TGV－P 来比较，由于电动机由 12 台减少到 8 台，中间车由 8 辆增加到 10 辆，每座位公里的检修费用 TGV－A 比 TGV－P 低 20%。

德国 ICE1 列车和 ICE2 长编组列车采用推挽式电动车组，两端为动力车，中间为拖车，即采用传统的机车牵引模式，而 ICE3 转为动力分散式动车组（EMU）。欧洲铁路联盟拟建统一的高速列车网，新“全欧通用”技术规范于 1997 年生效。要进入这个网，德国铁路必须与国际接轨，在技术上，性能上满足欧洲高速运输对高速列车的要求。考虑市场竞争的需求，因此，ICE3 采用动力集中式已不适合，原因是轴重限制 17 t（ICE1 是 19.4 t），最高速度 300 km/h，线路坡度 40‰，并且要增加座位数等。采用动力分散式可增加乘员，并使整列车质量分布更均匀，随之降低了最大轴重，得到更好的牵引特性和降低单位座席的质量。此外还提高了再生制动的利用率，制动功率为 8.2 MW，最大电制动力为 300 kN，相当于 ICE2 “短编组”的 2 倍，减少了盘形制动的磨耗量及维修费用。

📋 任务单

任务名称	牵引传动系统简介
任务描述	熟悉牵引传动的方式及牵引传动系统的组成部分，了解各国家牵引传动系统的发展概况。
任务分析	牵引传动系统是高速动车组的主要部分，也是驱动列车行驶决定列车速度及性能的重要环节。熟悉动车组牵引系统的电力牵引传动方式及牵引动力配置方式是学习牵引控制系统的基础。

学习任务	【子任务 1】CRH 型动车组九大关键技术包括哪些，其中哪些属于牵引控制系统。 【子任务 2】电传动方式的主要类型有哪些。 【子任务 3】在动车组中牵引动力有哪些配置方式。					
学习小结						

自我评价	项目	A – 优	B – 良	C – 中	D – 及格	E – 不及格	综合
	安全纪律（15%）						
	学习态度（15%）						
	专业知识（30%）						
	专业技能（30%）						
	团队合作（10%）						

教师评价	简要评价	
	教师签名	

学习引导文

1. 动车组牵引传动系统特点

大功率牵引传动系统是高速动车组的原动力，它具有如下特点。

1）功率大

由于高速列车在高速区运行时的基本阻力是空气阻力，可近似地认为基本阻力与速度的平方成正比，所需功率与速度的三次方成正比。高速列车运行速度在 300 km/h 以上，空气阻力已占到总阻力的 90% 以上，所需功率是 100 km/h 级列车的 15 倍以上。表 1 – 1 列出了某些高速动车组的额定功率值。

表 1 – 1　某些高速动车组的额定功率值

型号	编组	最高速度/（km/h）	空车质量/t	列车定员/人	额定功率/kW
300 系	10M6T	270	637	1 323	12 000
500 系	16M	500	620	1 324	18 240
700 系	12M4T	285	634	1 323	13 200
TGV – A	2M10T	300	450	485	8 800
TGV – TMST	2M18T	300	723	794	12 240
TGV – K	2M18T	300	774	1 000	13 200
TGV – 2N	2M8T	300	380	516	8 800
ICE1	2M12T	280	790	669	9 600
ICE3	4M4T	330	405	441	8 000
AVE S 103	4M4T	350	385	404	8 800

由表 1 – 1 可见，高速动车组功率大幅增加，因此牵引传动系统要按照要求完成传递如此大功率的任务，必须采用大量新技术才能满足需要。

2）不同的配置方式

高速动车组具有不同的动力配置方式：动力集中式和动力分散式。动力集中式高速动车组与一般列车相仿，将牵引传动装置全部设置在动力车中，高速动车组的另一种动力分散式配置方式则与一般列车不同，将牵引传动装置分成若干个动力单元，每一个动力单元的动力轴分散布置在每一个或部分车轴上，将牵引传动的各个设备也分散地布置在各个车辆底部。牵引系统的主变压器、变流器/逆变器和空压机、空调装置等主要设备和辅助设备以吊挂方式布置在各个车辆底部。为了平衡质量分配，在拖车底部也安装了一部分动力设备。

3）适应不同的供电方式

为适应欧洲各国铁路客运联合运输的需要和欧洲高速铁路网对高速列车的要求，高速动车组牵引传动系统必须适应欧洲各国铁路不同的供电方式，目前的供电制式主要包括：工频单相交流制 AC25kV/50Hz（法国等）、低频单相交流制 AC15 kV/16 $\frac{2}{3}$ Hz（德国等）、直流制 DC1.5 kV（法国、荷兰等）、DC3 kV（比利时等）和 DC750 V（英国）。

4）采用交流传动系统

近代高速动车组几乎全部采用交流传动的牵引传动系统。本书主要论述包括主变压器、变流器、逆变器和牵引电动机在内的部分。

5）要同时考虑辅助装置的配置

高速动车组的牵引传动系统除考虑主回路中的主变压器、变流器、逆变器和牵引电动机的配置外，还需同时考虑空调装置、空压机、各种风机、蓄电池和辅助逆变器等多种辅助设备的辅助回路和配置。

2. 动车组牵引传动技术原理简介

动车组牵引供电系统主要包括从变电站到车上受电弓在内的供电部分，以及动车组自带的牵引传动系统部分。不同的车型由于其动力布置形式的不同，牵引传动系统部分的具体结构又有所差异，但总体来说主要都包括牵引变压器、牵引变流器及牵引电机及其电路部分。

在过去，铁路机车大多采用直流传动来实现牵引传动系统的调速功能，这主要是由直流牵引电动机的一些无可比拟的优势所决定的，例如其电枢及磁场电流能够实现单独控制，启动调速性能和转矩特性比较理想，容易获得良好的动态响应。但是由于转向器的存在，使得直流电机制造工艺复杂，生产成本较高，并且在运行过程中易出现火花和环火现象，这就要求电机换向片之间的电压不能过高，从而限制了直流电机的功率和容量，故不能满足当前铁路朝高速、重载方向发展的需求。

随着电力电子技术的发展，交流传动技术越来越受到人们的重视，多年来关键技术发展的瓶颈得以突破。三相交流电动机，特别是鼠笼式异步电动机，由于其转子没有机械换向器，也不带绝缘绕组，有效地避免了换向火花的现象，并且结构简单、运行可靠性好，最主要的是能够实现高速运转，可以满足大牵引功率的要求，因而交流传动技术在铁路机车及动车组的牵引传动系统中得到广泛应用。图 1－12 所示为交—直—交牵引传动系统的构成，这种电传动方式的特点是在交流电源和交流输出之间有一中间直流电路，动力车通过受电弓从接触网获得单相交流电源，经牵引变压器，然后经中间直流电路——滤波和储能装置，送入逆变器，经逆变器将交流电变换为电压和频率可调的三相交流电，供给三相交流电动机。该系统主要包括受电弓、牵引变压器、脉冲整流器、中间直流电路、牵引逆变器、牵引电机等部分，其能量传递示意图如图 1－13 所示。其中，列车牵引工况是将电能转换成机械能，能量变换与传递的途径如图中黑色箭头所示；再生制动工况是将机械能转换成电能，能量变换与传递的途径如图中白色箭头所示。

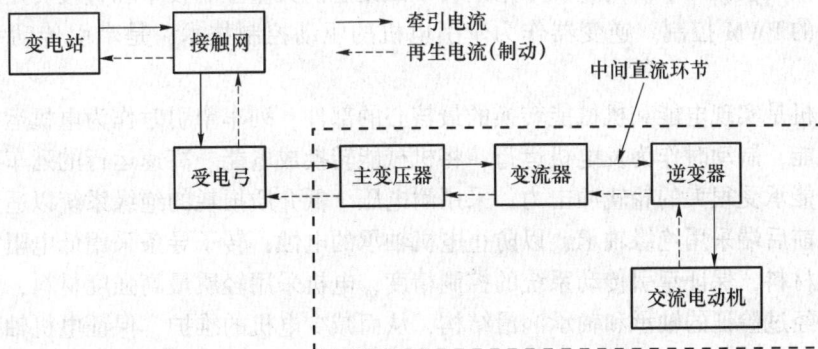

图 1－12 交—直—交牵引传动系统的构成

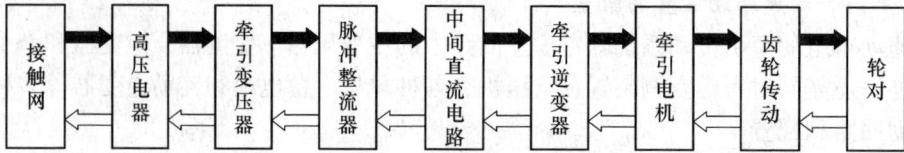

图 1 - 13 交—直—交传动能量传递示意图

牵引变压器用来把接触网上取得的 AC 25 kV 高压电变换为供给牵引变流器及电动机、电器工作所适合的电压，其工作原理与普通电力变压器相同。针对高速列车交流传动系统的特点，为了抑制变压器二次侧电流纹波，控制开关器件的关断电流，以及抑制网侧谐波电流，要牵引变压器各绕组有很高的电抗。为了使二次侧并联的脉冲整流器的负荷平衡，各牵引绕组电抗必须相等。二次侧各绕组之间相互干扰很强时，电流波形会产生紊乱，严重影响开关器件的关断电流，因此各绕组之间要采取磁去耦结构。由于变流器负载的谐波电流等会引起牵引变压器局部发热，对冷却系统要求很高。同时高速列车要求体积小、质量轻、性能稳定。因此，在理论研究的基础上解决牵引变压器的特殊问题是当务之急。

脉冲整流器是牵引传动系统的电源侧变流器，列车牵引时作为整流器，再生制动时作为逆变器，可以实现牵引工况与再生制动工况快速平滑的转换。列车牵引运行时，将牵引变压器牵引绕组输出的单相交流电变换成直流电。并要保证中间直流电路的电压恒定，交流电网侧功率因数接近 1，使电网电流尽量接近正弦，减少电网对周围环境的电磁污染。对直流侧，在电网电压或负载发生变化时，能够维持中间直流电压的稳定，给牵引逆变器提供良好的工作条件。列车再生制动运行时，将中间直流电路的直流电压变换成电压、频率、相位满足要求的单相交流电，通过牵引变压器实现并网。再生制动及其并网技术是关键的技术问题。

牵引逆变器是牵引传动系统的电机驱动侧变流器，列车牵引时作为逆变器，再生制动时作为整流器，实现牵引工况与再生制动工况快速平滑的转换。列车牵引运行时将中间直流电路的直流电压变换成电压、电流、频率按照牵引特性要求控制的三相交流电，并要求三相电压对称，电流尽量接近正弦，减少谐波及电压不对称对牵引电机的影响。列车再生制动运行时，牵引电机工作在发电状态，将牵引电机输出的电压、频率变化的三相交流电变换成直流电，输出给中间直流环节。高速列车采用转子磁场定向矢量控制技术和直接转矩控制技术实现对逆变器的 PWM 控制。逆变器作为牵引电机的驱动控制技术，是牵引传动系统的核心技术。

牵引电机是实现电能和机械能转换的最核心的部件，列车牵引时作为电机运行，将电能转换成机械能，制动时作为发电机运行，将机械能转换成电能。高速运行的列车要求牵引电机机械强度能承受很大的轮轨冲击力；采用耐电压、低介质损耗的绝缘系统以适应变频电源供电；电机前后端采用绝缘轴承，以防止电机轴承的电蚀；转子导条采用低电阻、温度系数高的铜合金材料，保证牵引传动系统的控制精度；电机采用轻质最高强度材料，以减轻电机自重；采用经过验证的轴承和轴承润滑结构，从而减少电机的维护，保证电机轴承更可靠工作；在输出一定功率的情况下，为减少体积，采用强迫通风结构，充分散热，以降低电机的温升，提高材料的利用率；电机的非传动轴端安装了速度传感器，用以给牵引传动系统提供速度信号，便于逆变器控制和制动控制。

　　牵引传动系统是高压系统，为保证系统安全可靠工作，系统的保护十分重要。因此牵引传动系统应对各种故障具有检测和保护功能。为了有效利用黏着力，牵引变流器设有牵引时检测空转实施再黏着控制的功能，在制动控制装置设有制动时检测滑行并进行再黏着控制的功能。为了在故障和并联电机载荷分配不均匀等情况时保护牵引电机，设有电机过流检测、电机电流不平衡检测、接地检测等保护功能。

3. 交流牵引传动系统优势

　　交流牵引传动系统最主要的优势在于把简单、可靠的三相交流电动机与先进的电子技术和半导体变流技术较好地结合起来，创造出牵引电传动发展史上一种新型、先进的牵引传动装置。交流牵引传动系统在动车组中的应用具有如下几方面优点。

　　1）具有良好的牵引和制动性能

　　由于三相交流电容量较大，通常不会受到发热条件的限制，而且没有整流子，因此在高速时也不会发生换流的限制，所以电机启动牵引力大，恒功调节的范围宽，克服了直流电机受最大启动电流（过载时间）和最大磁场削弱的限制。因此，采用三相交流电传动系统的高速列车的牵引特性，既适合于低速大牵引力，又适合于高速大功率的性能要求。

　　另外，采用四象限变流器，可以很方便地实现迁移和再生能量之间的转换，为高速列车再生制动的实现创造了良好条件，可以获得显著的节能效果。

　　2）具有良好的黏着利用和防空转性能

　　由于三相交流电机的特性很硬，它的转速是按照预先给定的频率控制的。当电机并联使用同一频率供电，所有电机的转速将通过它们定子的供电频率糅合在一起，每台电机都有近似的稳定工作点，不会像串励整流子电机那样，当个别车轴黏着力突然下降时，发生飞速空转。此外，轮对也不会因为黏着力变化而积聚加速或减速，使传递齿轮装置由于机械应力而损坏。

　　由于三相交流电机采用平滑调频、调速，牵引力的变化也是平稳无级的。同时，调节是由电子系统按照给定的牵引力和转差自动进行的，因而在启动时，可以获得巨大的黏着力。另外，电机的容量通常是按照启动电流和高速时的最大电流选择的，因此在正常运转时不存在启动过电流的时间限制，这对于充分利用黏着条件牵引重载列车也是有利的，特别是在坡道上启动更是如此。

　　3）电机功率大，重量轻，体积小

　　采用三相交流电机，功率大，重量轻，可减轻弹簧下重量，有利于列车高速运行。同时，三相交流电机没有整流子和电刷，可以充分利用有效的空间，特别是鼠笼式异步电机的转子允许更高的转速，因此相对来说，在这方面具有更大的优越性。在相同功率下，异步电机与具有整流子的脉动牵引电机的质量比约为1:1.6。牵引电机的重量减轻，使转向架的重量随机减轻，降低了列车对线路的动力作用，这对高速铁路的发展是非常重要的。

　　4）功率因数高，谐波干扰小

　　采用交流牵引传动系统可在广泛的负载范围内使功率因数接近于1，谐波干扰小，从而能减少对通信信号的干扰，并能充分利用网络的传输功率。这是由于采用四象限控制器作为电源侧的变流器，可以在广泛的负载范围内保持机车和动车电网侧的功率因数接近于1，电流的波形近似于正弦，从而可以大大提高机车和动车的功率利用率，节省了能源，提高了供电系统的能力。三相交流传动的机车或动车与直流传动的机车或动车相比，仅功率因数的提高就相当于无偿地使供电系统的能力提高15%。

此外，四象限控制器具有良好的自动调压能力，当网压波动时，它可以自动地维持中间直流环节的直流电压不变，从而保证逆变器和牵引电机的工作不受网压波动的影响，也保障动车和机车的输出功率不变。

5）操作简便，维修工作量少

交流电机没有整流子和电刷，电机转子无须绝缘，没有裸露的导电部分，使得电机的运行既安全可靠又几乎不用维修，这对于列车的安全运行是极为重要的。由于列车大量使用电子和电气器件代替了各种机械式的电气设备，不仅大大减少了设备的磨损，而且避免了复杂的维修，也有利于实现控制的自动化。

另外，由于采用了大量的自动控制系统，并且不必担心电机的过电流限制，因此司机操作极为简便。而且减少了司机室的仪表和控制开关，减少了司机的人工操作。在一般情况下，司机只需监视列车运行速度和瞭望前方，并可以通过操纵台上的显示装置判别列车的故障即可。

6）易于标准化、通用化和模块化

三相交流传动装置的主要电气设备，例如四象限控制器、电源逆变器、辅助电源逆变器等，基本上都是由相同的半导体元件的功率开关电路组成的，因此易于标准化、通用化和模块化，便与设计、制造、安装和维修。例如在控制系统方面，可以广泛采用标准集成电路组成各种模式的组件、控制装置、诊断系统，各种接插件可以方便地拆卸、测试、检查和更换。

☑ 任务实施与评价

（1）下发任务单，明确学习任务、主要内容、知识目标、能力目标、素质目标要求。

（2）学生按任务单要求制订学习计划，完成预习任务及相关知识准备。

（3）机车牵引传动系统概念引入。

（4）学生查阅国标说明动车组牵引传动系统发展过程。

（5）学生进行自我评价及学习小组成员互评，教师及小组长（副组长）进行他人评价，检查任务完成情况。

项目2　动车组牵引变流原理

项目描述

本项目主要内容包括牵引变流技术及器件简介，以及牵引变流技术工作原理。通过本项目的学习，对动车组牵引变流技术有大体认知，了解铁路牵引常用大功率半导体器件的特性，能够对动车组牵引变流中的整流与逆变原理有初步认知，为读懂动车组主电路图中的整流逆变部分奠定基础。

本项目任务：

任务2.1　牵引变流技术及器件简介；

任务2.2　牵引变流技术工作原理。

教学目标

1. 知识目标

（1）了解铁道牵引变流技术的发展与动车组变流装置的特点；

（2）掌握牵引变流器用电力电子器件的性能与优缺点；

（3）掌握整流与逆变的概念，以及整流与逆变的基本工作原理。

2. 能力目标

（1）能够认识到变流技术在铁路牵引中的重要作用；

（2）能够根据脉冲整流器主电路画出其简化等效电路，简要分析脉冲整流器电路方程式及基本工作原理；

（3）能够识别三电平逆变器主电路图。

3. 素质目标

（1）在项目学习过程中培养学生的专业学习兴趣，养成严谨认真的学习态度、培养其创新精神和挑战意识；

（2）培养学生的自学能力和利用多种学习资源进行自主学习的能力；

（3）培养学生的团队意识与协作能力。

【任务 2.1】 牵引变流技术及器件简介

2.1.1 动车组牵引变流技术简介

变流技术是伴随着半导体器件的发展而发展出来的一种交叉新技术。我们通常所说的"变流"是指能够实现直流电变交流电，交流电变直流电，直流电变直流电和交流电变交流电等之间的转换。变流技术主要包括用电力电子器件构成各种电力变换的电路实现对电路进行控制，以及用这些技术构成更为复杂的电力电子装置和系统。

在电力电子装置中，变流器是各种变流装置的总称。通常意义上的变流器包括从电源侧至电力变换装置输出侧的所有环节，例如对一个交—直—交的电力传动系统，变流器包括整流器、中间直流环节、逆变器及其控制系统。需要特别说明的是，很多工况下，同一个电力电子电路既可以作整流电路，又可以作逆变电路，故称此种电力电子装置为变流器。也就是说整流和逆变、交流和直流在变流器中是相互联系的，并且在一定条件下能够完成互相之间的转换。

在铁道牵引变流传动初期，由于受到当时电力半导体器件发展水平的约束，对于电力半导体器件而言，人们研究争论的焦点主要集中于变流电路的复杂程度，各种元器件的数量，变流器的数量、重量及体积等。但伴随着电力半导体器件的迅速发展，尤其是性能优越的大功率自关电路半导体器件 GTO 和 IGBT 的出现，使铁道牵引电传动系统的主要矛盾转向了牵引性能、谐波含量、电磁干扰、控制特性及运用成本等方面，从而很大程度上推动了变流技术的发展。

根据变流系统中中间直流环节性质的不同可分为电流型和电压型变流系统。其中电流型变流系统在中间直流环节接有大电感，相当于电流源；电压型变流系统在直流环节接有大电容，相当于电压源。由于电流型变流器电路比较简单，对电力半导体器件要求不高，控制相对也比较容易，而且造价相应便宜，因此在交流传动初期，动车牵引主要采用电流型变流器。然而，电流型变流器在控制性能方面不如电压型变流器，并且对电机设计又有特定的要求，因此电压型变流器越来越显示出其特有的优越性。目前，电压型变流器在高速列车牵引领域占主导地位，德国的 ICE、法国的欧洲之星、日本的新干线等都采用此种类型的变流方式。

目前，铁道牵引变流器功率一般为 1 000~2 000 kW，直流电压最高为 2 800 V 甚至更高，在此种功率和电压等级下，与三电平相比较，采用两电平电路的牵引变流器应当为更好的选择。因为两电平电路相对简单、容易控制和维护，并且重量轻，体积小及运行可靠性高，因此一般只有在电力半导体器件电压水平达不到要求时，才会采用三电平电路。

对于高速动车组而言，其采用的变流装置应具备以下技术要求和特点。

（1）调频范围宽。为满足列车高速运行的需求，变流器调频范围需保证从 0.4 Hz 一直到 200 Hz 以上，并且要求调频过程连续平稳，无显著冲击。

（2）控制特性复杂。对于高速动车组而言，其牵引特性曲线通常由恒转矩区、恒功率区和自然特性区组成，这就要求其起动转矩大，恒功率区宽。

（3）具有良好的稳态控制特性和快速动态响应特性。动车组运行过程中，由于弓网传递能量、轮轨传递牵引力的过程中所引起的跳弓离线、网压波动和轮对空转、打滑等现象会使列车牵引功率发生变化，这就要求变流装置能够适应此种功率或外界环境的急剧变化。

（4）电网输入电流及输出电压波形质量好。对于变流装置而言，为了降低对供电系统的影响和对外界的干扰，同时减少谐波分量对牵引电机谐波热损耗和转矩脉冲的影响，要求电网输入电流及输出电压波形应尽量接近正弦波。

（5）能够实现牵引和再生制动之间频繁转换的要求，实现能量的双向流动。

（6）变流效率较高，可靠性好。

（7）变流装置重量轻，体积小，节省空间，并且具有较好的耐振性能。

（8）设备便于安装与维修。

2.1.2　牵引变流器用电力电子器件

电力电子技术始于 20 世纪 50 年代末 60 年代初的硅整流器件，其发展先后经历了整流器时代、逆变器时代，并促进了电力电子技术在许多新领域的应用。

电力电子器件是列车牵引变流器的基础与核心，电力电子器件的性能直接决定了牵引变流器的性能。电力电子器件的发展主要经历了两个重要阶段，第一阶段是传统半控型电力电子器件时代（以 SCR 为代表），该阶段主要处理低频技术问题；第二阶段为全控型自动关断现代电力电子器件时代（以 IGBT 为代表），该阶段也从前一阶段的处理低频技术问题转为处理高频技术问题。

电力电子器件主要包括双极型、单极型和混合型三大类。除了晶闸管、RCT、ASCR 和 TRIAC 等器件之外，GTO、IGBT/IPM、IGCT 等均为全控型器件。从铁道牵引的角度来看，理想的半导体器件应该能够实现以下功能，即在断态时能够承受高电压；通态时刻流过大电流而且通态压降小；同时，能够实现通态和断态之间的快速切换，并且开关频率高，损耗小，便于控制。

下面对铁路牵引常用大功率半导体器件及其特点进行简要介绍。

1. 晶闸管

晶闸管是晶体晶闸管（thyristor）的简称，由于晶闸管最初应用于可控整流方面，所以又称为可控整流元件，简称为可控硅 SCR。在性能上，晶闸管不仅具有单向导电性，而且还具有可控性，此外，其还具有高耐压、低损耗、大容量等优点，适用于大容量的功率变流装置，故成为最早应用于铁道牵引领域的大功率半导体器件。晶闸管只有导通和关断两种状态，此外，由于晶闸管不是自关断器件，在需要强迫关断的电路中，需要增加变流回路，这不但使质量、体积和费用增加，而且影响变流器的效率和可靠性，因此在大功率自关断器件问世后，铁道牵引控制中对此种半导体器件的应用逐渐减少。

2. 门极可关断晶闸管（GTO）

门极可关断晶闸管简称作 GTO，它的出现有力地推动了铁道牵引变流技术的发展，使牵引变流器的主电路结构得以大大简化，确立了电压型变流装置的优势地位。GTO 是高压电、大电流双极型全控型器件。相比于晶闸管，GTO 的工作频率较高且具有自关断能力，省去了强迫换流电路，所以整体体积减小、质量减轻、效率提高、可靠性增加。

自 20 世纪 80 年代第一台 GTO 交流传动机车问世以来，如今世界上绝大多数的交流传动机车、动车均采用 GTO 器件，在大容量变流设备中 GTO 发挥了其高电压、大电流的优势，在机车牵引传动、交流电机调速、不停电电源和直流斩波调速等领域被广泛应用。近年来，随着 GTO 器件性能的不断提高，其可关断电流高达 4 000 A，阻断电压达到 6 000 V 以上，开关速度也有所提高。目前，最大的四轴交流传动电力机车的功率可达 7 000 kW 以上。

但是，GTO 器件的性能也存在一些不足。一方面由于其关断增益较小，就对门极驱动装置的性能提出了较高要求，例如对于 CTO 器件而言，关断 2 000 ~ 3 000 A 电流所需的门极电流需高达 700 ~ 800 A；另一方面，GTO 器件在高电压条件下导通，大电流条件下关断时，所需的电流、电压的变化率和应力均很大，故必须设置性能良好的吸收电路，这就增加了开关损耗和能量的消耗，并对冷却系统提出了更高的要求。

3. 绝缘栅双极晶体管（IGBT）

绝缘栅双极晶体管简称 IGBT（insulated gate bipolar transistror），它是一种增强型场控（电压）复合器件，既具备大功率晶体管 GTR 通态压降小、载流密度大、耐压高的特点，又拥有功率 MOSFET 驱动功率小、开关速度快、输入阻抗高、热稳定性好的优点。IGBT 器件开关频率的提高带来了很多好处，例如使 PWM 调制频率提高。在电机侧，能够使电机电流的高次谐波减少，降低电机的损耗和噪声；在电网侧，可以降低电网电流的谐波，减少等效干扰电流，减少变压器的损耗和噪声等。大功率 IGBT 的研制成功为提高电力电子装置的性能，特别是为牵引变流器的小型化、高效化、低噪化提供了有利条件。

表 2-1 将 GTO 器件与 IGBT 器件的基本性能进行了对比。

表 2-1 GTO 与 IGBT 基本性能比较

项目	GTO 器件	IGBT 器件
电压	4 500 V（>6 000 V）	3 300 V（>4 000 V）
电流	3 000 ~ 4 000 A（可关断电流）	1 200 A
开关频率	500 Hz	5 kHz
开关损耗	大	小
通态损耗	小	大
吸收回路损耗	大	小
驱动功率	大（电流控制型）	小（电压控制型）
di/dt、du/dt 限制	严格（需加阳极电抗器）	不严（无须阳极电抗器）
保护功能	外设	完善的自我保护

目前，IGBT 在地铁、内燃机车、电力机车、高速动车组中得到了普遍的推广应用。在铁道牵引领域内，IGBT 器件必将会取代 GTO 器件，成为应用最为广泛的大功率半导体器件。

4. IPM

IPM（intelligent power module）的全称为智能功率模块，能够实现信号处理、故障诊断、自我保护等多种功能。它是在 IGBT 器件中集成了驱动和保护电路而派生出来的器件，其采用 IGBT 作为功率开关，含有电流传感器、驱动电路和过载、短路、超温和欠电压保护电路。此外，与 IGBT 器件相比，IPM 还具有以下优点：

（1）快速的过流保护；

（2）过热保护；

（3）桥臂对管互锁保护；

（4）器件布局合理，无外部驱动线，具有较强的抗干扰能力，工作可靠性高；

（5）驱动电源欠压保护。

【任务 2.2】 牵引变流技术工作原理

交流牵引传动系统的控制主要是指对网侧变流器和电机侧逆变器的控制。网侧变流器的主要功能是将电网的单相交流电转变为稳定的直流电，以保证电机侧逆变器正常工作；电机侧逆变器的功能是将网侧变流器通过中间环节输出的直流电压转变为可调频、调压的三相交流电，对三相交流异步牵引电机进行控制。

2.2.1　脉冲整流器

1. 脉冲整流器基本工作原理

脉冲整流器利用斩波原理，作为列车牵引传动系统电源侧变流器。在牵引工况时作为整流器，把单相交流电转变为直流电；再生制动工况时作为逆变器，将直流电转变成单相交流电。由于其可方便地运行于电压电流平面的四个象限，故也称为四象限脉冲整流器。

图 2－1 为脉冲整流器原理图，其主要包括交流回路、功率开关桥路及直流回路。其中，交流回路包括变压器牵引绕组的输出电压 U_N、漏电感 L_N 和绕组电阻 R_N（R_N 很小，可以忽略不计）；直流回路包括二次滤波环节 L_2、C_2 和中间支撑电容 C_d。其简化等效电路如图 2－2 所示。

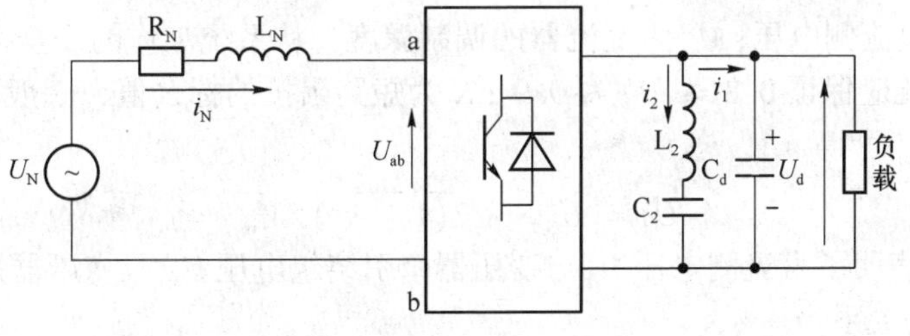

图 2－1　脉冲整流器原理图

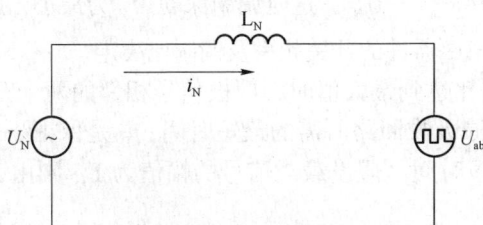

图 2－2　脉冲整流器简化等效电路

由图 2-2 可得脉冲整流器的电压矢量平衡方程为

$$\dot{U}_{N} = j\omega L_{N} \dot{I}_{N} + \dot{U}_{ab} \qquad (2-1)$$

式中，$\dot{U}_{N}$ 为二次侧牵引绕组电压相量；$\dot{I}_{N}$ 为二次侧牵引绕组电流的基波相量；$\dot{U}_{ab}$ 为调制电压的基波相量。

从式（2-1）可知，当二次侧牵引绕组电压 $\dot{U}_{N}$ 一定时，$\dot{I}_{N}$ 的幅值和相位仅由 $\dot{U}_{ab}$ 的幅值及其与 $\dot{U}_{N}$ 的相位差来决定。改变基波的幅值和相位，就可以使 $\dot{I}_{N}$ 与 $\dot{U}_{N}$ 同相位或反相位。在牵引工况下，$\dot{I}_{N}$ 与 $\dot{U}_{N}$ 的相位差为 0°，该工况下的相量图如图 2-3（a）所示，此时 $\dot{U}_{ab}$ 滞后 $\dot{U}_{N}$；而对于再生制动工况，$\dot{I}_{N}$ 与 $\dot{U}_{N}$ 的相位差为 180°，该工况下的相量图如图 2-3（b）所示，此时 $\dot{U}_{ab}$ 超前 $\dot{U}_{N}$，电机通过脉冲整流器向接触网反馈能量。

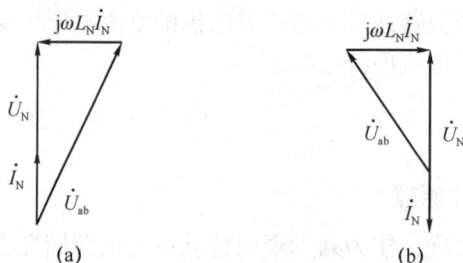

图 2-3 脉冲整流器简化基波相量图

由图 2-3 可以得到

$$\begin{cases} U_{ab} = U_{d} \cdot M_{\alpha} / \sqrt{2} \\ U_{ab}^{2} = U_{N}^{2} + (\omega L_{N} I_{N})^{2} \\ \omega L_{N} I_{N} = K U_{N} \end{cases} \qquad (2-2)$$

式中，U_{d} 为直流侧电压；M_{α} 为变流器的调制深度，从系统工作的安全可靠性和电网的特性考虑，控制系统应保证 $0.8 \leqslant M_{\alpha} \leqslant 0.9$；$K$ 为短路阻抗的标幺值，一般取 $0.3 \sim 0.35$。

由式（2-2）可得

$$U_{d} = U_{N} \cdot \sqrt{2(1 + K^{2})} / M_{\alpha} \qquad (2-3)$$

式（2-3）表明了直流侧电压 U_{d} 与变压器牵引绕组电压 U_{N}、变压器短路阻抗标幺值 K 及调制深度 M_{α} 的关系。

由图 2-3 能够看出，如果保证功率因数为 1，即 $\dot{I}_{N}$ 与 $\dot{U}_{N}$ 同方向，则 $\dot{U}_{ab}$ 随负载电流变化。显然，当 $\dot{I}_{N} = 0$ 时，$\dot{U}_{abmin} = \dot{U}_{N}$，这时调制深度 M_{α} 为最小，即 $M_{\alpha min} = \sqrt{2} U_{abmin} / U_{d} = \sqrt{2} U_{N} / U_{d}$。而 M_{α} 的最大值由器件的开关频率及调制比决定。

在图 2-4 中，当调制比达到最大值时，门极信号相邻的两个开关点的间距需满足 $t_{de} \geqslant t_{on} + t_{D}$，其中 t_{on} 是为了复原吸收回路所需的最短时间；t_{D} 是保证一个器件开通之前另一个器件必须完全关断所需的最短时间。假设载波信号的幅值为 1，则由 $\triangle ABC \cong \triangle Ade$ 可得

$$\frac{1 - M_{\alpha max}}{1} = \frac{\frac{1}{2}(t_{on} + t_{D})}{\overline{BC}}$$

$$M_{\alpha max} = 1 - \frac{t_{on} + t_D}{2\overline{BC}} \qquad (2-4)$$

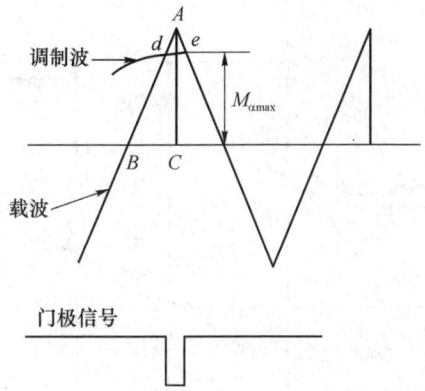

图 2-4　最大调制深度计算示意图

对于高速列车，若满足 $U_d = 3\,000$ V，$K = 0.3$，当 $M_{\alpha max} = 0.9$ 时有

$$U_{abmax} = U_d \cdot M_\alpha / \sqrt{2} = 3\,000 \times 0.9 / \sqrt{2} = 1\,909.2 \text{ (V)}$$

$$U_{Nmax} = U_d \cdot M_\alpha / \sqrt{2(1 + K^2)} = 3\,000 \times 0.9 / \sqrt{2(1 + 0.3^2)} = 1\,828.67 \text{ (V)}$$

考虑到网压波动范围为 22.5～29 kV，如果上述最大值只有在网压为 29 kV 的工况下才允许出现，而在系统设计时，变流器的输入电压通常对应于 25 kV 工况，因此折算到 25 kV 时的额定的电压为

$$U_N = U_{Nmax} \times \frac{25}{29} = 1\,576.44 \text{ (V)} \qquad U_{ab} = U_{abmax} \times \frac{25}{29} = 1\,645.85 \text{ (V)}$$

2. 两电平脉冲整流器

图 2-5 所示为单相两电平脉冲整流器主电路，图中，L_N 和 R_N 分别为牵引绕组漏电感和电阻，开关管 T_1、T_2、T_3、T_4 组成一个全控桥电路，L_2 和 C_2 组成一个二次滤波器，C_d 为中间直流侧支撑电容。

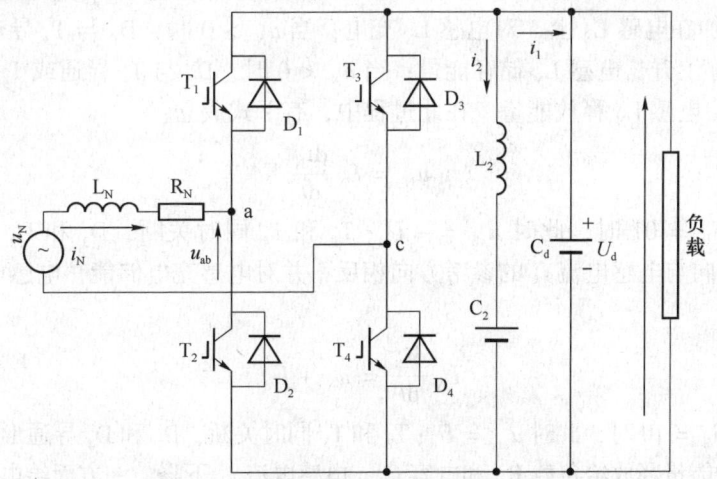

图 2-5　单相两电平脉冲整流器主电路

为了便于分析，选用理想开关函数并忽略牵引绕组电阻，将图2-5所示的两电平脉冲整流器主电路等效为图2-6所示的电路。理想开关函数 S_A 和 S_B 如式（2-5）和式（2-6）所示。

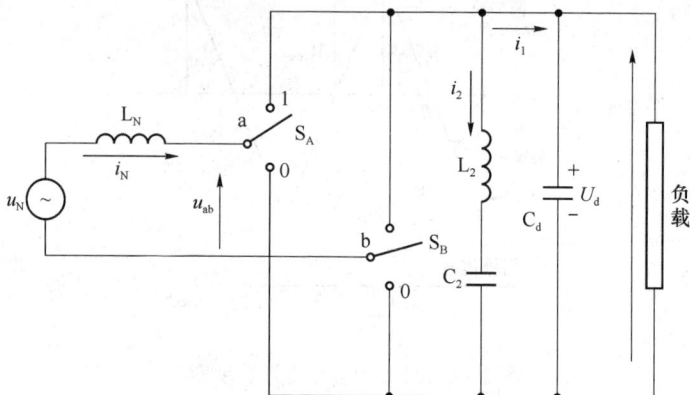

图2-6　两电平脉冲整流器开关等效电路

$$S_A = \begin{cases} 1 & T_1 \ 导通 \\ 0 & T_2 \ 导通 \end{cases} \tag{2-5}$$

$$S_B = \begin{cases} 1 & T_3 \ 导通 \\ 0 & T_4 \ 导通 \end{cases} \tag{2-6}$$

由于上桥臂与下桥臂之间不允许直接连通，故 S_i（上桥臂开关函数，$i = A, B$）与 S_i^*（下桥臂开关函数）必须满足 $S_i^* = 1 - S_i$。于是 u_{ab} 的取值有 U_d、0、$-U_d$ 三种电平，那么有效的开关组合有 $2^2 = 4$ 种，即 $S_A S_B = 00$、01、10、11 四种逻辑，则 u_{ab} 可表示为

$$u_{ab} = (S_A - S_B)U_d \tag{2-7}$$

对应于4个开关的不同开闭状态，电路共有以下3种工作模式。

（1）当 $S_A S_B = 00$ 或 11 时，即下桥臂开关或上桥臂开关全部导通，此时 $u_{ab} = 0$，电容 C_d 向负载供电，直流电压通过负载形成回路释放能量，直流电压下降。另外，牵引绕组两端电压 u_N 直接加在电感 L_N 上，对电感 L_N 充电；当 $u_N > 0$ 时，D_1 与 T_3 导通或 T_2 与 D_4 导通，电感电流 i_N 上升，电感 L_N 储存能量；当 $u_N < 0$ 时，D_3 与 T_1 导通或 T_4 和 D_2 导通，电感电流 i_N 下降，电感 L_N 释放能量。在此过程中，有下式成立：

$$u_N = L_N \frac{di_N}{dt}$$

（2）当 $S_A S_B = 01$ 时，此时 $u_{ab} = -U_d$；T_1 和 T_4 同时关断，D_3 和 D_2 导通形成回路，$u_N < 0$，电流流向与电感电流 i_N 的参考方向相反，并对电感充电储能，电感电流 i_N 上升，满足以下关系式：

$$L_N \frac{di_N}{dt} = u_N + U_d$$

（3）当 $S_A S_B = 10$ 时，此时 $u_{ab} = U_d$；T_2 和 T_3 同时关断，D_1 和 D_4 导通形成回路，$u_N > 0$，储存在电感中的能量释放给负载 R_L 和电容 C_d，电感电流 i_N 下降，一方面给电容充电，使得直流电压上升，保证直流电压稳定，同时高次谐波电流通过电容形成低阻低回路；另一方面给负载提供恒定的电流。其满足如下关系式：

$$L_N \frac{di_N}{dt} = u_N - U_d$$

在任意时刻，处于整流状态的脉冲整流器都只能在 3 种模式中的 1 种状态下工作，在不同的时间段，通过上述 3 种模式的切换，实现直流侧负载电压的稳定和负载电流的双向流动。

3. 三电平脉冲整流器

单相三电平脉冲整流器主电路如图 2－7 所示，图中 u_1 为直流侧支撑电容 C_1 上的电压，u_2 为直流侧支撑电容 C_2 上的电压。为了便于分析，定义理想开关函数 S_A 和 S_B 如式（2－8）和式（2－9）所示。采用理想开关函数并忽略牵引绕组电阻，则图 2－7 所示的三电平脉冲整流器主电路可以等效为图 2－8 所示的电路。

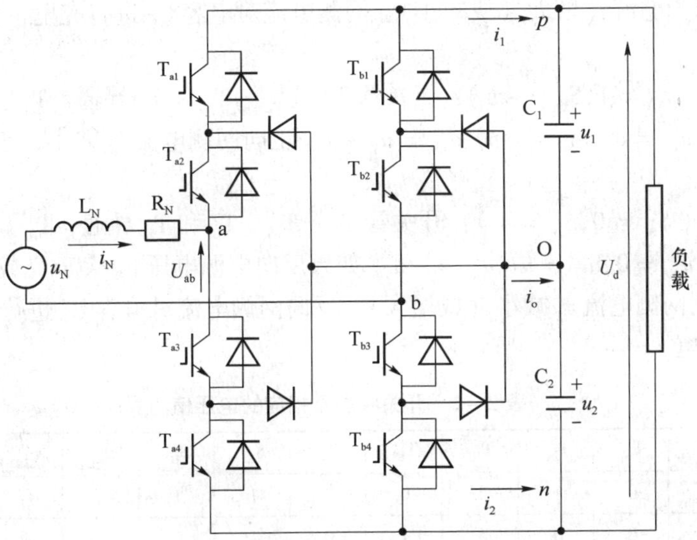

图 2－7　单相三电平脉冲整流器主电路

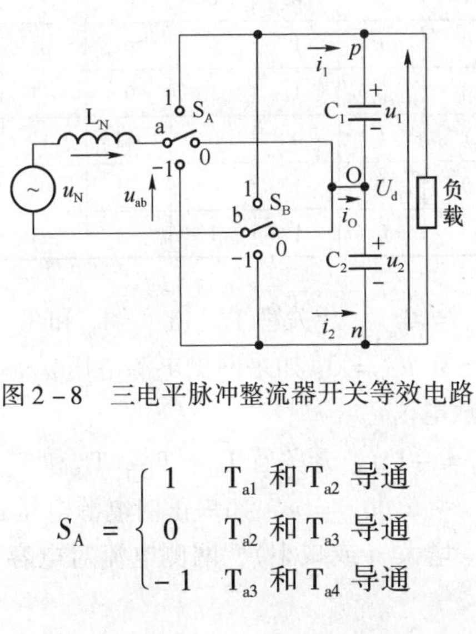

图 2－8　三电平脉冲整流器开关等效电路

$$S_A = \begin{cases} 1 & T_{a1} \text{ 和 } T_{a2} \text{ 导通} \\ 0 & T_{a2} \text{ 和 } T_{a3} \text{ 导通} \\ -1 & T_{a3} \text{ 和 } T_{a4} \text{ 导通} \end{cases} \qquad (2-8)$$

$$S_B = \begin{cases} 1 & T_{b1} \text{ 和 } T_{b2} \text{ 导通} \\ 0 & T_{b2} \text{ 和 } T_{b3} \text{ 导通} \\ -1 & T_{b3} \text{ 和 } T_{b4} \text{ 导通} \end{cases} \qquad (2-9)$$

显然，由 S_A 和 S_B 组成的电路共有 $3^2 = 9$ 种组合，对应主电路有 9 种工作模式。开关状态及相应的电压值如表 2-2 所示。

工作模式 1（$S_A = 1, S_B = 1$）：开关管 T_{a1}、T_{a2}、T_{b1} 和 T_{b2} 导通，T_{a3}、T_{a4}、T_{b3} 和 T_{b4} 关断，网侧端电压 $u_{ao} = u_1$、$u_{bo} = u_1$、$u_{ab} = 0$。如果网侧电源电压 $u_N > 0$，则网侧电流 i_N 增大，电容 C_1 和 C_2 通过负载电流放电。

工作模式 2（$S_A = 1, S_B = 0$）：开关管 T_{a1}、T_{a2}、T_{b2} 和 T_{b3} 导通，T_{a3}、T_{a4}、T_{b1} 和 T_{b4} 关断，网侧端电压 $u_{ao} = u_1$、$u_{bo} = 0$、$u_{ab} = u_1$。如果正向电源电压 u_N 大于（或小于）直流侧电压 U_d 的一半，则网侧电流 i_N 增大（或减小），网侧电流对电容 C_1 进行充电，而电容 C_2 通过负载电流放电。

工作模式 3（$S_A = 1, S_B = -1$）：开关管 T_{a1}、T_{a2}、T_{b3} 和 T_{b4} 导通，T_{a3}、T_{a4}、T_{b1} 和 T_{b2} 关断，网侧端电压 $u_{ao} = u_1$、$u_{bo} = -u_2$、$u_{ab} = u_1 + u_2$。正向网侧电流 i_N 减小，正向网侧电流对电容 C_1 和 C_2 充电。

工作模式 4（$S_A = 0, S_B = 1$）：开关管 T_{a2}、T_{a3}、T_{b1} 和 T_{b2} 导通，T_{a1}、T_{a4}、T_{b3} 和 T_{b4} 关断，网侧端电压 $u_{ao} = 0$、$u_{bo} = u_1$、$u_{ab} = -u_1$。如果反向电源电压 u_N 大于（或小于）直流侧电压 U_d 的一半，则网侧电流 i_N 减小（或增大），反向网侧电流对电容 C_1 进行充电，而电容 C_2 通过负载电流放电。

表 2-2　开关状态及相应的电压值

T_{a1}	T_{a2}	T_{a3}	T_{a4}	T_{b1}	T_{b2}	T_{b3}	T_{b4}	S_A	S_B	u_{ao}	u_{bo}	u_{ab}	Mode
1	1	0	0	1	1	0	0	1	1	u_1	u_1	0	1
1	1	0	0	0	1	1	0	1	0	u_1	0	u_1	2
1	1	0	0	0	0	1	1	1	-1	u_1	$-u_2$	$u_1 + u_2$	3
0	1	1	0	1	1	0	0	0	1	0	u_1	$-u_1$	4
0	1	1	0	0	1	1	0	0	0	0	0	0	5
0	1	1	0	0	0	1	1	0	-1	0	$-u_2$	u_2	6
0	0	1	1	1	1	0	0	-1	1	$-u_2$	u_1	$-u_1 - u_2$	7
0	0	1	1	0	1	1	0	-1	0	$-u_2$	0	$-u_2$	8
0	0	1	1	0	0	1	1	-1	-1	$-u_2$	$-u_2$	0	9

工作模式 5（$S_A = 0, S_B = 0$）：开关管 T_{a2}、T_{a3}、T_{b2} 和 T_{b3} 导通，T_{a1}、T_{a4}、T_{b1} 和 T_{b4} 关断，网侧端电压 $u_{ao} = 0$、$u_{bo} = 0$、$u_{ab} = 0$。如果网侧电源电压 $u_N > 0$，则正向网侧电流 i_N 增大，电容 C_1 和 C_2 通过负载电流放电。

工作模式 6（$S_A = 0, S_B = -1$）：开关管 T_{a2}、T_{a3}、T_{b3} 和 T_{b4} 导通，T_{a1}、T_{a4}、T_{b1} 和 T_{b2} 关断，网侧端电压 $u_{ao} = 0$、$u_{bo} = -u_2$、$u_{ab} = u_2$。如果正向电源电压 u_N 大于（或小于）直流侧电压 U_d 的一半，则网侧电流 i_N 增大（或减小），网侧电流对电容 C_2 进行充电，而电容 C_1 通过负载电流放电。

工作模式 7（$S_A = -1, S_B = 1$）：开关管 T_{a3}、T_{a4}、T_{b1} 和 T_{b2} 导通，T_{a1}、T_{a2}、T_{b3} 和 T_{b4} 关断，网侧端电压 $u_{ao} = -u_2$、$u_{bo} = u_1$、$u_{ab} = -u_1 - u_2$。反向网侧电流 i_N 减小，反向网侧电流对电容对 C_1 和 C_2 进行充电。

工作模式 8（$S_A = -1, S_B = 0$）：开关管 T_{a3}、T_{a4}、T_{b2} 和 T_{b3} 导通，T_{a1}、T_{a2}、T_{b1} 和 T_{b4} 关断，网侧端电压 $u_{ao} = -u_2$、$u_{bo} = 0$、$u_{ab} = -u_2$。如果反向电源电压 u_N 大于（或小于）直流侧电压 U_d 的一半，则网侧电流 i_N 减小（或增大）；反向网侧电流对电容 C_2 进行充电，而电容 C_1 通过负载电流放电。

工作模式 9（$S_A = -1, S_B = -1$）：开关管 T_{a3}、T_{a4}、T_{b3} 和 T_{b4} 导通，T_{a1}、T_{a2}、T_{b1} 和 T_{b2} 关断，网侧端电压 $u_{ao} = -u_2$、$u_{bo} = -u_2$、$u_{ab} = 0$。如果网侧电源电压 $u_N > 0$，则正向网侧电流 i_N 增大，电容 C_1 和 C_2 通过负载电流放电。

2.2.2　牵引逆变器的工作原理

1. 两电平逆变器

牵引逆变器有电压源型和电流源型两种，同步电机供电中大多采用电流源型逆变器，而异步电机供电中大多采用电压源型逆变器，我国高速列车均采用异步电机，故全部采用电压源型逆变器。根据输出电平数的不同，电压源型逆变器又可分为两电平和三电平两种。

两电平逆变器的主要功能是把一个固定的直流电压转化成幅值和频率都可调的交流电压。这个逆变器通常用 6 个 IGBT 开关管和 6 个二极管构成。在实际应用中，同一桥臂上的上下两个功率管是轮流导通的，也就是互补的，在它们的触发过程中，要求触发时间尽量短，以免在换相时同一桥臂上的两个管子同时导通而烧坏。这里所说的两电平既不是指相电压，也不是指线电压，而是指三相 A、B、C 与 N 点间的电压。

两电平逆变器主电路如图 2-9 所示，每一时刻都有 3 个开关管导通，共有 8 种导通工作状态，分别为 $T_1T_2T_3$，$T_2T_3T_4$，$T_3T_4T_5$，$T_4T_5T_6$，$T_5T_6T_1$，$T_6T_1T_2$，$T_1T_3T_5$ 和 $T_2T_4T_6$，从而获得三相对称输出电压波形。

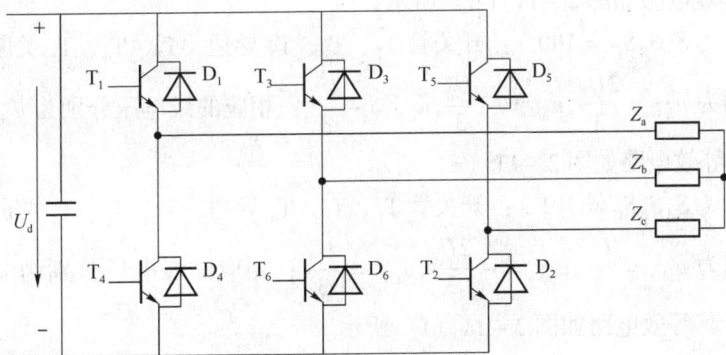

图 2-9　两电平逆变器主电路

为了分析方便，首先定义 3 个理想开关函数，具体如下：

$$S_A = \begin{cases} 1 & T_1 \text{ 导通} \\ 0 & T_4 \text{ 导通} \end{cases} \qquad S_B = \begin{cases} 1 & T_3 \text{ 导通} \\ 0 & T_6 \text{ 导通} \end{cases} \qquad S_C = \begin{cases} 1 & T_5 \text{ 导通} \\ 0 & T_2 \text{ 导通} \end{cases}$$

将逆变器采用理想开关等效，假设 $Z_a = Z_b = Z_c$，则图 2-9 所示的两电平逆变器主电路可以等效为图 2-10 所示的电路。

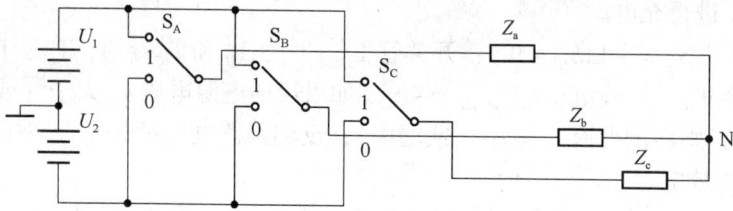

图 2-10 两电平逆变器等效电路

显然，由 $S_A S_B S_C$ 组成的电路共有 $2^3 = 8$ 种组合，对应主电路有 8 种工作模式。

工作模式 0（ $S_A S_B S_C = 000$ ）：开关管 T_2、T_4、T_6 导通，T_1、T_3、T_5 关断；其中 A、B、C 端相电压分别为 $u_{aN} = 0, u_{bN} = 0, u_{cN} = 0$；相应的线电压分别为 $u_{ab} = 0, u_{bc} = 0, u_{ca} = 0$，其等效电路如图 2-11（a）所示。

工作模式 1（ $S_A S_B S_C = 001$ ）：开关管 T_4、T_5、T_6 导通，T_1、T_2、T_3 关断；其中 A、B、C 端相电压分别为 $u_{aN} = -\dfrac{U_d}{3}, u_{bN} = -\dfrac{U_d}{3}, u_{cN} = \dfrac{2U_d}{3}$；相应的线电压分别为 $u_{ab} = 0, u_{bc} = -U_d, u_{ca} = U_d$，其等效电路如图 2-11（b）所示。

工作模式 2（ $S_A S_B S_C = 010$ ）：开关管 T_2、T_3、T_4 导通，T_1、T_5、T_6 关断；其中 A、B、C 端相电压分别为 $u_{aN} = -\dfrac{U_d}{3}, u_{bN} = \dfrac{2U_d}{3}, u_{cN} = -\dfrac{U_d}{3}$；相应的线电压分别为 $u_{ab} = -U_d, u_{bc} = U_d, u_{ca} = 0$，其等效电路如图 2-11（c）所示。

工作模式 3（ $S_A S_B S_C = 011$ ）：开关管 T_3、T_4、T_5 导通，T_1、T_2、T_6 关断；其中 A、B、C 端相电压分别为 $u_{aN} = -\dfrac{2U_d}{3}, u_{bN} = \dfrac{U_d}{3}, u_{cN} = \dfrac{U_d}{3}$；相应的线电压分别为 $u_{ab} = -U_d, u_{bc} = 0, u_{ca} = U_d$，其等效电路如图 2-11（d）所示。

工作模式 4（ $S_A S_B S_C = 100$ ）：开关管 T_1、T_2、T_3 导通，T_3、T_4、T_5 关断；其中 A、B、C 端相电压分别为 $u_{aN} = \dfrac{2U_d}{3}, u_{bN} = -\dfrac{U_d}{3}, u_{cN} = -\dfrac{U_d}{3}$；相应的线电压分别为 $u_{ab} = U_d, u_{bc} = 0, u_{ca} = -U_d$，其等效电路如图 2-11（e）所示。

工作模式 5（ $S_A S_B S_C = 101$ ）：开关管 T_1、T_5、T_6 导通，T_2、T_3、T_4 关断；其中 A、B、C 端相电压分别为 $u_{aN} = \dfrac{U_d}{3}, u_{bN} = -\dfrac{2U_d}{3}, u_{cN} = \dfrac{U_d}{3}$；相应的线电压分别为 $u_{ab} = U_d, u_{bc} = -U_d, u_{ca} = 0$，其等效电路如图 2-11（f）所示。

工作模式 6（ $S_A S_B S_C = 110$ ）：开关管 T_1、T_2、T_3 导通，T_4、T_5、T_6 关断；其中 A、B、C 端相电压分别为 $u_{aN} = \dfrac{U_d}{3}, u_{bN} = \dfrac{U_d}{3}, u_{cN} = -\dfrac{2U_d}{3}$；相应的线电压分别为 $u_{ab} = 0, u_{bc} = -U_d, u_{ca} = -U_d$，其等效电路如图 2-11（g）所示。

工作模式 7（ $S_A S_B S_C = 111$ ）：开关管 T_1、T_3、T_5 导通，T_2、T_4、T_6 关断；其中 A、B、C 端相电压分别为 $u_{aN} = 0, u_{bN} = 0, u_{cN} = 0$；相应的线电压分别为 $u_{ab} = 0, u_{bc} = 0, u_{ca} = 0$，

其等效电路如图 2 - 11 （h） 所示。

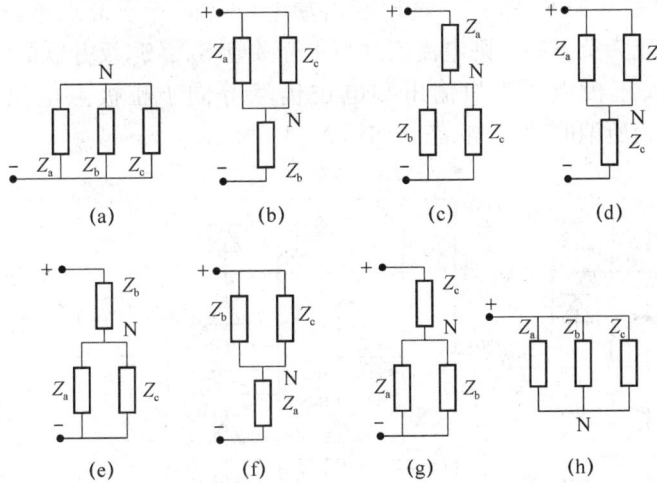

图 2 - 11 两电平逆变器等效电路

2. 三电平逆变器

所谓三电平是指逆变器交流侧每相输出电压相对于直流侧有三种取值，正端电压（ $+U_{dc}/2$ ）、负端电压（ $-U_{dc}/2$ ）、中间零电压。三电平逆变器主电路如图 2 - 12 所示。逆变器每一相需要 4 个 IGBT 开关管、4 个续流二极管、2 个二极管；整个三相逆变器直流侧由两个电容 C_1 、 C_2 串联起来支撑并均衡直流侧电压， $C_1 = C_2$ 。通过一定的开关逻辑控制，交流侧产生三种电平的相电压，在输出端合成正弦波。

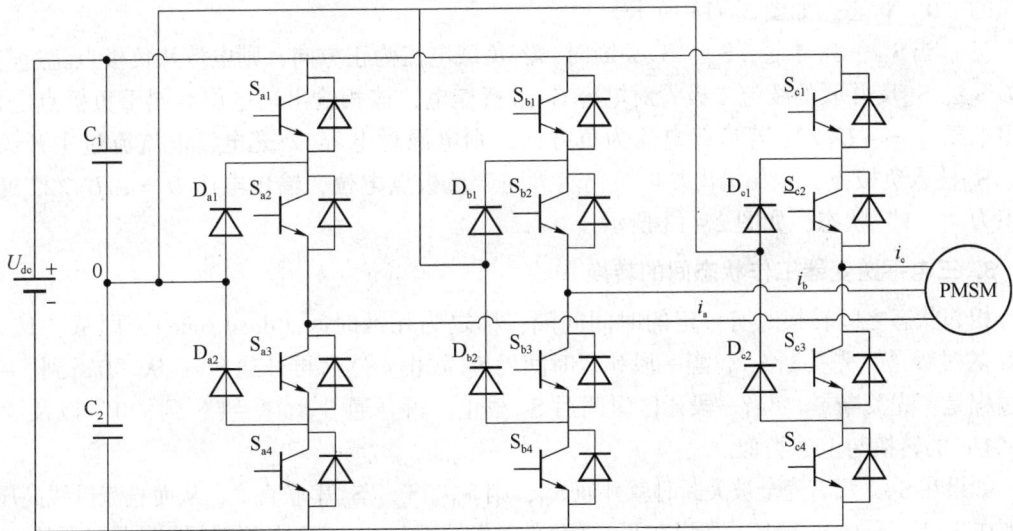

图 2 - 12 三电平逆变器主电路

以输出电压 A 相为例，分析三电平逆变器主电路工作原理，并假设器件为理想器件，不计其导通管压降。定义负载电流由逆变器流向电机或其他负载时的方向为正方向。

（1）当 S_{a1}、S_{a2} 导通，S_{a3}、S_{a4} 关断时，若负载电流为正方向，则电源对电容 C_1 充电，电流从正极点流过主开关 S_{a1}、S_{a2}，该相输出端电位等同于正极点电位，输出电压 $U =$ $+ U_{dc}/2$；若负载电流为负方向，则电流流过与主开关管 S_{a1}、S_{a2} 反并联的续流二极管对电容 C_1 充电，电流注入正极点，该相输出端电位仍然等同于正极点电位，输出电压 $U =$ $+ U_{dc}/2$。通常标识为所谓的"1"状态，如图 2 - 13 所示。

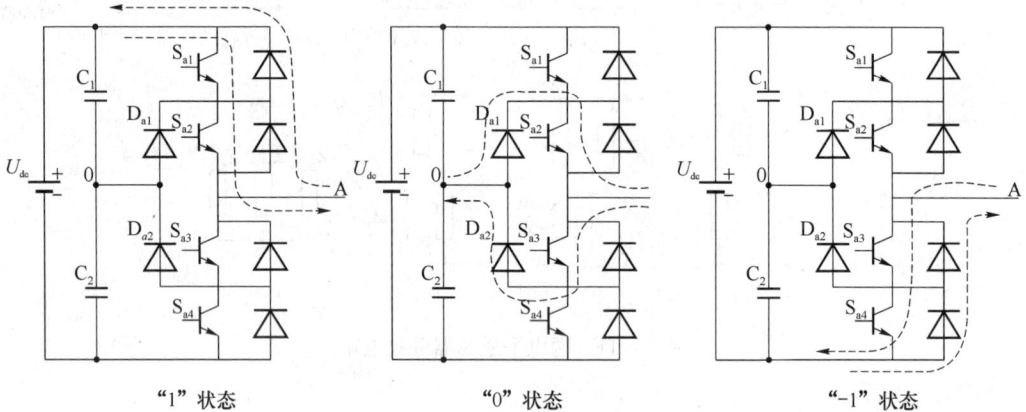

"1" 状态   "0" 状态   "-1" 状态

图 2 - 13　三电平逆变器导通状态

（2）当 S_{a2}、S_{a3} 导通，S_{a1}、S_{a4} 关断时，若负载电流为正方向，则电源对电容 C_1 充电，电流从 0 点顺序流过箱位二极管 D_{a1}，主开关管 S_{a2}，该相输出端电位等同于 0 点电位，输出电压 $U = 0$；若负载电流为负方向，则电流顺序流过主开关管 S_{a3} 和箱位二极管 D_{a2}，电流注入 0 点，该相输出端电位等同于 0 点电位，输出电压 $U = 0$，电源对电容 C_2 充电。即通常标识的"0"状态，如图 2 - 13 所示。

（3）当 S_{a3}、S_{a4} 导通，S_{a1}、S_{a2} 关断时，若负载电流为正方向，则电流从负极点流过与主开关 S_{a3}、S_{a4} 反并联的续流二极管对电容 C_2 进行充电，该相输出端电位等同于负极点电位，输出电压 $U = - U_{dc}/2$；若负载电流为负方向，则电源对电容 C_2 充电，电流流过主开关管 S_{a3}、S_{a4} 注入负极点，该相输出端电位仍然等同于负极点电位，输出电压 $U = - U_{dc}/2$。通常标识为" - 1"状态，如图 2 - 13 所示。

3. 三电平逆变器工作状态间的转换

相邻状态之间转换时有一定的时间间隔，称之为死区时间（dead time），即从"1"到"0"的过程是：先关断 S_{a1}，当一段死区时间后 S_{a1} 截止，然后再开通 S_{a3}；从"0"到" - 1"的过程是：先关断 S_{a2}，当一段死区时间后 S_{a2} 截止，再开通 S_{a4}。" - 1"到"0"以及"0"到"1"的转换与上述类似。

如果在 S_{a1}，没有完全被关断时就开通 S_{a3}，则 S_{a1}、S_{a2}、S_{a3} 串联直通，从而直流母线高压直接加在 S_{a4} 上，导致 S_{a4} 毁坏。所以在开关器件的触发控制上，一定的死区时间间隔是必要的。

同时需要注意的是，这三种状态间的转换只能在"1"与"0"以及"0"与" - 1"之间进行。绝不允许在"1"与" - 1"之间直接转换，否则在死区时间里，一相四个开关容易同时连通，从而将直流母线短接，后果十分严重。同时，这样操作也会增加开关次数，导致开关损耗的增加。所以，"1"和" - 1"之间的转换必须以"0"为过渡。

任务单

任务名称	动车组牵引逆变器工作原理认知
任务描述	针对本节内容，主要任务包括认知三电平脉冲整流器主电路，掌握三电平脉冲整流器基本工作原理；掌握两电平脉冲整流器的三种工作模式；了解三电平逆变器主电路构成及工作原理。
任务分析	本节内容理论性较强，相对较为枯燥一些。但只有掌握变流技术的基本原理，了解电路中各器件之间的物理关系、逻辑关系，打下良好的基础，才能有利于后续内容的深入学习。通过完成本节任务单，能够让学生对脉冲整流器与牵引逆变器的工作原理有大体认知。
学习任务	【子任务 1】试述何为整流与逆变？其各自实现什么功能？ 【子任务 2】根据下面脉冲整流器主电路及其简化等效电路，简要分析脉冲整流器基本工作原理。 【子任务 3】根据下面两电平脉冲整流器开关等效电路，简述电路的三种工作模式。 【子任务 4】画出三电平整流器原理图。

31

续表

学习小结							
自我评价	项目	A—优	B—良	C—中	D—及格	E—不及格	综合
	安全纪律（15%）						
	学习态度（15%）						
	专业知识（30%）						
	专业技能（30%）						
	团队合作（10%）						
教师评价	简要评价						
	教师签名						

学习引导文

1. PWM 脉宽调制

目前 VVVF 转速控制中主要采用的是 PWM 脉宽调制技术，主要是为了得到更加接近于正弦波的逆变输出电压波形，减少谐波干扰。脉宽调制（pulse width modulation，PWM）的调压方法是把逆变电路的输出电压斩波成为脉冲，通过改变脉冲的宽度、数量或者分布规则，以改变输出电压的幅值和频率。这种方法种类很多，它只需对逆变器本身加以控制，使调压、调频一次完成。调节迅速而不需增加功率设备，因而是逆变电路调压调频（VVVF）的主要方法，尤以正弦脉宽调制（SPWM）的谐波分量最少，应用最广。

以获得 SPWM 波的方法来看，有三角波（载波）与正弦波（调制波）相交，得出开关切换模式的 SPWM 逆变器；还有锯齿波（载波）与正弦波（调制波）相交、马鞍形波与正弦波相交、三角波（载波）与准正弦的阶梯波（调制波）相交等方法得出 SPWM 波。所有这些控制方法和指定次数的谐波消去法所追求的目标，都是使输出的波形中谐波最少，最接近正弦波。

从逆变电路的负载端来看，又有追求电动机的气隙磁通（磁链）尽量接近圆形的磁链跟踪型逆变器。有六种开关状态的六阶梯波逆变器输出电压，加到三相电动机的定子绕组上，与逆变器的每一种开关状态相对应，电动机中就有一个合成的空间电压相量。六阶梯波逆变电路输出的空间电压相量为六条等幅对称的相量，逆变器的开关状态切换一次，合成的电压相量在电机绕组中跳跃式地转动60°的空间，如图2-14所示。在气隙中形成一个六边形的跳跃式旋转的磁场，与正弦电压下的电动机的圆形旋转磁场一样，在电磁力的作用下，使电动机旋转。但是由于六阶梯波逆变器只能提供六边形的旋转磁场，在低频下，电动机的力矩不均衡，会出现电动机转轴的轻微颤动或步进现象。经过PWM控制，电压相量相应增加，其磁链可逼近圆形，从而使电动机气隙中获得准圆形的旋转磁场。电流跟踪型逆变电路的基本思想是将电动机定子电流的检测信号与正弦波电流给定信号进行比较，如果实际电流大于给定值，可通过开关的切换使电流下降，反之则增加，结果是使实际电流接近正弦电流。显然这样的逆变电路开关动作也是一种PWM控制。

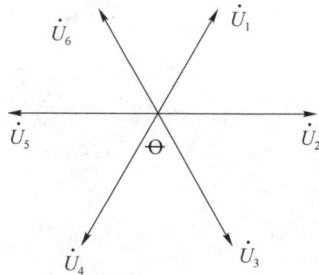

图2-14 逆变器-感应电机系统的电压相量

2. 正弦脉宽调制（SPWM）逆变电路

在动车组中，逆变电路的负载大多是感应电动机，要求可以调压、调频，而且输出的是正弦波形。为此可以把一个正弦半波作i等分，把正弦曲线每一等份所包含的面积，都用一个与其面积相等的等幅矩形脉冲来代替。这样，由数量足够多的等幅而不等宽的矩形脉冲所组成的波形就与正弦半波等效，而另半波也可用相同的方法得到。与正弦波等效的等幅矩形脉冲序列波形如图2-15所示，各脉冲的幅值是相等的，所以逆变器可由恒定的直流电源供电。当逆变器各开关元件在理想状态工作时，显然驱动开关元件的控制信号也应该是与图2-15相似的一系列脉冲波。

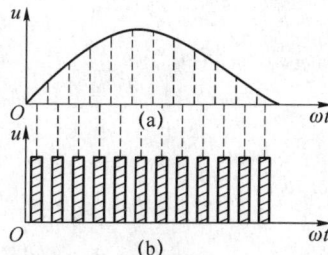

图2-15 与正弦波等效的等幅矩形脉冲序列波形

任务实施与评价

（1）下发任务单，明确学习任务、主要内容、知识目标、能力目标、素质目标要求。

（2）学生按任务单要求制订学习计划，完成预习任务及相关知识准备。

（3）整流逆变概念引入。

（4）学生查阅国标说明动车组牵引传动应用的变流技术。

（5）学生可画出三电平脉冲整流器主电路并可叙述其原理。

（6）学生进行自我评价及学习小组成员互评，教师及小组长（副组长）进行他人评价，检查任务完成情况。

项目 3 CRH$_2$ 型动车组牵引传动系统

项目描述

本项目介绍 CRH$_2$ 型动车组的牵引传动系统，先对该车的牵引传动系统进行概述，然后介绍牵引传动系统的主要组成部件，包括主电路构成、高压电器、牵引电机、牵引变流器等。

本项目主要讲述 CRH$_2$ 型动车组牵引传动的原理及牵引设备，并详细说明 CRH$_2$ 型动车组的主电路图、受电弓的控制电路图及 VCB 的控制电路图，为解决动车组牵引系统故障打下扎实的理论基础。

本项目任务：

任务 3.1 CRH$_2$ 型动车组牵引传动系统基本组成；

任务 3.2 CRH$_2$ 型动车组牵引传动设备；

任务 3.3 CRH$_2$ 型动车组电路图。

教学目标

1. 知识目标

（1）了解 CRH$_2$ 型动车组牵引传动系统相关理论知识；

（2）熟悉 CRH$_2$ 型动车组牵引传动系统中高压电器的基本型号及工作过程；

（3）掌握 CRH$_2$ 型动车组牵引电机及牵引变流器的基本组成部分及其工作原理图。

2. 能力目标

（1）能够区分 CRH$_2$ 型动车组牵引传动系统中的各电器部件；

（2）能够正确操作 CRH$_2$ 型动车组牵引传动系统中的一些电器并从事一般维修；

（3）能判断 CRH$_2$ 型动车组牵引传动系统在工作过程中出现的简单故障；

（4）能读懂 CRH$_2$ 型动车组主要的牵引电路图；

（5）能对动车组牵引传动系统中的电器进行分解、检修、组装及试验。

3. 素质目标

（1）培养学生利用网络自学的能力；

（2）在项目完成过程中培养学生企业经济效率意识、创新和挑战意识；

（3）在项目完成过程中培养学生严谨认真的态度；

（4）能客观、公正地进行学习自我评价及对小组成员的评价。

【任务 3.1】 CRH₂ 型动车组牵引传动系统基本组成

3.1.1 动车组概述

CRH₂ 型 EMU（electric multiple unit）是原中国铁道部为国有铁路进行第六次提速向日本川崎重工订购的高速列车，这款车型以日本新干线的 E2 - 1000 型电动车组为基础，是继台湾高铁的 700T 型电联车后，第二款出口国外的新干线列车。供中国使用的 CRH₂ 型动车组虽然与 E2 - 1000 型电动车组使用相同的电动机，但其编组方式是 4 辆动车（M）配 4 辆拖车（T），动力比日本的 6M2T 编组 E2 系小，因此在营运速度上比日本本土的 E2 系有所下调，最高营运时速为 200 km。CRH₂ 型动车组适用于我国电气化铁路的既有线和客运专线，采用的是以 200 km/h 运行的动力分散型交流传动方式。

动车组采用 8 辆编组，4 动 4 拖，如图 3 - 1 所示。CRH₂ 型动车组由两个牵引动力单元组成。每个牵引动力单元由 2 辆动车和 2 辆拖车组成，其中相邻的 2 辆动车为 1 个基本动力单元。每个牵引动力单元具有独立的牵引传动系统。

图 3 - 1 车辆编组

3.1.2 CRH₂ 型动车组牵引传动系统的基本组成

一个基本动力单元的牵引传动系统主要由高压电器、1 个牵引变压器、2 个牵引变流器、8 台三相交流异步牵引电机组成，如图 3 - 2 所示。牵引/制动系统主电路设备组成见表 3 - 1。

表 3 - 1　牵引/制动系统主电路设备组成

系统	部件	1 车	2 车	3 车	4 车	5 车	6 车	7 车	8 车
牵引系统	受电弓				○		○		
	过分相信号接收器				○		○		
	高压电器箱	○					○		
	牵引变压器	○					○		
	主变流器		○					○	
	牵引电机	○	○				○	○	
	VCB & 避雷器	○					○		

系统	部件	1 车	2 车	3 车	4 车	5 车	6 车	7 车	8 车
制动系统	空气压缩机			○		○			
	制动控制单元 BCU	○	○	○	○	○	○	○	○
	制动指令转换器	○							○

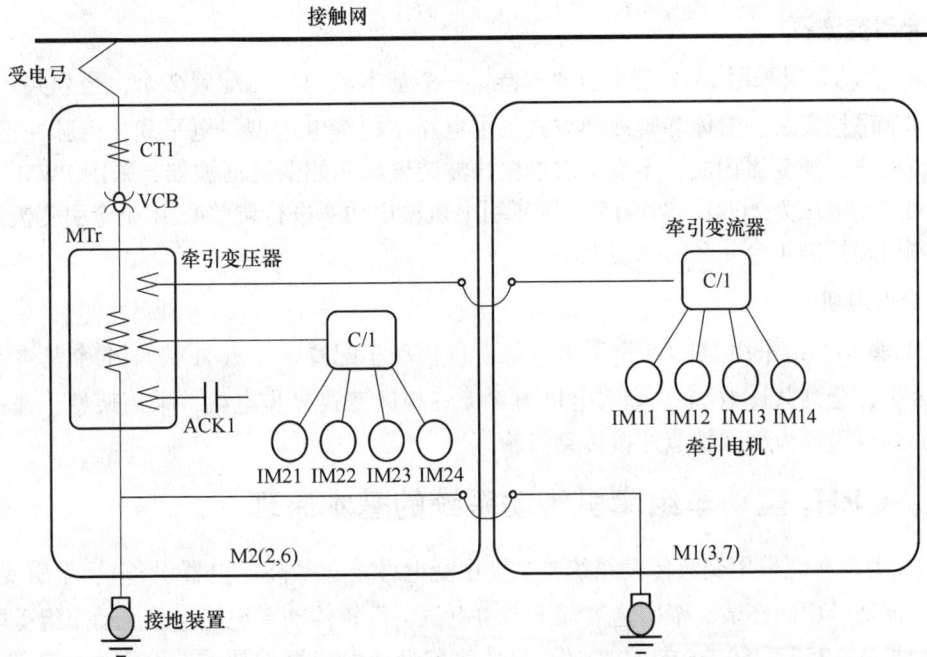

图 3 - 2　CRH₂ 型动车组基本动力单元牵引传动系统组成

1. 高压电器

高压电器主要作用是完成从接触网到牵引变压器的供电。主要包括：受电弓、主断路器、避雷器、电流互感器、接地保护开关等。

CRH₂ 型动车组采用 DSA250 型受电弓。该受电弓为单臂型结构，额定电压/电流为 25 kV/1 000 A，接触压力为（70 ±5）N，弓头宽度约 1 950 mm，具有自动降弓功能，适应接触网高度为 5 300 ~6 500 mm，列车运行速度为 250 km/h。

CRH₂ 型动车组采用 CB201C - G3 型主断路器。主断路器为真空型，额定开断容量为 100 MVA，额定电流 AC 200 A，额定短路电流 3 400 A，额定开断时间小于 0.06 s，采用电磁控制空气操作。

CRH₂ 型动车组采用 LA204 或 LA205 型避雷器。额定电压为 AC 42 kV，动作电压为 AC 57 kV 以下，限制电压为 107 kV。由氧化锌（ZnO）为主的金属氧化物组成，是非线性高电阻体的无间隙避雷器。

CRH₂ 型动车组采用 TH - 2 型高压电流互感器。变流比为 200/5 A，用于检测牵引变压器原边电流值。

CRH$_2$ 型动车组采用 SH2052C 型接地保护开关。额定瞬时电流为 6 000 A，电磁控制空气操作，具有安全连锁。

2. 牵引变压器

CRH$_2$ 型动车组采用 TM210 型牵引变压器，一个基本动力单元配置 1 个，全列共计 2 个。采用壳式结构、车体下吊挂安装、油循环强迫风冷方式。具有 1 个原边绕组（25 kV，3 060 kVA）、2 个牵引绕组（1 500 V，2×1 285 kVA）、一个辅助绕组（400 V，490 kVA）。

3. 牵引变流器

CRH$_2$ 型动车组采用 CI11 型牵引变流器，一个基本动力单元配置 2 个，全列共计 4 个。采用车体下吊挂安装、液体沸腾冷却方式。主电路结构为电压型三电平式，由脉冲整流器、中间直流电路、逆变器构成，不设 2 次谐振滤波装置和网侧谐波滤波器，采用 PWM 方式控制。中间直流电压为 2 600～3 000 V（随牵引电机输出功率进行调整）。1 个牵引变流器采用矢量控制原理控制 4 台并联的牵引电机。

4. 牵引电机

CRH$_2$ 型动车组采用 MT205 型牵引电机，每辆动车配置 4 个（并联），1 个基本动力单元配置 8 个，全列共计 16 个。牵引电机为 4 极三相鼠笼式异步电机，采用架悬、强迫风冷却方式，通过弹性齿型联轴节连接传动齿轮。

3.1.3 CRH$_2$ 型动车组牵引传动系统的基本原理

CRH$_2$ 型动车组采用交流传动系统，主要由受电弓（包括高压电器设备）、牵引变压器、四象限变流器、中间环节、牵引逆变器、牵引电机、齿轮传动系统等组成。动车组受电弓从接触网获得 AC 25 kV/50 Hz 电源，为了满足动车组牵引特性的要求，牵引电机需要电压、频率均可调节的三相交流电源。

CRH$_2$ 型动车组牵引传动系统工作原理如图 3-3 所示，受电弓通过电网接入 AC 25 kV 单相工频交流电，输送给牵引变压器，经变压器降压输出 1 500 V 单相交流电供给脉冲整流器，脉冲整流器将单相交流电变换成 DC 2 600～3 000 V 的直流电经中间直流电路输出给牵引逆变器，牵引逆变器输出电压 0～2 300 V、频率 0～220 Hz 可控的三相交流电供给异步牵引电机。

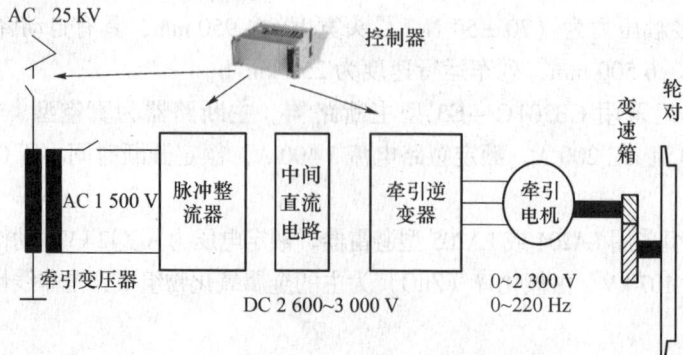

图 3-3　CRH$_2$ 型动车组牵引传动系统工作原理

3.1.4　CRH₂ 型动车组牵引传动系统能量变换与传递

列车牵引运行是将电能转换成机械能，能量变换与传递途径如图 3 - 4 黑色箭头所示；再生制动运行是将机械能转换成电能，能量变换与传递途径如图 3 - 4 白色箭头所示。

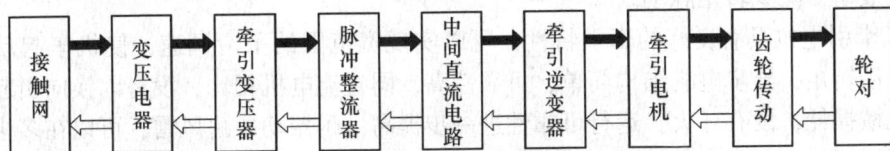

| 接触网 | → | 变压电器 | → | 牵引变压器 | → | 脉冲整流器 | → | 中间直流电路 | → | 牵引逆变器 | → | 牵引电机 | → | 齿轮传动 | → | 轮对 |

图 3 - 4　能量变换与传递途径

列车牵引运行时：受电弓将接触网 AC 25 kV 单相工频交流电，经过相关的高压电气设备传输给牵引变压器，牵引变压器降压输出 1 500 V 单相交流电供给牵引变流器，脉冲整流器将单相交流电变换成直流电，经中间直流电路将 DC 2 600 ~ 3 000 V 的直流电输出给牵引逆变器，牵引逆变器输出电压/频率可调的三相交流电源（电压：0 ~ 2 300 V；频率：0 ~ 220 Hz）驱动牵引电机，牵引电机的转矩和转速通过齿轮变速箱传递给轮对驱动列车运行，从而实现电能到机械能的转换。

再生制动运行时：控制牵引逆变器使牵引电机处于发电状态，牵引逆变器工作于整流状态，牵引电机发出的三相交流电被整流为直流电并对中间直流电路进行充电，使中间直流电压上升。脉冲整流器工作于逆变状态，中间直流电路直流电被逆变为单相交流电，该交流电通过牵引变压器、真空断路器、受电弓等高压电器设备反馈给接触网，从而实现机械能到电能的转换。

3.1.5　CRH₂ 型动车组牵引传动系统的特点

CRH₂ 型动车组牵引传动系统采用交流传动，在牵引变压器、牵引变流器、脉冲整流器、牵引逆变器、牵引电机、控制策略等方面有其显著的特点。

（1）牵引变压器采用壳式结构、车体下吊挂安装、油循环强迫风冷却方式，原边采用两组并联结构的绕组，从而增加了每相牵引绕组的容量；牵引绕组为两个独立线圈，确保牵引绕组的高电抗、弱耦合性。

（2）牵引变流器主电路采用两开关功率器件串联与中点带钳位二极管的方案，功率开关器件采用 IPM 智能功率模块或 IGBT 模块。其中 IPM 是将 IGBT 模块驱动电路、保护电路等封装在一个模块内的新型电力电子器件，是 IGBT 集成化、智能化的一种应用方式。除具有 IGBT 的优点外，驱动功率小，吸收回路简单，模块本身具有检测和自保护功能，可以采用多个并联以增大电流容量。

（3）采用单相三电平 PWM 脉冲整流器，与两电平 PWM 脉冲整流器相比，具有以下优点：每一个功率器件所承受的关断电压仅为直流侧母线电压的一半，在相同的情况下，直流母线电压可以提高一倍，容量也提高一倍；在同样的开关频率及控制方式下，输出电压或电流的谐波大大小于两电平（两点式）变流器，其总的谐波失真 THD 也远小于两点式变流器；即使在开关频率很低时，其输入侧的电流波形也能保证一定的正弦度，从而减小对通信系统的谐波干扰。

（4）牵引逆变器采用三电平拓扑结构，与两电平牵引逆变器相比，端电压波形包含较少的谐波分量。在一个周期内，两电平牵引逆变器电路只有 8 种状态，而三电平牵引逆变器有 27 种，有利于减小相邻电路状态转换时引起的电压和电流波动，从而有利于降低损耗，提高电机效率，减少转矩脉动。

（5）牵引电机具有良好的牵引特性，可以实现宽范围的平滑调速，使机车起动时发出较大的起动转矩；异步电机结构简单，可靠性高，同直流电机相比，没有因换向引起的电气损耗和机械损耗，没有环火，运行可靠性进一步提高；耐振动、耐风雪，可以在多尘、潮湿等恶劣环境下正常运行；电机过载能力强；转速高，功率/重量比高，有利于电机悬挂；转矩－速度特性曲线较陡，可抑制空转，提高黏着利用率。

（6）牵引电机采用矢量控制策略，把定子电流分解成转子磁场定向坐标系下的励磁电流分量和转矩电流分量，实现了定子电流的完全解耦，控制方式简单，使整个牵引传动系统具有良好的动态性能和控制精度。

【任务 3.2】 CRH$_2$ 型动车组牵引传动设备

3.2.1　高压电器

高压电器是指主电路中使用的电气设备，包括受电弓、真空断路器、避雷器、电压互感器、高压电缆及高压电缆连接器、高压隔离开关、电流互感器、接地电阻器等。

1. 受电弓

受电弓是从接触网获得电能的部件，列车运行时压缩空气通过车的电空阀进入受电弓升弓装置气囊，升起受电弓，使受电弓滑板与接触网接触；降弓时，排出升弓装置气囊内的压缩空气，使受电弓落下。为了保证高速动车组高速运行时的可靠受流，高速动车组受电弓还必须满足以下要求：

（1）滑板的材料、形状、尺寸适应高速要求，保证良好的接触状态及更高的耐磨性能。

（2）保证滑板与接触网在规定的受电弓工作高度范围内保持恒定、大小合适的接触压力，以实现比常规受电弓更为可靠的连续电接触。

（3）结构设计上应尽量使作用在滑板上的空气阻力由其他部件承担，使受电弓滑板在其垂直工作范围内始终保持水平，减少甚至消除空气阻力对滑板与接触网间接触压力的影响。

（4）除保证机械强度和刚度外，尽可能降低受电弓运动部分的重量，减小运动惯性，保证与接触网可靠的电接触。

（5）升弓时，动作开始要快，但接触导线时要求缓慢，以减少对接触网导线的冲击；降弓时，离开接触网导线要快，避免产生拉弧，而到达落弓位时要慢，减少对车顶的冲击力。

动车组采用 DSA250 型单臂受电弓，适用于 250 km/h 的运行速度。每列动车组在 4、6 号车设受电弓及附属装置，车辆间采用高压电缆连接。正常情况下，单弓受流，另一台备用,处于折叠状态。

弓网故障时,为避免弓网事故的进一步扩大,受电弓设置自动降弓装置,主要功能如下:

(1) 受电弓滑板断裂、拉大沟槽、磨耗到限等损坏或绝缘导管断裂时,实现快速降弓。

(2) 降弓动作的同时,自动切断真空断路器,避免带负载降弓产生拉弧火花而损坏受电弓滑板和接触网导线。

(3) 自动降弓的同时,可实现声响和指示灯报警等功能,便于乘务员了解情况,及时采取措施。

(4) 可方便实现"自动降弓"和"正常降弓"功能的快速转换,即当自动降弓装置自身发生故障时,不影响动车组的正常运行及操作。

1) 结构及原理

DSA250 型单臂受电弓由底架、升弓装置、下臂、上臂、弓头、滑板及空气管路等组成。其外形结构图如图 3-5 所示。

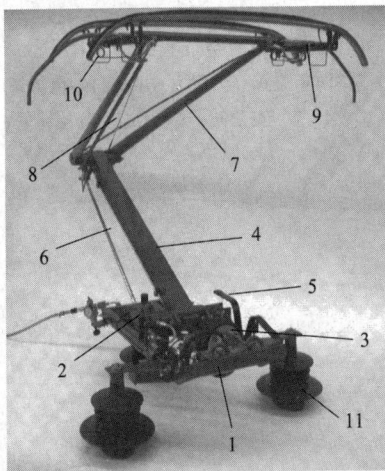

图 3-5 DSA250 型单臂受电弓外形结构图
1—底架;2—阻尼器;3—升弓装置;4—下臂;5—弓装配;6—下导杆;7—上臂;
8—上导杆;9—弓头;10—滑板;11—绝缘

受电弓是通过压缩空气来实现升降控制的,其压缩空气的空气管路原理参见图 3-6。压缩空气通过电空阀(1),经空气过滤器(2)—单向节流阀(升弓)G1/4(3)—精密调压阀 Rc1/2(4),精密调压阀将压缩空气调整到正常升弓压力值约 0.35 MPa,相当于接触压力 70 N,由精密调压阀向受电弓提供恒定的压缩空气,其调节精度为 ±0.002 MPa。气压每变化 0.01 MPa(约 0.1 kgf/cm²),接触压力变化 10 N。再经气压表 R1/8(5)—单向节流阀(降弓)G1/4(6)—安全阀(7)—压缩空气绝缘管(8)—升弓气囊(9)。

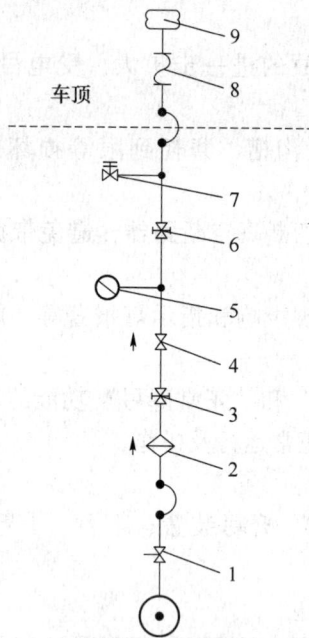

图 3 - 6　空气管路原理图

1—电空阀；2—空气过滤器；3—单向节流阀（升弓）G1/4；4—精密调压阀 Rc1/2；5—气压表 R1/8；
6—单向节流阀（降弓）G1/4；7—安全阀；8—压缩空气绝缘管；9—升弓装置（气囊）

2）主要参数

主要技术参数如下。

型号：DSA250；

环境温度：-40 ~ +60 ℃；

设计速度：250 km/h；

额定电压：25 kV；

额定电流：1 000 A；

瞬间电流（60 ms）：35 kA；

标称接触压力：（70 ±5）N（可调整）；

压缩空气压力：0.4 ~ 1.0 MPa；

正常工作压力（70 N 时）：约 0.35 MPa；

精密调压阀耗气量：输入压力 <1 MPa 时，≤11.5 L/min；

弓头垂向移动量：60 mm；

升弓时间：不大于 5.4 s；

降弓时间：不大于 4 s；

落弓位高度（包含绝缘子）：588 $^{+5}_{-10}$ mm（612 mm 上臂最高处）；

最大升弓高度（包括绝缘子）：3 000 $^{+100}_{-25}$ mm；

最低工作高度（包括绝缘子）：约 888 mm；

最大工作高度（包括绝缘子）：约 2 800 mm；

弓头长度：约 1 950 mm。

3）维护

为了使受电弓处于良好的工作状态，必须加强维护管理，主要应做到：

（1）检查软连接编织导线是否完整，各软连接编织导线断股率不得 >10%，断股严重的要及时更换。

（2）损坏的滑动轴承、变形的部件、磨耗部件超过其磨损极限（部件更换极限参数见表 3 - 2），应及时更换。

（3）在降弓位置时，应检查受电弓钢丝绳的松紧程度，两侧松紧程度应一致。

（4）保持阻尼器状态良好，当有磨损、动作不灵活、漏油时需更换。

（5）检查气囊，发现漏气需更换。

（6）检查弓头滑板，不得有松动、切口、缺口及由电弧引起的变形或缺陷，如出现下列情况，必须更换：碳条高度 <5 mm 或滑板总高度 ≤22 mm；由电弧引起的变形或缺陷；滑板碎裂或出现一定深度的凹槽。如仅需更换一个滑板，新、旧滑板高度差应 ≤3 mm，且应注意滑板 ADD 接口安装的正确位置。

（7）下导杆两端的关节轴承及升弓装置销轴处的润滑，可用注油枪向润滑油杯内注入 SHELL ALVANIA R3 型润滑脂，注完后用油杯帽密封（油杯应注意密封及防尘防水）。下臂上 6 个滚动轴承的润滑，需拆下下臂，从有弹性挡圈一端将轴拆下，向衬套内注入 SHELL ALVANIA R3 型润滑脂后，装上下臂。

（8）受电弓底座应保持水平。

（9）可用中性清洁剂清洁车顶与受电弓之间的绝缘管，但不得使用带油棉纱。每天用干棉纱擦拭，防止灰尘吸附所导致的一次短路。

表 3 - 2 部件更换极限参数

序号	名称	图纸尺寸/mm	极限尺寸/mm
1	滑板（碳条高度）	22^{+1}	5
2	弓角涂层	$0.3^{+0.4}_0$	0.1
3	滑动轴承（直径）	$\phi 30.02$	$\phi 30.02$
4	弓头管轴（直径）	$\phi 30^0_{-0.15}$	$\phi 29.5$
5	三种软连接线	—	出现破损
6	钢丝绳	—	有一股断裂
7	升弓装置	—	出现裂缝、发生泄漏
8	阻尼器	—	发生泄漏

2. 高压设备箱

高压设备箱安装在 2、6 号车底架下，真空断路器、避雷器、地板下电缆接线盒安装在设备箱内。高压设备箱内安装的各部件可单独装卸，也可根据需要进行整体装卸。

高压设备箱使用铝合金型材，采用密封结构，避免其内安装的部件受到污损。为适应通过隧道时压力的变化，设有过滤器，与外界大气进行交换。此外，为降低避雷器的限压抑制，空中绝缘距离设为 230 mm。高压加压部按照确保大地绝缘距离为 230 mm 以上来配置其内安装的部件。高压设备箱上装有避雷器，侧面安装真空断路器、地板下电缆接线盒及指示灯。为安全起见，在接地保护开关接通时，设置指示灯加以确认。

高压设备箱底部设置检查盖，通过锁闭装置进行锁闭。内部各部件的安装全部在箱内进行。实施作业及检查时，操作锁闭装置后可以打开检查盖。

高压设备箱设置与车顶保护接地开关联锁的锁闭装置，是为了在检查高压设备箱内部件时，防止触电。锁闭装置由辅助空气压缩机（装在 2 号车底架下）单元内管座上的钥匙和高压设备箱的锁装置组成。各车厢的高压设备箱使用的钥匙不同（钥匙上标有号码）。

3. 真空断路器

真空断路器用来断开、接通 25 kV 电路，并作为故障状态的保护器件，兼有断路器和开关两种作用。当牵引变压器牵引侧以后的电路发生故障时，能迅速、安全、准确地切断电路。CRH₂ 型动车组采用 CB201 型真空断路器，每列动车组配置 2 台真空断路器，每台真空断路器控制一台牵引变压器。

CB201 型真空断路器（通常称为 VCB）利用真空中的高绝缘性能电弧的扩散作用进行遮断，配置在动车底架下的高压设备箱内。真空断路器的外形结构图见图 3-7。

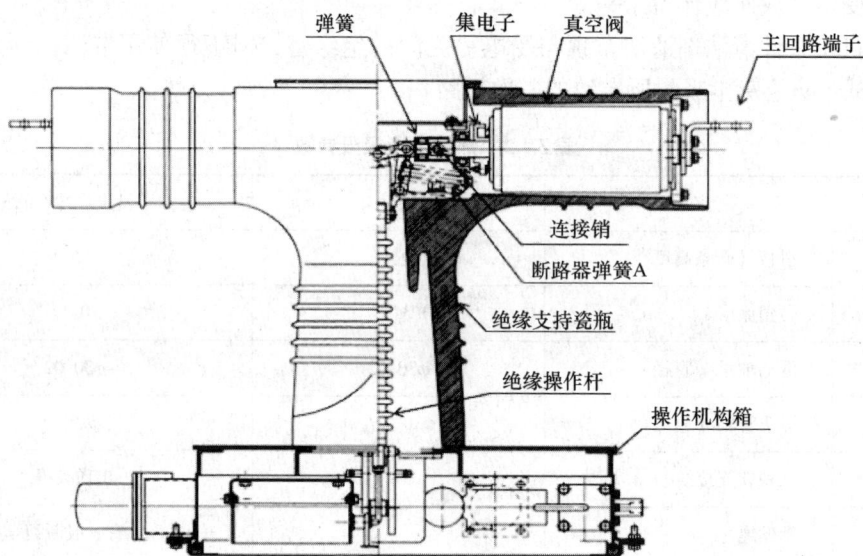

图 3-7　真空断路器的外形结构图

1）结构

真空断路器主要由三部分组成。

（1）高压电流分断部分：由可开断交流电弧的真空开关管、静触头、动触头组成。动触头的操作由电空机械装置和合闸过程中的导向装置同时完成。

（2）隔离绝缘部分：由安装在底板上的支持绝缘子绝缘、内部的绝缘导杆、恢复弹簧、接触压力弹簧组成。绝缘导杆连接电空机械装置和动触头。

（3）电空机械装置（低压部分）：由空气管、压力开关、储风缸、调压阀、电磁阀、保持线圈、传动风缸及活塞组成。当空气压力达一定值时压力开关闭合，压缩空气方能进入储风缸。储风缸内的调压阀，用来调节储风缸内气压。

2）主要技术参数

额定电压：AC 30 kV（瞬间最大电压 AC 31 kV）；

额定电流：AC 200 A；

额定频率：50 Hz；

额定开断容量：100 MVA；

额定闭合电流：10 000 A；

额定瞬间电流：4 000 A（2 s）；

额定断路电流：3 400 A；

额定开断时间：≤0.06 s；

寿命次数：50 000 次。

4. 避雷器

采用 LA205 型交流避雷器，避雷器由聚合物制成的瓷管与氧化锌组件组成。氧化锌组件由 14 个弹簧强力固定、带有止振橡胶的元件构成。在瓷管内部装有氧化锌组件，用氮气密封。如果避雷器由于大电流而短路，内部压力异常上升，则通过特殊薄金属板的放压装置向外释放高压气体。

避雷器是一种保护电器，用于限制电气设备运行过程出现的大气过电压及操作过电压，使电气设备免受过电压损害，减少系统的跳闸率及事故率。

氧化锌避雷器是采用 ZnO 等多种金属氧化物制成的，利用其相当理想的伏安特性，其中线性系数只有 0.025 左右，使得避雷器处于正常工作电压时，流过的电流非常小，可认为是一种绝缘体；而当电压值超过某一动作值时，电流急剧增加，电流的增加反过来抑制住电压的上升，从而保护了机车的绝缘设备不被击穿。待电压恢复到正常工作范围时，电流相应恢复至极小值，避雷器仍呈绝缘态，不影响系统的正常工作。

一般来讲，避雷器的选择既要保证在正常工作电压下电流很小，且产品不易老化，又要保证在过电压下正常释放能量，使电压不会上升到损坏绝缘的程度，因此，考核避雷器主要有三个参数：大电流下残压、工作电压下续流和通流容量。

5. 高压互感器

互感器是一种测量用设备，有电流互感器和电压互感器两种，其作用原理和变压器相同。

使用互感器有两个目的：一是为了工作人员的安全，使测量回路与高压电网隔离；二是可以使用小量程的电流表测量大电流，用低量程电压表测量高电压；三是用于各种继电保护装置的测量系统。通常，电流互感器的牵引绕组侧额定电流为 5 A 或 1 A，电压互感器的牵引绕组侧额定电压为 100 V。

1）电流互感器

与普通的变压器相比，电流互感器的一次绕组由 1 匝或几匝截面较大的导线构成，并串入需要测量电流的电路中；牵引绕组的匝数越多，导线截面越小，并与阻抗很小的仪表

（如电流表、功率表的电流线圈等）接成回路。电流互感器的运行情况相当于变压器的短路情况，必须注意：

（1）电流互感器的二次绕组绝对不允许开路；

（2）必须将电流互感器的外壳和二次绕组的一端可靠接地，以防原、副边绕组间绝缘损坏，原边电压窜入二次侧，引起触电和仪表损坏。

CRH$_2$型动车组采用 BB – S 隔离型高压电流互感器，用于检测牵引变压器原边电流值。一个基本动力单元配置 1 个电流互感器，全列共设置 2 个电流互感器。

其技术参数如下。

额定工作电压：25 kV；

变流比：200/5 A；

额定频率：50 Hz；

额定负载：20 VA；

质量：35 kg。

2）电压互感器

电压互感器工作时，原边绕组直接接到被测的高压电路中，牵引绕组接电压表或功率表的电压线圈。由于电压表和功率表的电压线圈内阻抗很大，所以电压互感器的运行情况相当于变压器的空载情况。忽略漏阻抗压降时，其原边绕组、牵引绕组匝数之比就等于原边绕组、牵引绕组的电压之比，而电压互感器在设计时，为了保证其准确度，一般都采用高性能的硅钢片，以减小励磁电流和原边、牵引绕组的漏电抗。

电压互感器在使用时，必须注意：

（1）电压互感器牵引侧绝对不能短路；

（2）电压互感器的二次绕组连同铁心一起，必须可靠接地；

（3）电压互感器有一定的额定容量，使用时牵引侧绕组不宜接过多的仪表。

CRH$_2$型动车组采用高压电压互感器检测接触网电压。一个基本动力单元配置 1 个电压互感器，全列共配置 2 台。

电压互感器参数如下。

电压互感器变比：25 kV/100 V；

额定负荷：100 VA；

输出精度：1.0 级。

6. 高压电缆及高压电缆连接器

动车组正常情况下只有一台受电弓升弓受流，而整列动车组有两台牵引变压器同时工作，因此为了将 25 kV 高压电送至牵引变压器就需要使用高压电缆和高压电缆连接器。在 2 号车后部、3 号车前后部、4 号车前部、5 号车后部、6 号车后部的车顶上设置特高压电缆连接器。为方便摘挂，在 4 号车后部、5 号车前部的车顶上，设置高压电缆用倾斜型电缆连接器，通过此连接器接通特高压电缆。

7. 保护接地开关

CRH$_2$型动车组采用 SH2052C 型号接地开关，一个基本动力单元配置 1 台，全列车共配置 2 台。接地开关采用电磁控制空气操作，设置安全联锁。

其技术参数如下。

结构：耐寒耐雪结构，设防冻电热器；

额定电压：30 kV（单相）；

额定频率：50 Hz；

额定瞬时电流：6 000 A（15 周）；

额定操作空气压力：785 kPa（8 kgf/cm^2）；

额定操作电压：DC 100$^{+10}_{-30}$ V；

最低开关动作电压：DC 60 V；

最低开关动作气压：0.628 MPa（6.4 kg/cm^2）；

投入操作压力变动范围：0.628 ~ 0.941 MPa（6.4 ~ 9.6 kg/cm^2）；

主接触压力：8 ± 0.8 N（0.82 ± 0.08 kg）；

接通容量：15 kA（峰值）1 次；

闭合时间：≤ 0.5s（于气压 0.785 MPa（8 kg/cm^2），操作压力 100 V）。

8. 高压隔离开关

其作用是优化配置 25 kV 电路内高压设备的运行工况，当车顶设备发生故障时，能将故障部分隔离，维持动车组运行。它的存在可大大减少因车顶设备故障而造成的机破事故，保证动车组的安全运行。CRH₂ 型动车组采用 BT25.04 型高压隔离开关。

1）结构

高压隔离开关主要由隔离闸刀、支撑瓷瓶和转动瓷瓶、底座安装板、传动机构、锁固机构、辅助接点、手柄等组成。高压隔离开关结构如图 3 – 8 所示。

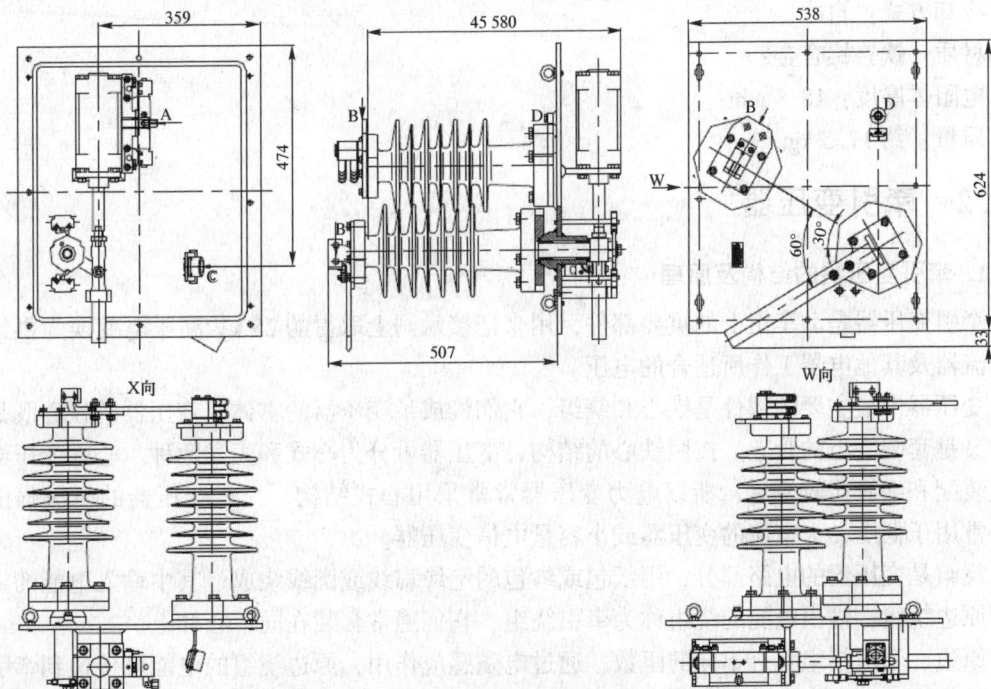

图 3 – 8　高压隔离开关结构

2）技术参数

标称电压：25 kV；

额定电压：30 kV；

额定电流：400 A；

额定频率：50 Hz；

短时耐受电流：8 kA×1 s；

控制电压：DC 110 V；

最小动作电压：DC 77 V；

额定工作气压：400~1 000 kPa；

最小动作气压：350 kPa；

质量：50 kg。

9. 接地电阻器

动车设置接地电阻器，其作用是防止接地刷的异常磨损、轴承电腐蚀，使接地电流均匀。动车组采用 MR139 型接地电阻器，在通以最大负载电流时，即使电阻体或绝缘发生局部破坏也不会导致电阻开路。并依此原则设计电阻器的容量、电阻和框架绝缘等所需的最小值，以实现结构的小型、轻量化。

其技术参数如下。

电阻值：0.5 Ω（20 ℃）；

连续电流：20 A；

最大负载：300 A×0.25 s（电路不开路）；

冷却方式：自冷；

材质：铁铬铝合金；

电阻体厚度：18.8 mm；

质量：约 17.5 kg。

3.2.2 牵引变压器

1. 牵引变压器的结构及原理

牵引变压器是动车组上的重要部件，用来把接触网上取得的 25 kV 高压电变换为供给牵引变流器及其他电器工作所适合的电压。

变压器中最主要的部件是铁心和绕组，它们构成了变压器的本体。变压器的铁心既是磁路，又是套装绕组的骨架。按照铁心的结构，变压器可分为心式和壳式两种。心式变压器的绕组装配和绝缘比较容易，所以电力变压器常常采用心式结构。壳式变压器的机械强度较好，常用于低压、大电流的变压器或小容量电信变压器。

绕组是变压器的电路部分，用纸包或纱包的绝缘扁线或圆线绕成。其中输入电能的绕组称为原边绕组，输出电能的绕组称为牵引绕组，它们通常套装在同一心柱上。

原边、牵引绕组具有不同的匝数，通过电磁感应作用，原边绕组的电能可传递到牵引绕组，且使原边、牵引绕组具有不同的电压和电流。原边、牵引绕组的电压分别与绕组的匝数成正比，电流分别与绕组匝数成反比。

CRH₂ 型动车组采用 ATM9 型牵引变压器。ATM9 型牵引变压器采用单相壳式、无压密封方式，一个基本动力单元配置 1 台，全列共计 2 台。其实物图如图 3-9 所示。储油柜安装在牵引变压器中央部位，和主机油箱通过连接孔输送绝缘油。波纹管采用圆形不锈钢焊接结构，外侧存放油，内侧与大气相通。

图 3-9 ATM9 型牵引变压器实物图

1—热油出油管输入油冷却器；2—电动油泵；3—油冷却器；4—热油吸入油管；5—变压器绕组；6—冷却风入口；
7—油冷却器散热片及热风出口；8—油流继电器；9—温度继电器；10—原边线路侧套管；11—接线端子

1）铁心

ATM9 型牵引变压器采用壳式铁心，其特点是铁轭不仅包围线圈的顶面和底面，而且还包围线圈的侧面。硅钢片采用低损耗硅钢片，降低了变压器的铁损。

为防止产生悬浮电位造成对地放电，安装时铁心及其他所有金属构件都必须可靠接地。整个铁心只允许一点接地。如果有两点或两点以上接地，则接地点之间可能形成闭合回路，造成铁心局部过热。

2）绕组

绕组是牵引变压器的关键部件，为了保证变压器可靠运行，变压器绕组必须具有足够的电气强度、耐热强度、机械强度和良好的散热性能，使变压器既能在额定条件下长期使用，又能经受住过渡过程（如短路、雷击、操作等）所产生的过电压、过电流，以及相应的电磁力作用，不致发生绝缘击穿、过热、变形或损坏。

2. 牵引变压器的特点

CRH₂ 型动车组采用 ATM9 型牵引变压器，其工作原理与普通电力变压器相同。但由于动车组变压器工作条件的特殊性，又具有如下特点。

（1）具有坚固的机械结构，耐机械振动和冲击。

（2）采用特制 30ZH105E 低损耗硅钢片，降低了变压器的铁损。

（3）体积小，重量轻：

①变压器采用壳式铁心，其油箱紧包变压器铁心及线圈，使得变压器内部结构紧凑，减小了变压器的尺寸及质量。

②原边、牵引线圈采用铝质线圈。

③电磁线电密大，用量小。

④取消了牵引绕组滤波电抗器。

（4）牵引绕组：

①各牵引绕组的电抗相等，以保证牵引绕组侧并联的 PWM 整流器的负荷平衡。

②牵引绕组侧各绕组的电抗比较高，从而达到抑制牵引绕组电流纹波、控制开关器件的关断电流，以及抑制网侧谐波电流的要求。

③牵引绕组侧励磁电抗应尽量小。

④牵引绕组侧各绕组之间采用去耦结构，避免当各绕组之间相互干扰很强时，牵引绕组电流波形紊乱而严重影响开关器件的关断电流及网侧谐波电流的抑制。

⑤牵引绕组为 2 个独立绕组，每个绕组与一台牵引变流器连接，确保牵引绕组的高电抗和疏耦合性，两牵引绕组与各自的高压线圈耦合，相互影响很小，牵引变换装置具有稳定运行的特性；另外，为对应于每个牵引绕组的增容，原边绕组配置了 2 个并联的线圈。

（5）绝缘性能：

接触网电压变动范围大，受大气过电压和操作过电压等的影响，要求其具有较大的工作范围及较好的绝缘性能。该变压器采用特 A 级绝缘，绝缘等级高。

（6）冷却：

①冷却绝缘介质采用无色透明的合成油——硅油，其为二甲基聚硅氧烷结构，不含任何添加物、悬浮物等有害物质，具有较好的环保性能。

②冷却绝缘介质的最高温度可达 135 ℃，大大提高了油浸变压器的温升限值。

③冷却系统中油冷却器采用铝制板翅式结构，质量轻、体积小，空气阻力损耗(400 Pa)与油的阻力损耗（26 kPa）低，散热量大（150 kW）。另外，整个冷却系统中没有蝶阀，对所有外部组件的可靠性要求很高，维修率低。

3. 牵引变压器的主要技术参数

1）通用规格

（1）环境温度：－25 ~ +40 ℃。

（2）原边电压：

标称接触网电压：25 kV。

电压变动范围：17.5 ~ 31 kV。

2）性能

（1）单相、壳式、无压密封方式。

（2）油循环风冷方式（KDAF）。

（3）额定值：如表 3 – 3 所示。

（4）绝缘级别：如表 3 – 4 所示。

（5）绝缘类别：特殊 A 类绝缘（使用聚酰胺绝缘纸）。

（6）最高温升：如表 3 – 5 所示。

（7）绝缘油：硅油。

（8）辅助设备电源规格：

电动鼓风机：三相、50 Hz、400 V、风速 115 m³/min。

电动油泵：三相、50 Hz、400 V、油速 700 L/min、7 m 油柱。

3）外形尺寸与质量

外形尺寸为（$L \times W \times H$）2 570 mm × 2 300 mm × 835 mm。

总质量为 2 910 kg（包括电动鼓风机）。

牵引变压器额定参数、绝缘级别及最高升温分别如表 3 – 3、表 3 – 4 和表 3 – 5 所示。

表 3 – 3　牵引变压器额定参数

绕组	原边	牵引	辅助
容量/kVA	3 060	2 570	490
电压/V	25 000	1 500	400
电流/A	122	857 × 2	1 225
频率/Hz	50		
效率	大于 95%		
额定类别	连续额定		

表 3 – 4　绝缘级别

绕组	原边线路侧	原边接地侧	牵引	辅助
感应耐电压	42 kV × 10 min	—	—	—
工频耐电压	—	2.5 kV	5.4 kV	2.9 kV
雷击耐电压	全波：150 kV 截断波：170 kV	—	—	—

表 3 – 5　最高温升

测量部位	测量方法	温度上升极限	工频温度上升极限
绕组	电阻法	125 K	115 K
油	温度计法	80 K	75 K
标准环境温度	25 ℃		

3.2.3　牵引变流器

1. 牵引变流器的组成

CRH₂ 型动车组牵引变流器（以下简称变流器）由脉冲整流器、中间直流电路、牵引平逆变器、交流接触器等主电路设备，以及牵引控制装置、控制电源等控制设备组成。上述设备安装在 1 个箱体内，为减轻质量，箱框采用铝合金结构。每个动车设置 1 台变流器，每台变流器驱动 4 台并联牵引电机。牵引变流器主电路功能框图见图 3 – 10，脉冲整流器和牵引逆变器主电路功率模块连接图见图 3 – 11。主电路元件导通状态和输出相电压的关系见表 3 – 6。

牵引变压器牵引绕组输出的 AC 1 500 V、50 Hz 单相交流电，通过脉冲整流器变换为直流电，经中间直流回路将 DC 2 600 ~ 3 000 V（再生制动时稳定在 3 000 V）的直流电输出给牵引逆变器，牵引逆变器输出电压、频率可调的三相交流电（电压为 0 ~ 2 300 V，频率为 0 ~ 220 Hz）驱动牵引电机。牵引逆变器采用异步调制、5 脉冲、3 脉冲和单脉冲相结合的控制方式。变流器取消了中间直流回路的二次滤波环节，牵引变压器不需设置二次滤波电抗器，使得二者重量均得到大幅度降低。

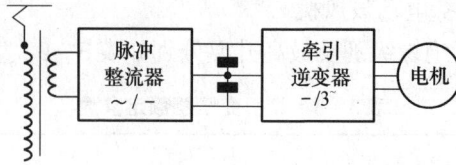

图 3-10　牵引变流器主电路功能框图

图 3-11　脉冲整流器和逆变器主电路功率模块连接图

表 3-6　主电路元件导通状态和输出相电压的关系

输出状态	高电位点电位输出	中性点电位输出	低电位点电位输出
PWM 信号 Gsw	Gsw = +1	Gsw = 0	Gsw = -1
IPM1	ON	OFF	OFF
IPM2	ON	ON	OFF
IPM3	OFF	ON	ON
IPM4	OFF	OFF	ON

输出状态	高电位点电位输出	中性点电位输出	低电位点电位输出
输出电压	$+U_d/2$	0	$-U_d/2$
等效电路			

牵引变流器外形如图 3－12 所示，其主要组成部件如表 3－7 所示。箱体中央位置配置脉冲整流器功率模块（2 台）和逆变器功率模块（3 台）。牵引变流器靠列车侧面配置两台电动鼓风机（主鼓风机），向功率模块冷却器送风。箱体内部集中设置真空接触器、继电器单元和牵引控制装置等，便于集中检查。

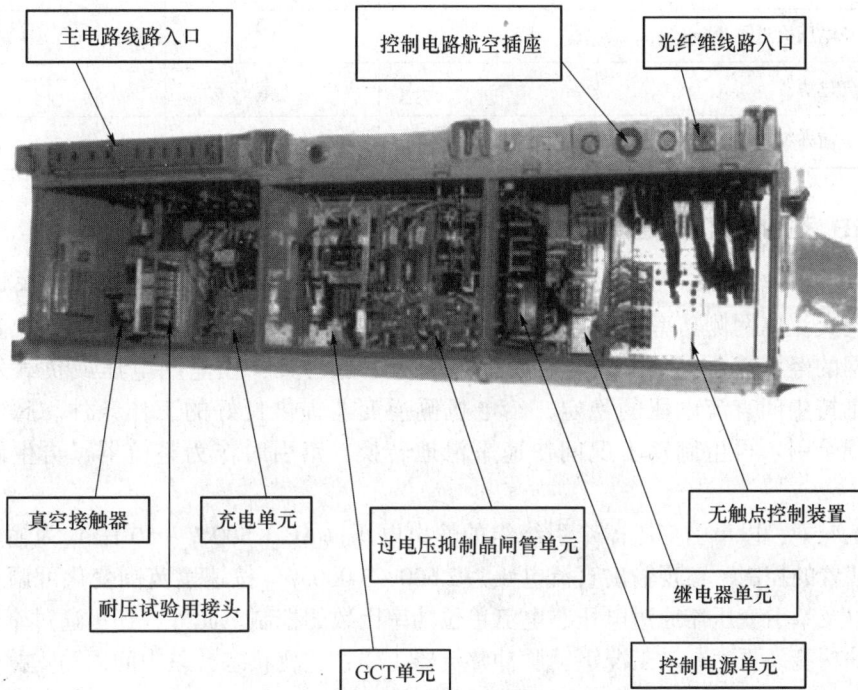

图 3－12　牵引变流器外形

表 3－7　牵引变流器主要组成部件

编号	名　称	件数	备　注
1	箱框	1	
2	脉冲整流器功率模块	2	

编号	名　称	件数	备　注
3	逆变器功率模块	3	
4	牵引控制装置	1	
5	热交换器	2	
6	真空接触器	1	
7	充电单元	1	
8	过电压抑制晶闸管（OVTh）单元	1	含 DCPT 单元
9	门极电源	1	
10	继电器单元	1	
11	电阻器单元	1	
12	接地电流检测（GCT）单元	1	
13	交流电压检测器（ACPT）	1	
14	空气过滤器	1 套	
15	检查面外罩	3 种	

2. CRH₂型动车组脉冲整流器工作原理

CRH_2 型动车组的脉冲整流器部分由单相三电平 PWM 脉冲整流器和交流接触器 K 构成。可实现交流电网侧功率因数接近 1；电网电流尽可能接近正弦，消除谐波，最大限度地提高电网的经济效益，减少电网对周围环境的电磁污染；在电网电压或负载发生变化时，能够维持中间直流电压的稳定，给电机侧逆变器提供良好的工作条件。脉冲整流器还可以实现牵引、再生制动工况间快速平滑地转换，牵引时作为整流器，再生制动时作为逆变器。

牵引工况下，以牵引变压器牵引绕组的输出电压（AC 1 500 V、50 Hz）为输入，通过牵引控制装置的控制，实现输出直流电压为 2 600～3 000 V（按速度范围变化可调）的定电压控制，以及牵引变压器原边电压、电流单位功率因数的控制。此外，还可通过牵引控制装置实现保护功能。再生制动工况下，脉冲整流器工作在逆变状态，以中间回路支撑电容器的输出电压（DC 3 000 V）为输入，向牵引变压器侧输出 AC 1 500 V、50 Hz 电压。交流接触器 K 控制输入侧主电路的接通、断开。

与传统两电平脉冲整流器相比，CRH_2 型动车组脉冲整流器具有以下优点。

（1）每一个功率器件所承受的关断电压仅为直流侧电压的一半。这样在相同的情况下，直流电压可以提高一倍，容量也可以提高一倍。

（2）在同样的开关频率及控制方式下，三电平脉冲整流器输出电压或电流的谐波远远小于两电平脉冲整流器，因此它的总的谐波失真 THD 也要远小于两电平脉冲整流器。

（3）三电平脉冲整流器输入侧的电流波形即使在开关频率很低时，也能保证一定的正弦度。

CRH$_2$ 型动车组脉冲整流器的主电路如图 3 – 13 所示。L$_N$ 和 R$_N$ 分别为牵引绕组的等效漏感和漏电阻，T$_{a1}$ ~ T$_{a4}$、T$_{b1}$ ~ T$_{b4}$ 分别为额定值 3 300 V、1 200 A 的 IGBT 或 IPM，D$_a$、D$'_a$、D$_b$、D$'_b$ 为钳位二极管，C$_1$ 和 C$_2$ 为直流侧两个支撑电容。

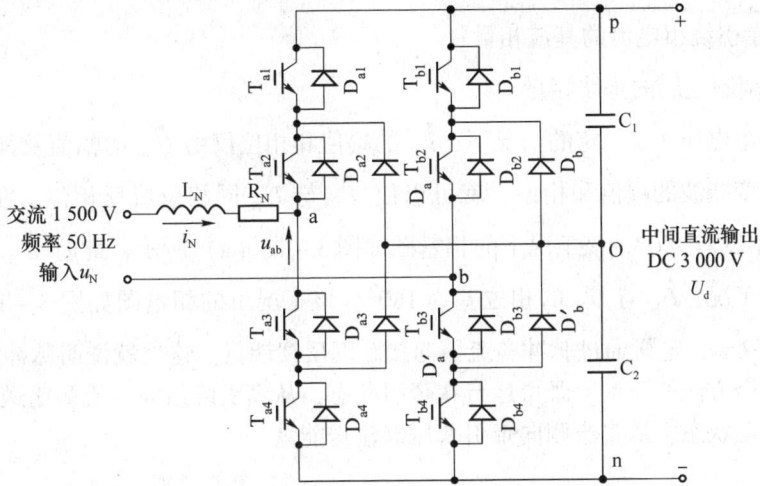

图 3 – 13   CRH$_2$ 型动车组脉冲整流器的主电路

该电路的控制部分采用 PWM 调制方式，交流输入端的电压 u_{ab} 是用 5 电平的脉冲来等效的正弦波，这 5 个电平分别为 U_d、$U_d/2$、0、$-U_d/2$、$-U_d$，u_{ab} 中含有和正弦信号同频率且幅值成比例的基波分量，以及和载波频率有关的高次谐波，而不含有低次谐波。交流输入端电压 u_{ab} 的波形如图 3 – 14 所示。由于牵引绕组的等效漏感 L$_N$ 的滤波作用，高次谐波电压只会在交流侧电流 i_N 产生很小的脉动，可以忽略，则脉冲整流器主电路可以等效为如图 3 –15 所示的电路。

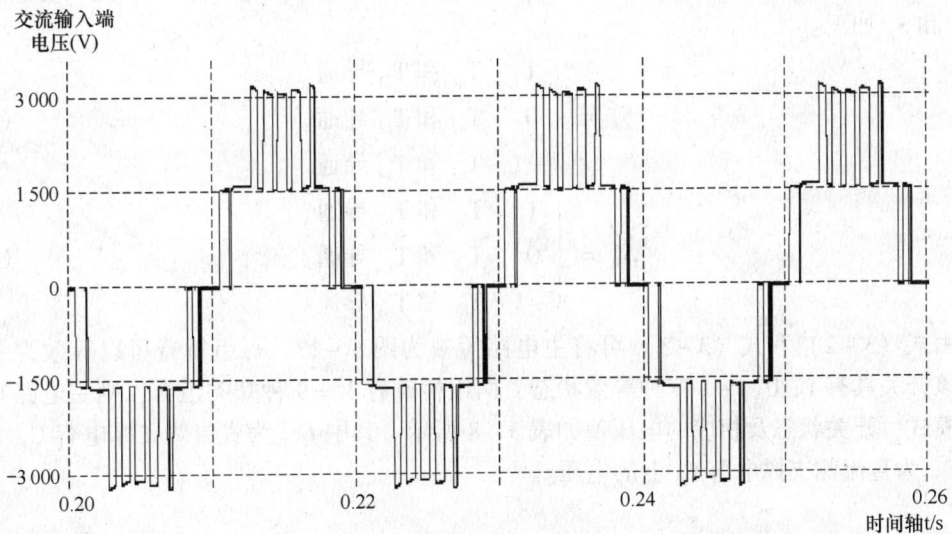

图 3 – 14   交流输入端电压 u_{ab} 的波形

由图 3-15 可知，该脉冲整流器的电压矢量平衡方程为：

$$\dot{U}_N = j\omega L_N \dot{I}_N + R_N \dot{I}_N + \dot{U}_{ab} \tag{3-1}$$

式中：$\dot{U}_N$——牵引绕组电压相量；

$\dot{I}_N$——牵引绕组电流的基波相量；

$\dot{U}_{ab}$——调制电压的基波相量。

在牵引绕组电压 $\dot{U}_N$ 一定的情况下，$\dot{I}_N$ 的幅值和相位仅由 $\dot{U}_{ab}$ 的幅值及其与 $\dot{U}_N$ 的相位差来决定。改变基波的幅值和相位，就可以使 $\dot{I}_N$ 与 $\dot{U}_N$ 同相位或反相位。在牵引工况下，$\dot{I}_N$ 与 $\dot{U}_N$ 的相位差为 0°，该工况下的相量图如图 3-16（a）所示，此时 $\dot{U}_{ab}$ 滞后 $\dot{U}_N$；而对于再生制动工况，$\dot{I}_N$ 与 $\dot{U}_N$ 的相位差为 180°，该工况下的相量图如图 3-16（b）所示，此时 $\dot{U}_{ab}$ 超前 $\dot{U}_N$，电机通过脉冲整流器向接触网反馈能量。这也就说明脉冲整流器可以实现能量正反两个方向的流动，既可运行在牵引状态，从牵引绕组向直流侧输送能量，也可以运行在再生制动状态，从直流侧向牵引变压器输送能量。

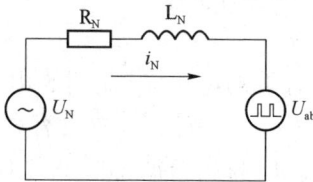

图 3-15　脉冲整流器等效电路　　　　图 3-16　脉冲整流器的基波相量图

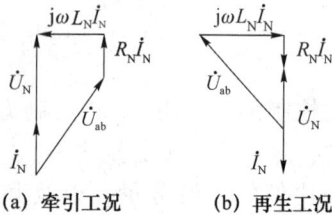

对于单相三电平脉冲整流器的工作原理再作如下说明。为了便于分析，定义理想开关函数 S_A 和 S_B 如下：

$$S_A = \begin{cases} 1 & T_{a1} \text{ 和 } T_{a2} \text{ 导通} \\ 0 & T_{a2} \text{ 和 } T_{a3} \text{ 导通} \\ -1 & T_{a3} \text{ 和 } T_{a4} \text{ 导通} \end{cases} \tag{3-2}$$

$$S_B = \begin{cases} 1 & T_{b1} \text{ 和 } T_{b2} \text{ 导通} \\ 0 & T_{b2} \text{ 和 } T_{b3} \text{ 导通} \\ -1 & T_{b3} \text{ 和 } T_{b4} \text{ 导通} \end{cases} \tag{3-3}$$

由式（3-2）和式（3-3）可将主电路等效为图 3-17，每组桥臂可以等效为一个开关，该开关具有 1、0、-1 三种等效状态，两组桥臂有 $3^2 = 9$ 种开关组合，则主电路有 9 种工作模式。开关状态及相应的电压值如表 3-8 所示。其中 U_{C1} 为直流侧支撑电容 C_1 上的电压，U_{C2} 为直流侧支撑电容 C_2 上的电压。

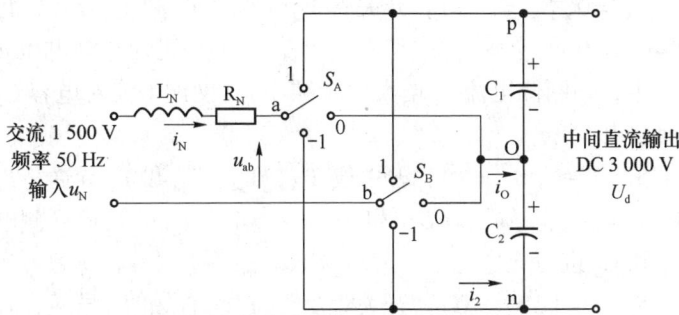

图 3-17　脉冲整流器的开关函数等效电路图

表 3-8　工作状态及输出电压

T_{a1}	T_{a2}	T_{a3}	T_{a4}	T_{b1}	T_{b2}	T_{b3}	T_{b4}	S_A	S_B	u_{ao}	u_{bo}	u_{ab}	Mode
1	1	0	0	1	1	0	0	1	1	U_{C1}	U_{C1}	0	V_0
1	1	0	0	0	1	1	0	1	0	U_{C1}	0	U_{C1}	V_1
1	1	0	0	0	0	1	1	1	−1	U_{C1}	$-U_{C2}$	$U_{C1}+U_{C2}$	V_2
0	1	1	0	1	1	0	0	0	1	0	U_{C1}	$-U_{C1}$	V_3
0	1	1	0	0	1	1	0	0	0	0	0	0	V_4
0	1	1	0	0	0	1	1	0	−1	0	$-U_{C2}$	U_{C2}	V_5
0	0	1	1	1	1	0	0	−1	1	$-U_{C2}$	U_{C1}	$-U_{C1}-U_{C2}$	V_6
0	0	1	1	0	1	1	0	−1	0	$-U_{C2}$	0	$-U_{C2}$	V_7
0	0	1	1	0	0	1	1	−1	−1	$-U_{C2}$	$-U_{C2}$	0	V_8

工作状态 V_0（$S_A=1$, $S_B=1$）：开关管 T_{a1}, T_{a2}, T_{b1} 和 T_{b2} 导通, T_{a3}, T_{a4}, T_{b3} 和 T_{b4} 关断, 网侧端电压 $u_{ao}=U_{C1}$, $u_{bo}=U_{C1}$ 和 $u_{ab}=0$。如果网侧电源电压 $u_N>0$, 则网侧电流 i_N 增大, 电容 C_1 和 C_2 通过负载电流放电。

工作状态 V_1（$S_A=1$, $S_B=0$）：开关管 T_{a1}, T_{a2}, T_{b2} 和 T_{b3} 导通, T_{a3}, T_{a4}, T_{b1} 和 T_{b4} 关断, 网侧端 $u_{ao}=U_{C1}$, $u_{bo}=0$ 和 $u_{ab}=U_{C1}$。如果正向电源电压 u_N 大于（或小于）直流侧电压 U_d 的一半, 则网侧电流 i_N 增大（或减小）；网侧电流对电容 C_1 进行充电, 而电容 C_2 通过负载电流放电。

工作状态 V_2（$S_A=1$, $S_B=-1$）：开关管 T_{a1}, T_{a2}, T_{b3} 和 T_{b4} 导通, T_{a3}, T_{a4}, T_{b1} 和 T_{b2} 关断, 网侧端电压 $u_{ao}=U_{C1}$, $u_{bo}=-U_{C2}$ 和 $u_{ab}=U_{C1}+U_{C2}$。正向网侧电流 i_N 减小, 正向网侧电流对电容 C_1 和 C_2 进行充电。

工作状态 V_3（$S_A=0$, $S_B=1$）：开关管 T_{a2}, T_{a3}, T_{b1} 和 T_{b2} 导通, T_{a1}, T_{a4}, T_{b3} 和 T_{b4} 关断, 网侧端电压 $u_{ao}=0$, $u_{bo}=U_{C1}$ 和 $u_{ab}=-U_{C1}$。如果反向电源电压 u_N 大于（或小于）直流侧电压 U_d 的一半, 则网侧电流 i_N 减小（或增大）；反向网侧电流对电容 C_1 进行充电, 而电容 C_2 通过负载电流放电。

工作状态 V_4（$S_A=0$, $S_B=0$）：开关管 T_{a2}, T_{a3}, T_{b2} 和 T_{b3} 导通, T_{a1}, T_{a4}, T_{b1} 和 T_{b4} 关断, 网侧端电压 $u_{ao}=0$, $u_{bo}=0$ 和 $u_{ab}=0$。如果网侧电源电压 $u_N>0$, 则正向网侧电流 i_N 增大, 电容 C_1 和 C_2 通过负载电流放电。

工作状态 V_5（$S_A = 0$，$S_B = -1$）：开关管 T_{a2}，T_{a3}，T_{b3} 和 T_{b4} 导通，T_{a1}，T_{a4}，T_{b1} 和 T_{b2} 关断，网侧端电压 $u_{ao} = 0$，$u_{bo} = -U_{C2}$ 和 $u_{ab} = U_{C2}$。如果正向电源电压 u_N 大于（或小于）直流侧电压 U_d 的一半，则网侧电流 i_N 增大（或减小）；网侧电流对电容 C_2 进行充电，而电容 C_1 通过负载电流放电。

工作状态 V_6（$S_A = -1$，$S_B = 1$）：开关管 T_{a3}，T_{a4}，T_{b1} 和 T_{b2} 导通，T_{a1}，T_{a2}，T_{b3} 和 T_{b4} 关断，网侧端电压 $u_{ao} = -U_{C2}$，$u_{bo} = U_{C1}$ 和 $u_{ab} = -U_{C1} - U_{C2}$。反向网侧电流 i_N 减小，反向网侧电流对电容 C_1 和 C_2 进行充电。

工作状态 V_7（$S_A = -1$，$S_B = 0$）：开关管 T_{a3}，T_{a4}，T_{b2} 和 T_{b3} 导通，T_{a1}，T_{a2}，T_{b1} 和 T_{b4} 关断，网侧端电压 $u_{ao} = -U_{C2}$，$u_{bo} = 0$ 和 $u_{ab} = -U_{C2}$。如果反向电源电压 u_N 大于（或小于）直流侧电压 U_d 的一半，则网侧电流 i_N 减小（或增大）；反向网侧电流对电容 C_2 进行充电，而电容 C_1 通过负载电流放电。

工作状态 V_8（$S_A = -1$，$S_B = -1$）：开关管 T_{a3}，T_{a4}，T_{b3} 和 T_{b4} 导通，T_{a1}，T_{a2}，T_{b1} 和 T_{b2} 关断，网侧端电压 $u_{ao} = -U_{C2}$，$u_{bo} = -U_{C2}$ 和 $u_{ab} = 0$。如果网侧电源电压 $u_N > 0$，则正向网侧电流 i_N 增大，电容 C_1 和 C_2 通过负载电流放电。

3. CRH$_2$ 型动车组牵引逆变器工作原理

牵引逆变器部分以支持电容器电压为输入，牵引控制装置控制 IGBT 或 IPM 的开通或关断。牵引时牵引逆变器输出电压和频率可调的三相交流电，控制 4 台并联牵引电机的转速和转矩。再生制动时以牵引电机输出的三相交流电源为输入，向支撑电容侧输出直流电压。

牵引电机控制采用矢量控制方式，转矩电流和励磁电流独立控制，以提高转矩控制精度、响应速度及电流控制性能。电路构成采用与脉冲整流器相同的三电平结构。因为中间直流回路没有二次滤波回路，所以应在逆变器的脉宽调制方式中采用一定的控制策略来抑制脉动直流电压对电机转矩产生的影响。

三电平逆变器主电路采用两主管串联与中点带钳位二极管的方案，如图 3-18 所示。这种主电路方案可使主管耐压值降低一半。图 3-18 中一相桥臂的四个主管有三种不同的通断组合，对应着三种不同的输出电位，如表 3-9 所示。

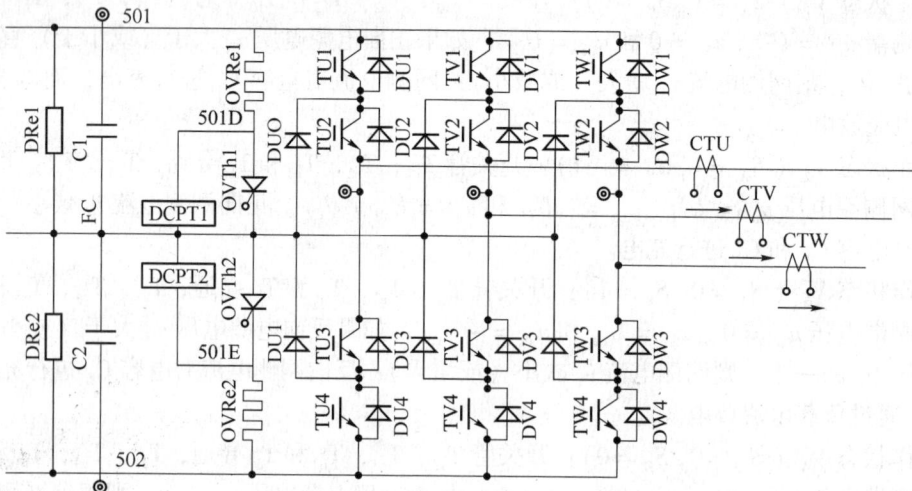

图 3-18 三电平逆变器主电路原理图

表 3 - 9　主管开关状态与输出电位

模式	TU1	TU2	TU3	TU4	输出相电压 u_{UO}
P	通	通	断	断	$+ U_d/2$
O	断	通	通	断	0
N	断	断	通	通	$- U_d/2$

　　由表 3 - 9 看出，主管 TU1 和 TU3 栅极上控制脉冲是互反的，主管 TU2 和 TU4 也是如此。同时规定输出电压变化只能是由正到零、零到负或相反地变换，不允许正负之间直接变换。此外，电压型逆变器中各主管通断转换中必须遵循先断后通的原则，如表中 u_{UO} 从 $+ U_d/2$ 到零变换时，先断 TU1 后通 TU3，其余类推。逆变器对异步电机实行变频调速时，在基本转速范围内应保持电机主磁通恒定。根据电机学原理，这需要电机的基波电压 U_1 跟随基频 f_1 接近正比例变化。

4. 中间直流电路

　　中间直流电路如图 3 - 19 所示，主要由均压电阻、支撑电容器和过电压保护电路构成，目的是获得直流恒压。

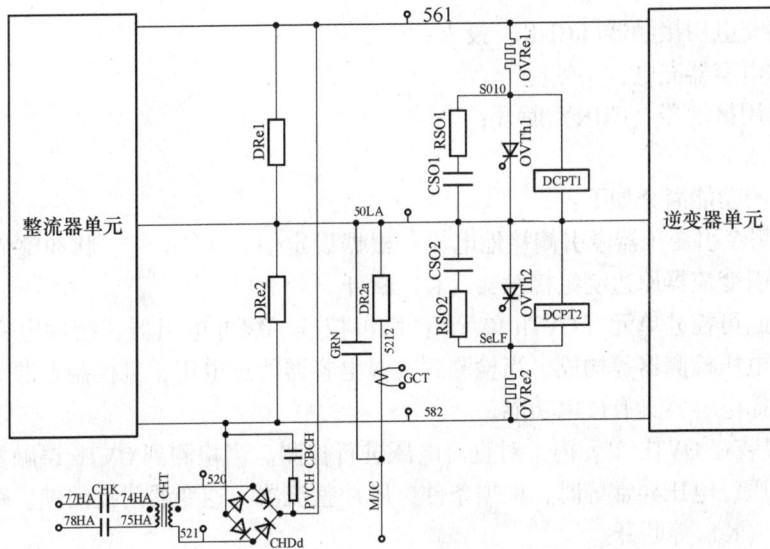

图 3 - 19　中间直流电路

　　支撑电容器 5 组并联，分别组装于各个功率模块内，即两台脉冲整流器模块各装 1 组，3 台逆变器模块也各装 1 组，合计容量 8 000 μF。

　　支撑电容器与预备充电电路（见图 3 - 20）相连，启动时通过内置充电电阻的充电变压器从辅助电路进行初期充电，以防止接触器 K 接通时产生过大的冲击电流。

　　换向开关接通方法：接通充电用接触器 CHK 充电（约 1 秒），然后断开 CHK，接通 K。

　　中间直流电路设置由电阻和半导体开关构成的过电压保护电路。为防止牵引变流器原边绕组投入用接触器 K 投入时产生的过大冲击电流，在 K 投入前对支撑电容器进行充电。开始充电的时间是从终端装置输入换向器（reverser）投入信号的时候。以下表示从充电开始

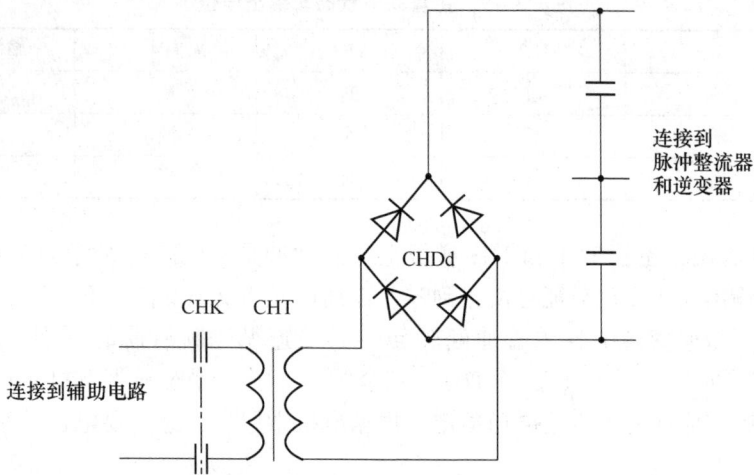

图 3 – 20　支撑电容器预备充电电路

到 K 投入为止的流程。

（1）换向器（reverser）投入；

（2）输出充电用接触器（CHK）投入；

（3）支撑电容器充电；

（4）充电用接触器（CHK）断开；

（5）K 投入。

部分器件的功能简介如下：

GCT：检测牵引变压器牵引侧接地电流。根据设定值，OVTh 通、脉冲整流器·逆变器门控闭锁及牵引变流器原边绕组接触器（K）断开。

过电压抑制可控硅单元（OVTh 单元）：由可控硅、缓冲电阻器、缓冲电容器、栅级驱动基板、直流电压检测器等构成。当检测到支撑电容器的过电压，且控制电源为断时，可控硅导通，使支撑电容器具有放电功能。

DCPT：组装在 OVTh 单元内，对直流电压进行检测。当检测到 OVTh 误触发、直流过电压、直流低电压、电压异常等时，根据条件，脉冲整流器·逆变器门控闭锁、牵引变流器原边绕组接触器（K）等断开。

中间直流电路所用元器件如表 3 – 10 所示。

表 3 – 10　中间直流电路所用元器件名称及数量

No	元器件	数量	No	元器件	数量
1	支撑电容器（变流器）CFC1，2	2	7	充电用接触器（CHK）	1
2	支撑电容器（逆变器）ICF1，2	3	8	变压器（CHT）	1
3	接地阻抗器（GRRe）	1	9	不控整流器（CHDd）	1
4	抑制过电压电阻器（OVRe1，2）	2	10	RSCH	1
5	支撑电容器放电用电阻器（DRe1，2）	2	11	CSCH	1
6	交流接触器（K）	1	12	接地电流互感器（GCT）	1

No	元器件	数量	No	元器件	数量
13	接地容抗器（GRC）	1	17	直流电压互感器（DCPT1，2）	2
14	支撑电容放电用的可控硅（OVTh1，2）	2	18	交流电压互感器（ACCT）	1
15	RSO1，2	2	19	三相输出电流互感器（CTU，V，W）	3
16	CSO1，2	1			

3.2.4　牵引电机

1. CRH₂ 型动车组采用的牵引电机

CRH₂ 型动车组采用 MT205 型三相鼠笼异步电机，每辆动车配置 4 台牵引电机（并联连接），一个基本动力单元共 8 台，全列共计 16 台。电机额定功率为 300 kW，最高转速为 6 120 r/min，最高试验转速达 7 040 r/min。

牵引电机由定子、转子、轴承、通风系统等组成，绝缘等级为 200 级。牵引电机采用转向架架悬方式，机械通风方式冷却，平行齿轮弯曲轴万向接头方式驱动。外形如图 3-21 所示。所有牵引电机的外形尺寸、安装尺寸和电气特性相同，各动车的牵引电机可以实现完全互换。牵引电机安装位置图如图 3-22 所示。

图 3-21　牵引电机外形

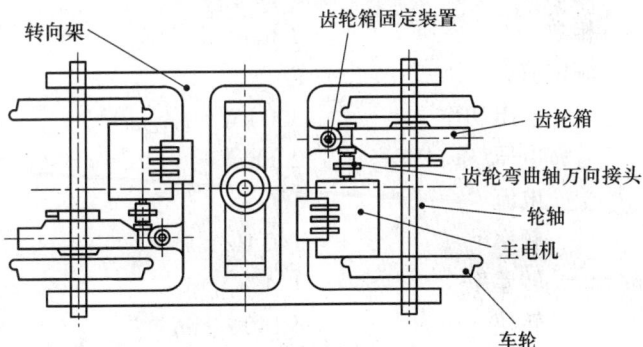

图 3-22　牵引电机安装位置图

同直流电机相比，三相异步电机有着显著的优越性能和经济指标，其持续功率大而体积小，重量轻。具体地说有以下优点。

（1）功率大，体积小，重量轻。由于没有换向器和电刷装置，可以充分利用空间，同时在高速范围内因不受换向器电机中电抗电势及片间电压等换向条件的限制，可输出较大的功率，再生制动时也能输出较大的电功率，这对于发展高速运输是十分重要的。

（2）结构简单、牢固，维修工作量少。三相异步电机没有换向器和电刷装置，无须检查换向器和更换电刷，电机的故障率大大降低。特别是鼠笼异步电机，转子无绝缘，除去轴承的润滑外，几乎不需要经常进行维护。

（3）良好的牵引特性。由于其机械特性较硬，有自然防空转的性能，使黏着利用率提高。另外，三相异步电机对瞬时过电压和过电流不敏感（不存在换向器的环火问题），它在启动时能在更长的时间内发出更大的启动转矩。合理设计三相异步电机的调频、调压特性，可以实现大范围的平滑调速，充分满足动车组运行需要。

（4）功率因数高，谐波干扰小。其电源侧可采用四象限变流器，可以在较广范围内保持动车组电网侧的功率因数接近于1，电流波形接近于正弦波，在再生制动时也是如此，从而减小电网的谐波电流，这对改善电网的供电条件、减小通信信号干扰、改善电网电能质量和延长牵引变电站之间的距离十分有利。

CRH$_2$型动车组采用的牵引电机除具有上述传统三相异步电机的优点外，还有以下特点。

电机整体机械强度很高，高速运行时能承受很大的轮轨冲击力；采用耐电晕、低介质损耗的绝缘系统以适应变频电源供电；为了防止电机轴承的电蚀，电机前后端采用绝缘轴承；电机转子导条采用低电阻、温度系数高的铜合金材料，保证传动系统的控制精度；为了减轻电机自重，电机采用轻质高强度材料；采用经过验证的轴承和轴承润滑结构，从而减少电机的维护，保证电机轴承更可靠工作；在输出一定功率的情况下，为减少体积，采用强迫通风和优化的通风结构，充分散热，以降低电机的温升，提高材料的利用率；电机的非传动轴端安装了2个速度传感器，用以给传动控制系统提供速度信号，便于逆变器控制和制动控制。

其参数如下：

型号	MT205
方式	三相鼠笼异步电机
极数	4 极
相数	3 相
额定值	
输出功率	300 kW
电压	2 000 V
电流	106 A
频率	140 Hz
转差率	1.4%
转速	4 140 r/min
效率	94.0%
功率因数	87.0%
绝缘类别	等级 200
温度上升极限	200 K（定子绕组；电阻法）
冷却方式	强制风冷方式（20 m³/min）
动力传送方式	平行齿轮弯曲轴万向接头方式
最高使用转速	6 120 r/min
最高试验转速	7 040 r/min
轴承润滑脂	Unimax R NO. 2
质量	440 kg

2. 牵引电机的组成

牵引电机主要由定子（包括铝托架）、转子、轴承、通风系统、速度传感器等部件组成，以下对牵引电机主要部分的结构进行说明。

1）定子

定子框采用以连接板连接铁心的无框架结构框，设有安装转向架的凸头和安装座；定子框的两侧采用铝合金铸件（铝托架）制作部件，实现定子框整体轻量化。

（1）铝托架（非传动侧和传动侧），其外形图如图 3 - 23 所示。

铝托架的材质及厚板都考虑到列车高速运行状态，铝托架的定子框安装时，利用加强筋提高其强度，通过加厚及加强筋的加强提高了铝托架的框架安装部的强度。

非传动侧的铝托架，出于采用强制风冷方式的需要，在托架上部设置风道，在托架端面安装了速度传感器外壳。另外，在传动侧的铝托架上部安装了端子壳。

图 3 - 23　铝托架外形图

安装时，用 8 个 M12 的螺栓将铝托架固定在机座上，为了防止铁和铝热膨胀上的差异而产生的偏差，采用了双重配合方式。

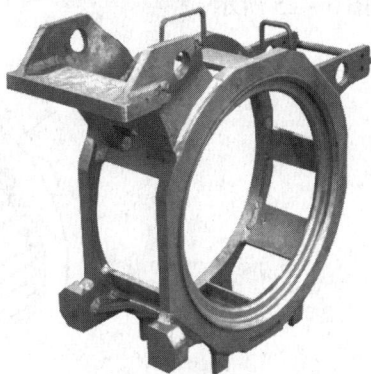

图 3 - 24　牵引电机定子铁心和线圈

（2）定子铁心。

定子铁心采用硅钢片和 SPCC（端板）叠压而成，如图 3 - 24 所示，定子铁心上设置的切槽为后退式切槽，增加通风空间，提高冷却效果。

（3）定子线圈。

定子线圈包括 U 相绕组、V 相绕组、W 相绕组，各相由 3 个线圈串联而成。

逆变器运行时的高频电流引起的集肤效应，会造成交流阻抗变大，温度上升过高。为了防止此问题，增加线圈的并列根数，并将线圈的导体截面形状做成扁平状，如图 3 - 24 所示。

另外，线圈间的连接全部采用银焊，并用绝缘材料进行绝缘后，再用无溶剂漆进行真空浸渍处理。

（4）引出线。

在传动侧的铝托架上部接线盒，其内连接有引出线，并使用接头用银焊焊接在三相线圈的引出连线上。电机外部设置橡胶衬套，可以将三相电源引出线牢牢固定，然后再用绝缘材料进行处理。引出线绝缘部分是用蚂蟥钉固定的，当列车在通过道砟受冲击或其他原因使得铝托架产生断裂时，不用分离引出线连接部位就可以直接更换。

（5）由于采用强制风冷方式，电机非传动侧的铝托架上部设置风道。另外，为了固定速度传感器，铝托架端面上设置由 5 个 M10 的螺栓固定的传感器外壳。为了固定电机引出线，在电机传动侧铝托架上部设置接线盒。

2）转子

转子为牢固的鼠笼形状，该构造适用于高速运转。转子导条采用电阻系数较大、强度足够的铜锌合金（红铜）。为了尽量减小运转过程中因温度上升而产生的热膨胀，短路环采用电阻系数较小的纯铜。此外，为了应对高速转动，还在短路环的外围设置保持环。其外观图如图 3 - 25 所示。

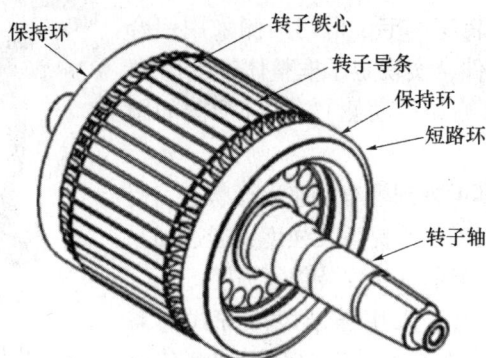

图 3 - 25 转子外观图

3）轴承

传动侧使用的轴承是 NU214C4P6，非传动侧使用的轴承是 6311C4P6，传动侧的圆柱滚子轴承考虑保持架导向面的滑动摩擦生热问题，采用了滚子导向方式的保持架解决该问题；为了有效防止轴承的电蚀，在两侧轴承的外圈上喷镀了陶瓷，形成了绝缘保护膜。

轴承润滑采用的结构是：在中间加油时通过加油嘴加进的润滑脂能均衡地注入轴承内部，能延长分解的周期。在传动侧、非传动侧设有注油管路，电机解体检查时，可以很容易地进行清洗。另外，为了增大润滑脂量，在传动侧、非传动侧的端盖上设有环状润滑脂室，这种结构能为轴承不断提供新的润滑脂。使用时要注意充填油量以及中途注油量，不混合使用不同种类的润滑脂，在拆卸和装入时，使用油压压进。轴承充填润滑脂后，实施 1 400 r/min 左右（工业频率）30 分钟的空载运转，使润滑脂充分进入各个部位。

采用电机轴承装配图说明轴承装配图的构成及维护特点，突出轴承室的结构特点。传动侧轴承、非传动侧轴承构造如图 3 - 26 和图 3 - 27 所示。

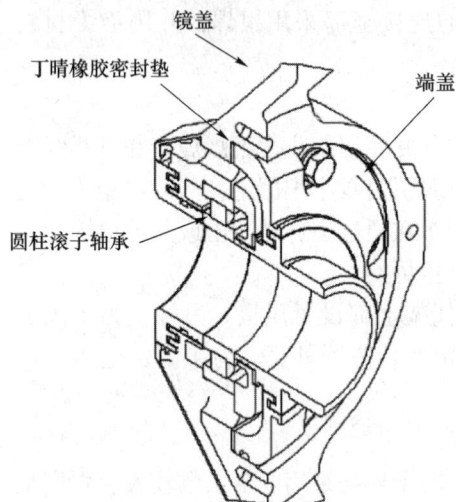

图 3 - 26 传动侧轴承构造

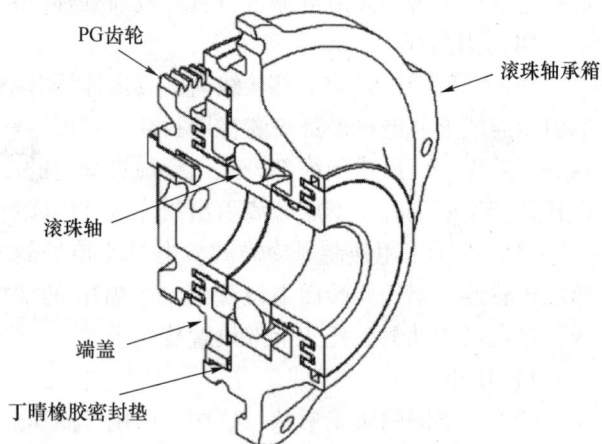

图 3 - 27 非传动侧轴承构造

4) 通风系统

冷却风采用从车体管道抽取的方式，排气部安装了风罩以防止雨雪进入。如图 3 – 28 所示，风从非传动侧端盖的进风口进入电机内部，在电机内部，通风道有 3 条，一条是定转子间隙形成的风道（定转子间隙风道），一条是转子上的通风孔形成的风道（转子风道），另一条是定子外表面采用钢板焊成的风道（定子风道）。前两条风道是电机的主要通风道，而后一条风道主要用来降低定子线圈端部的局部温度。风从端盖通风口流出，经风罩排出电机外部。

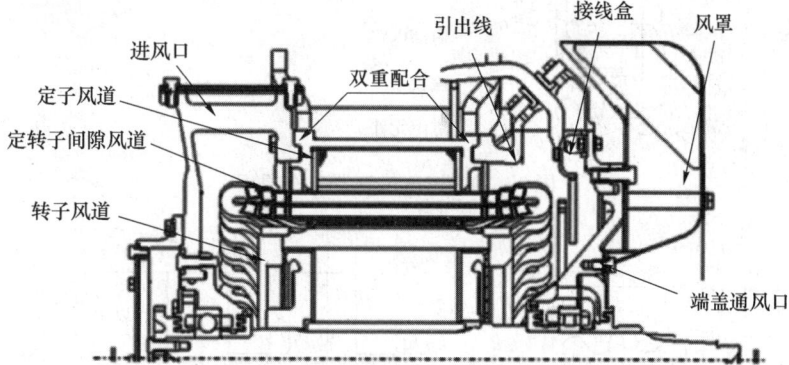

图 3 – 28　牵引电机通风系统

5) 速度传感器

牵引电机在非传动轴端安装了两个速度传感器，用以给传动控制系统提供速度信号，便于逆变器控制和制动控制，其外观图如图 3 – 29 所示。

图 3 – 29　速度传感器外观图

(1) 速度传感器。

各车轮直径大小不一致造成转速存在差异，此差异可以通过设定控制牵引电机的逆变器频率予以消除。逆变器频率设定依据为：

①牵引时按 4 台并联电机中转数最低的电机设定频率；

②再生制动时按 4 台并联电机中转数最高的电机设定频率。

此外，还包括空转检测、控制制动器、运行方向检测和控制主电路。

(2) 速度传感器原理。

齿轮接近磁铁时，磁感线就会集中到齿轮的齿部，并随齿轮旋转发生变化。磁感线移动变化经磁阻元件检测、电路处理后作为脉冲输出。速度传感器工作原理和输出信号见图 3 – 30 和

图 3–31。

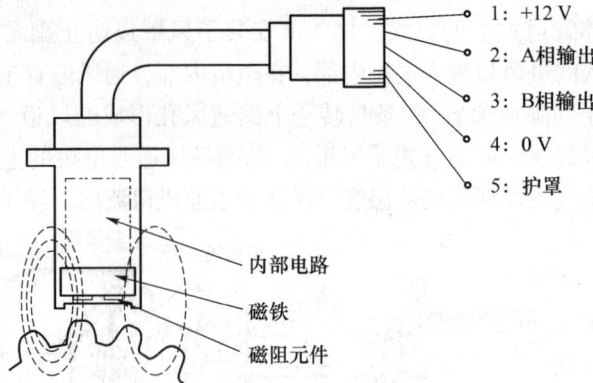

图 3–30　速度传感器工作原理

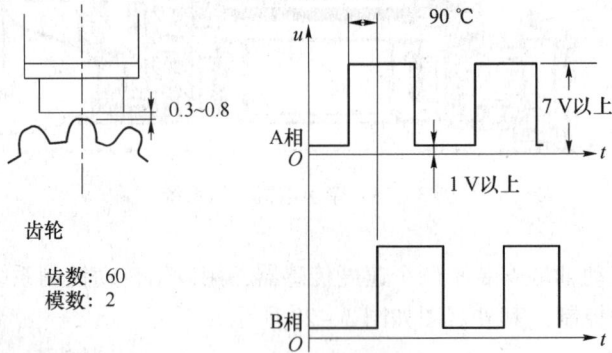

齿轮

齿数：60
模数：2

图 3–31　速度传感器输出信号

【任务 3.3】 CRH$_2$ 型动车组电路图

3.3.1　CRH$_2$ 型动车组牵引传动系统主电路图

CRH$_2$ 型动车组牵引传动系统原理简图如图 3–32 所示。附录 A 为 CRH380A 主电路图。

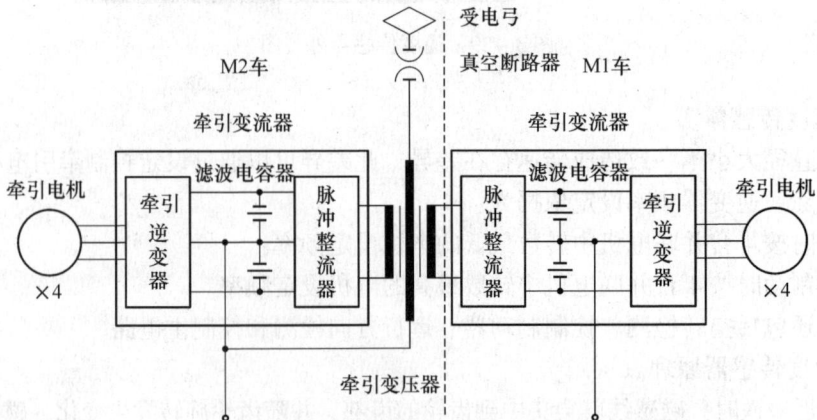

图 3–32　CRH$_2$ 型动车组牵引传动系统原理简图

动车组由受电弓从接触网接受 25 kV、50 Hz 单相交流电，通过真空断路器（VCB）连接到牵引变压器原边绕组。牵引变压器牵引绕组输出的 AC 1 500 V、50 Hz 电源输入脉冲整流器。脉冲整流器由单相三电平 PWM 变流器、交流接触器 K 组成。采用无触点控制装置实现对输出直流电压 2 600～3 000 V 的定压控制、牵引变压器原边单位功率因数的控制及故障保护。再生制动时，牵引变流器经过牵引变压器反馈电能。牵引逆变器采用了 VVVF 的控制方式，脉冲整流器输入给支撑电容器的直流电压，依据无触点控制装置控制信号，输出变频变压的三相交流电对 4 台并联的电机进行速度、力矩控制。再生制动时牵引电机发出三相交流电，经整流后向支撑电容器输出直流电压。

1. 单元构成

主电路的基本单元由受电弓 1 台（PAN）、真空断路器 1 台（VCB）、牵引变压器 1 台（MTr）、牵引变流器 2 台（CI）、牵引电机 8 台（IM）构成。

2. 25 kV 特高压电路

电源是 25 kV、50 Hz 单相交流电，使用搭载在 4 号车、6 号车的受电弓的其中之一（2 个受电弓中的 1 个通常处于下降状态）从接触网上受电，2 号车和 6 号车之间用 25 kV 的特高压电源，经由各车的特高压接头、真空断路器 VCB，连接到牵引变压器原边绕组上。

3. 牵引变压器低压电路

牵引变压器的低压侧由 3 个绕组构成，其中 2 个绕组是向电动车驱动电路（牵引变流器）提供电力的二次绕组，剩下的是向电动车的照明、空调等辅助电路，控制电路，通信电路等提供电力的三次绕组。

4. 牵引变流器

2 次绕组中的 1 个绕组与 M2 车的牵引变流器连接，另 1 个绕组经由 M1 车与 M2 车间的连接器连接到 M1 车的牵引变流器。

牵引变流器除了向在动力运行时的牵引电机提供电力、从制动时的电动机向接触网进行再生电力的控制外，还拥有保护机能。

牵引变流器由把单相交流电变换成直流中间电力的脉冲整流器部分、把变换的直流中间电力变换成可变电压、可变频率的三相交流电的牵引逆变器部分，以及吸收直流中间电力之电压涟波（ripple）获得直流恒压的直流平滑电路（滤波电容器）部分构成。此外，在直流中间电路上设置由电阻和半导体开关构成的过电压保护电路。

脉冲整流器通过 PWM 控制把电源输入侧的基本波功率因数控制到 1。由此可以减低接触网电压的变动，使设备小型化，消费电力得到降低。牵引逆变器部分在动力运行时，输入直流中间电压，把此变换成根据控制指令的三相可变电压、可变频率的交流电，向并联的 4 台感应电动机统一提供电力，对感应电动机的速度、转矩进行控制；再生制动时，逆变器机能性地称为功率换向整流器，向感应电动机输入感应的三相交流电，向直流中间侧输出直流电。

为了控制感应电动机的速度及转矩，逆变器采用矢量控制方式进行控制。通过矢量控制，与电动机的转矩有关电流成分（转矩电流）及电动机的磁场发生有关的电流成分（励磁电流）被分别独立控制。通过逆变器的矢量控制，能够得到高精度的转矩控制。

5. 牵引电机

在 M1、M2 车的各转向架上各搭载 2 台牵引电机。电动机为三相鼠笼式感应电动机，在反驱动一侧安装有速度传感器。速度传感器检测牵引电机的速度（旋转数），即动力车速度，把速度信息送到上述逆变器。使用此速度信息（速度的反馈信号）可进行电动机的速度控制、转矩控制及制动控制。

6. 保护电路

1）保护接地开关（EGS）

受电弓和保护接地开关安装在同一车辆上。保护接地开关通过把特高压电源接地，来防止对车体施加特高电压。当由于真空断路器 VCB 的原因引起不能阻断主路的事故电流时，或在接触网电压异常时，可强制性地操作保护接地开关，把接触网接地，把接地电流流向接触网，让变电所的隔离开关跳闸，使接触网处于无电压的状态。此外，在对高压设备箱内部进行检查时，为确保维修人员的安全，通过保护接地开关和高压设备箱间的联动的锁定装置预先把受电弓接地，即使万一受电弓上升也能防止触电事故的发生。

2）真空断路器（VCB）

安装真空断路器 VCB 的目的是：在牵引变压器二次侧以后的电路发生故障时，能够迅速、安全、确实地阻断过电流。在正常时，真空断路器 VCB 也是对主电路的开闭进行操作的一种开关，它兼有断路器和开关的双重作用。

3）交流避雷器（Arr）

由于来自接触器的雷冲击（surge），因负荷断路引起的开关冲击是由与牵引变压器并联的交流避雷器进行分路，限制到由交流避雷器的电压限制特性决定的电压值。因此它的作用是防止把高电压加在各设备上。

4）变流器（CI）及过流继电器（ACOCR）

变流器插入在 25 kV 特高压的输入侧。交流过流继电器连接到变流器二次侧，经由变流器，监视 25 kV 电路的电流，当变流器电流超过交流过流继电器的设定值时，能够放出让 VCB 跳闸的跳闸信号。

5）接地装置

接地装置安装在 M1、M2 车的驱动轴齿轮装置的非车轮一侧。接地装置把牵引变压器的回流线电流直接流到车轴，以防止因回流线电流流到转向架轴承而引起的轴承损伤。牵引变压器接地线被连接到 M2 车与各驱动轴相对应的中转端子板上，此外，M1 车经由 M1 车与 M2 车之间的连接器与 M2 车相连，连接到各驱动轴对应的中转端子板，从那里连接到各轴的接地刷上。

3.3.2　受电弓控制电路

受电弓设置在 4 号车、6 号车。正常情况下只能有一个受电弓升起。因此，当受电弓上升连锁装置继电器（PanIR）选择一侧受电弓时，将不能输入另一侧受电弓的上升指令。受电弓的升降指令能够通过设置在司机台的操作开关或者监控器的显示器发出。受电弓控制电路图参见附录 B。

1. 受电弓联锁电路

1）MCR 和 MCRR 联锁

受电弓升起必须满足两个条件：保护接地开关 EGS 必须断开；保证不带载升弓，即 VCB 断开。

　　为此，通过 T1－1 车、T2－8 车的主控制器继电器 MCR 与主控制器辅助继电器 MCRR 的联锁关系构成管穿线检测联锁电路。

　　在 T1－1 车插主控钥匙后，T1－1 车的 MCR（主控制器继电器）进行励磁后，经由管穿线，T2－8 车的 MCRR（主控制器辅助继电器）进行励磁，与 T2－8 车的 MCR 串联的 MCRR 处于打开状态，所以 T2－8 车的 MCR 不能被励磁。因此，从 T2－8 车 MCR 接点经管穿线使 T1－1 车的 MCRR 被励磁的电路不能形成。相反，在 T2－8 车插主控钥匙，T2－8 车的 MCR 进行励磁后 T1－1 车的 MCRR 进行励磁。T2－8 的 MCRR 与 T1－1 车的 MCR 不励磁。MCR 和 MCRR 的联锁装置如图 3－33 所示。

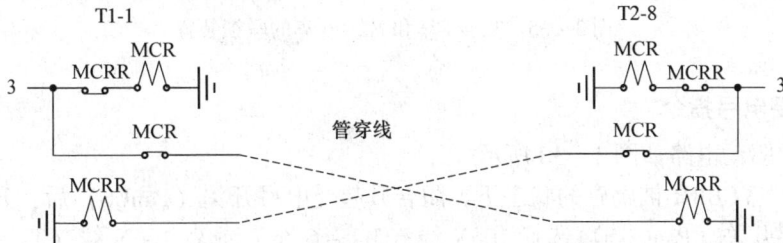

图 3－33　MCR 和 MCRR 的联锁装置

　　若 T1－1 车是操作车，就对 T2－8 车 MCRR 进行励磁。因此，管穿线 110 线（检测保护接地开关 EGS 的条件）和 111 线（检测 VCB 的条件）从 T2－8 车 MCRR 接点被加压（DC100 V）；若检测条件均满足，则 VCB 辅助继电器（VCBRR）、EGS 辅助继电器（EGSR）的线圈被励磁，各继电器的接点即闭合，操作升弓开关才有效。受电弓联锁电路图如图 3－34 所示。

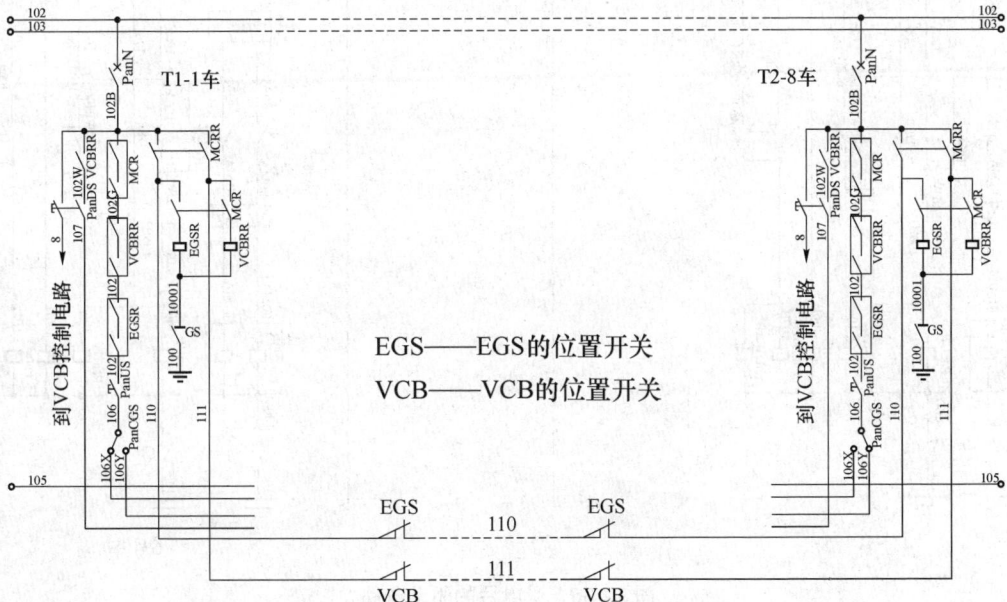

图 3－34　受电弓联锁电路图

　　2）单弓升起的联锁装置

　　受电弓设置在 T2－4 车、M2－6 车顶上，但是只能弹弓升起。因此受电弓上升指令继电器（PanUR）要受联锁继电器（PanIR）的限制，当选择一侧的受电弓升起时，则另一侧的 PanUR 就不能被励磁，其受电弓就不能升起，这样来保证升起单弓。T2-4 车和 M2-6 车的联锁装置如图 3-35 所示。

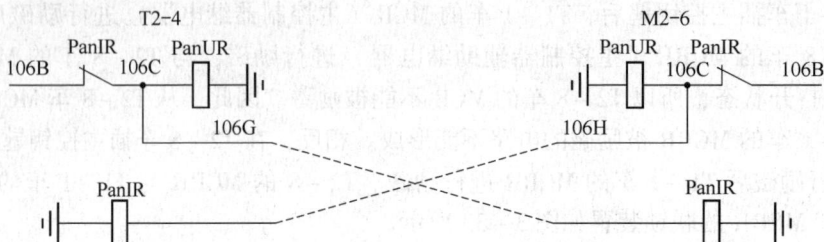

图 3-35　T2-4 车和 M2-6 车的联锁装置

2. 升起受电弓指令

受电弓的驱动电路如图 3-36 所示。

在 EGSR、VCBRR 被励磁的状态下，闭合升起受电弓开关（PanUS）后，升起受电弓的指令通过切换开关（PanCGS）选择 106X 线（M2-6 车）或者 106Y 线（T2-4 车）被加压。106 线被加压后，受电弓上升指令继电器 PanUR 被励磁，PanUR 的 a 接点闭合，受电弓上升电磁阀 PanUV 被励磁，阀门开启，压缩空气进入，受电弓上升。若由监控器显示屏输入升起受电弓的指令，单元指令继电器（UR01）或（UR04）切换到监控器终端装置一侧，对该单元的 PanUR 进行励磁。

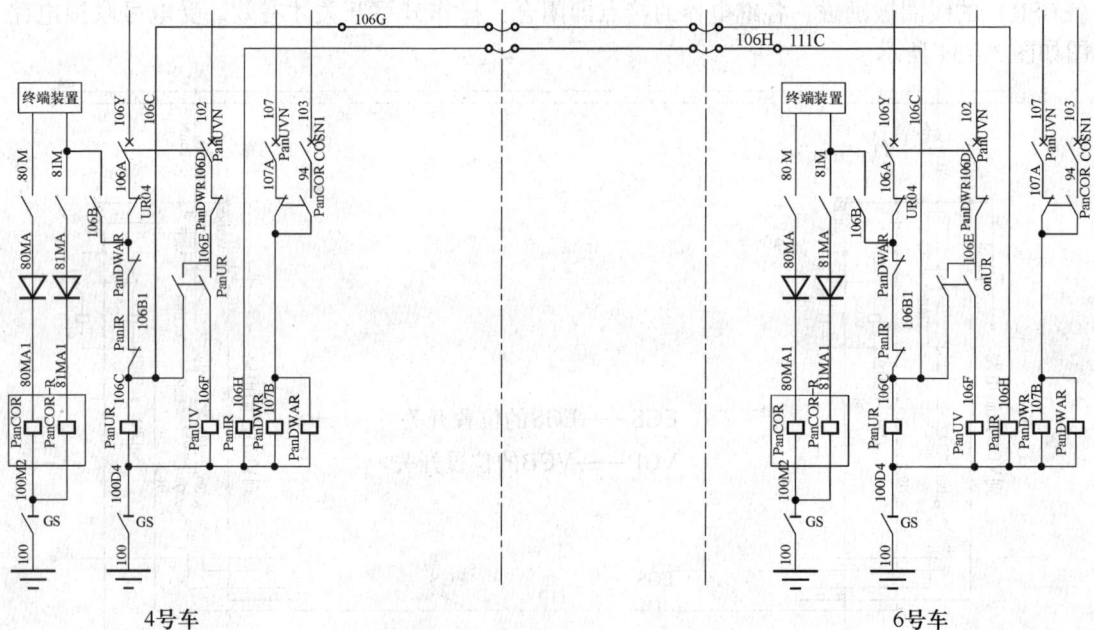

图 3-36　受电弓的驱动电路

3. 降下受电弓指令

按下降下受电弓开关（PanDS），受电弓下降指令 107 线被加压，同时 VCB 断开指令 8 线被加压（保证先断开 VCB 再降弓）。107 线被加压，降弓继电器（PanDWR）被励磁，其常闭接点断开 PanUV 的励磁，进气阀门关闭，升弓装置排气；同时并联的降弓辅助继电器（PanDWAR）也励磁，其常闭接点断开 PanUR 的励磁，保证受电弓可靠降下。若由监控器显示屏输入降下受电弓的指令，切断受电弓指令断电器（PanCOR）被励磁，由此 PanDWR 被励磁。

3.3.3 真空主断路器控制电路

真空主断路器安装在受电弓与主变压器之间，它是动车组上接通或分断电源的总开关，也是各种过载、短路故障时的主保护开关。VCB 控制电路图如附录 C 所示。

1. VCB 投入

VCB 投入操作及条件如下。

（1）在确认 4 号或 6 号车的受电弓升起后，操作监视器监视屏或者 VCB 投入开关（VCBCS），VCB 投入指令的 7 线被加压，VCBCR1 被励磁。

（2）各车的保护装置没有动作或者未操作切断 VCB 时，VCBOR2 被励磁。

（3）在 M1 车和 M2 车的牵引变流器的电源接触器处在断开状态（KRR 失励磁）和主变压器的油泵用 NFB（MTOPMN）闭合时，VCB – M 进行励磁，VCB 投入。

1）VCBCR1 励磁条件

VCBCR1 励磁条件：MCR 励磁；VCBCS（VCB 投入开关）置于闭合；UR0* 非励磁；监控器显示屏没有发出选择模块的指令。其控制电路如图 3 – 37 所示。一旦 VCBCR1 励磁，其常闭接点断开，电阻 R_e 串入，以减少线圈励磁电流。

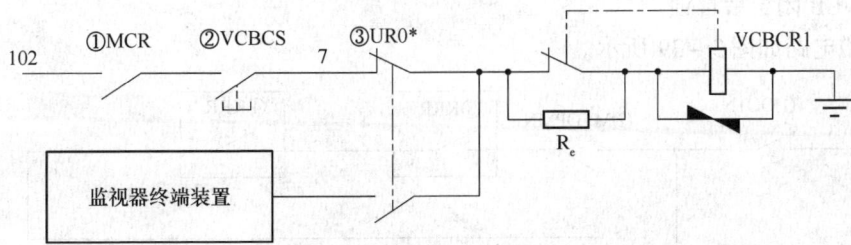

图 3 – 37 VCBCR1 控制电路

2）VCBOR2 励磁条件

VCBOR2 励磁电路如图 3 – 38 所示。

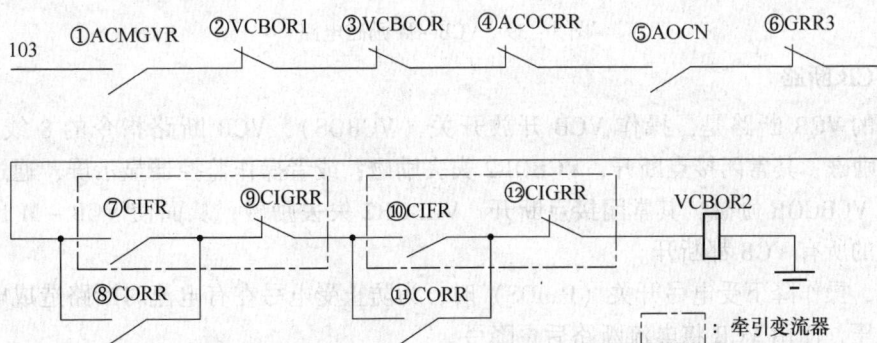

图 3 – 38 VCBOR2 励磁电路

VCBOR2 励磁条件：

（1）ACMGVR 励磁：辅助气压正常。

（2）VCBOR1 无励磁：没有操作 VCB 切断开关。

（3）VCBCOR 无励磁：监控器显示屏没有发出断开 VCB 的指令。

（4）ACOCRR 无励磁：一次侧（原边）没有过电流。

（5）AOCN 励磁：3 次侧没有过电流。

（6）GRR3 无励磁：3 次侧电路无接地故障。

（7）CIFR 励磁：牵引变流器装置正常。

（8）CORR 励磁：牵引电机开放（动力切除）。

（9）CIGRR 无励磁：牵引变流器装置无接地故障。任何异常时 VCB 将断路，或者操作切断 VCB 指令时，将造成 VCBOR2 失去励磁，使 VCB 断开。

3）VCB – M 条件

VCB – M 励磁的条件：

（1）OCTN 无励磁：变压器一次侧无过电流。

（2）MTOPMN：牵引变压器油泵断路器投入。

（3）KRR 无励磁：牵引变流器装置接触器 K 断开（M1 车）。

（4）KRR 无励磁：牵引变流器装置接触器 K 断开（M2 车）。

（5）VCBCR1 励磁。

（6）VCBOR2 励磁。

（7）VCB 闭合后自锁。

其励磁电路如图 3 – 39 所示。

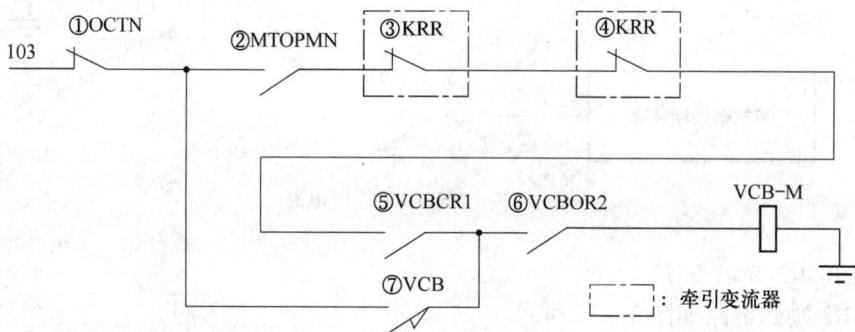

图 3 – 39　VCB – M 励磁电路

2. VCB 断路

通常的 VCB 断路是，操作 VCB 开放开关（VCBOS），VCB 断路指令的 8 线被加压，VCBOR1 励磁，其常闭接点断开，VCBOR2 失去励磁；或者操作监控器显示屏，通过设备远程控制使 VCBCOR 励磁，其常闭接点断开，VCBOR2 失去励磁，从而使 VCB – M 也失去励磁，编组的所有 VCB 都断开。

此外，操作降下受电弓开关（PanDS）时，为防止受电弓在有电流时断路造成电弧，先对 8 线加压，使用 VCB 将电流断路后再降弓。

在异常时的断路，上述任一保护动作造成 VCBOR2 失去励磁都会使 VCB 断开。

1）VCB 断开指令

VCB 断开的条件：VCBOS 置于闭合；PanDS 置于闭合，如图 3 - 40 所示。

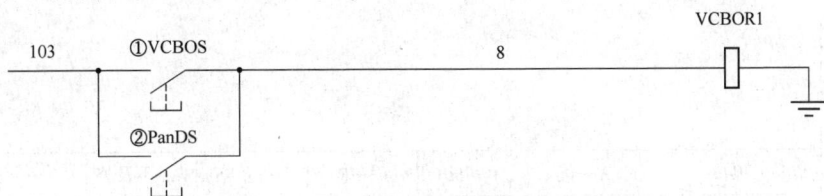

图 3 - 40　VCB 开断电路

2）OCTN（变压器过电流用断路器）条件

当一次侧过电流时，ACOCRR 励磁，其接点接通 OCTN，如图 3 - 41 所示。

图 3 - 41　OCTN 励磁电路

📋 任务单

任务名称	CRH$_2$ 型动车组牵引传动系统
任务描述	识别 CRH$_2$ 型动车组牵引传动系统设备及电器符号；识别 CRH$_2$ 型动车组牵引传动系统的主电路图及相关辅助电路图；画出 CRH$_2$ 型动车组主电路简图。
任务分析	动车组牵引传动系统是高速动车组的主要部分，也是驱动列车行驶决定列车速度及性能的重要环节。动车组牵引传动系统的相关电路图是掌握动车组牵引传动系统的基础，也是发现牵引传动系统故障的基础，所以应该会绘制动车组牵引传动系统的主电路图及相关的辅助电路图。
学习任务	【子任务 1】绘制 CRH$_2$ 型动车组牵引传动系统工作原理示意图。 【子任务 2】写出 CRH$_2$ 型动车组主电路中主要的牵引设备名称，并查资料写出英文全称。 【子任务 3】简述 CRH$_2$ 型动车组主电路中各电器的作用。 【子任务 4】绘制 CRH$_2$ 型动车组变流器工作原理图。

学习小结							
自我评价	项目	A—优	B—良	C—中	D—及格	E—不及格	综合
	安全纪律（15%）						
	学习态度（15%）						
	专业知识（30%）						
	专业技能（30%）						
	团队合作（10%）						
教师评价	简要评价						
	教师签名						

学习引导文

1. CRH₂ 型动车组牵引传动系统的布局

CRH$_2$ 型动车组为 4M4T 编组，首尾车辆设有司机室，可双向驾驶，两辆动车组成一个动力单元。正常情况下，两个牵引传动系统均工作，当一个牵引传动系统发生故障时，可以自动切断故障源，继续运行。

动车组头车长 25.7 m，中间长 25 m，总长 201.4 m，车体宽 3.38 m，车体高 3.7 m。在 4、6 号车设受电弓及附属装置，安装高度为 4 m 时，受电弓工作高度最低 4 888 mm，最高 6 800 mm，最大升弓高度 7 000 mm。动车组正常运行时，采用单弓受流，另一台备用，处于折叠状态。2、3、6、7 号车为动车，车下有牵引变流器和牵引电机。在 2、6 号车下装有牵引变流器。1、4、5、8 号车为拖车。

1）车顶电气设备布局

在各车辆间，主电路采用高压电缆和高压电缆连接器连接。动车组在 2 号车后部、3 号车前后部、4 号车前部、5 号车后部、6 号车后部的车顶上设置特高压电缆连接器，4 号车后部、5 号车前部的各车顶上，为了方便摘挂，设置了特高压电缆用倾斜型电缆连接器，通过此高压连接器接通特高压电缆。在 4、6 号车前部车顶安装受电弓和紧急接地开关。

2）车底电气设备布置

CRH₂ 型动车组以 2 动 2 拖为一个基本动力单元。一个基本动力单元的牵引传动系统主要由网侧高压电器设备、1 个牵引变压器、2 个牵引变流器、8 台三相异步牵引电机等组成。全列共计 2 个受电弓、2 个牵引变压器、4 个牵引变流器、16 台牵引电机。牵引传动系统的供电设备布置在 4、6 号车车顶，电传动设备布置在 2、6、3、7 号车的车底。

2. 牵引/制动特性

CRH₂ 型动车组采用动力分散交流传动模式，在铁路既有线上以 160 km/h 速度正常运行，在新建的客运专线及既有指定区段上以 200 km/h 速度正常运行。

1）牵引特性计算的依据

牵引特性（含动力制动特性）是列车最重要的特性，用列车轮缘牵引力/制动力与轮缘线速度的关系曲线表示，是计算列车牵引与制动性能最重要的原始数据。列车要求恒牵引力起动、恒功率运行，牵引特性如图 3–42 所示。列车的牵引/制动功率决定列车的牵引特性，列车的牵引力与功率的关系如式（3–4）所示。

$$F = \frac{P \cdot 3.6}{v} \qquad (3-4)$$

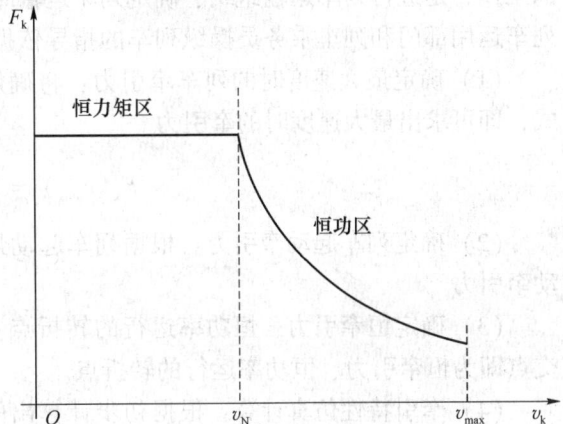

图 3–42　牵引特性

式中：F——牵引力，kN；

P——列车牵引功率，kW；

v——列车运行速度，km/h。

2）牵引功率的计算

列车牵引功率主要与列车运行最大速度、列车质量、最高速度时的列车运行阻力和剩余加速度、齿轮传动效率、牵引电机效率有关。其计算公式如式（3–5）所示。

$$P_k = \frac{(M \cdot \omega_0 + 1.06M \cdot \Delta a) \cdot (v_{max} + \Delta v) \cdot 10^{-3}}{3.6 \cdot \eta_{Gear} \cdot \eta_{MM}} \qquad (3-5)$$

式中：Δa——剩余加速度，m/s²；

M——力矩，Nm；

ω_0——角速度，r/min；

Δv——逆风速度，km/h；

v_{max}——列车运行最大速度，km/h；

η_{Gear}——齿轮传动效率；

η_{MM}——牵引电机效率。

牵引电机的功率为总功率除以列车电机的总台数 N，即 $P_M = P_k/N$。

《欧洲高速铁路联网高速列车技术条件》对剩余加速度、起动加速度等有如下规定。

（1）平直道最高速度运行时，应有剩余加速度 0.05 m/s²。

（2）起动过程平均加速度：

0～40 km/h：0.48 m/s²。

0 ~ 120 km/h：0.32 m/s²。

0 ~ 160 km/h：0.17 m/s²。

（3）考虑 15 km/h 的逆风。

为保障列车安全运行必须满足上述技术条件的要求。在确定牵引功率时还必须考虑传动效率、最大坡道上的最小运行速度、故障运行时的要求等多种因素的综合影响，在确定牵引功率时一般要略高于上述技术条件的规定。

3）牵引特性的计算

牵引特性的计算是设计列车牵引/制动性能的基础，是进行列车设计必须进行的最基础的工作，是进行列车运输组织、确定列车运输时间间隔和运输时刻表的重要基础数据，也是列车运用部门和列车乘务员操纵列车的指导依据。计算牵引特性一般分为以下几个步骤。

（1）确定最大速度时的列车牵引力：将确定后的机车牵引功率、最大运行速度代入下式，即可求出最大速度时的牵引力。

$$F_k(v_{max}) = \frac{P_k \cdot 3.6}{v_{max}} \tag{3-6}$$

（2）确定列车起动牵引力：根据列车起动最大加速度和起动平均加速度的要求确定起动牵引力。

（3）确定恒牵引力、恒功率运行的转折点：根据起动牵引力与恒功率曲线，求出其相交点即为恒牵引力、恒功率运行的转折点。

（4）牵引特性仿真计算：根据初步计算出的牵引特性，针对相应的线路根据列车运行方程式进行列车运行模拟仿真，得到运行区段的列车速度-距离曲线、运行时分、加速度/减速度、运行时分曲线、能耗曲线、牵引力曲线、坡道最低运行速度、不同线路坡度的加速距离和制动距离、故障模拟运行结果等牵引计算要求的所有参数与曲线。

（5）牵引特性校验：将其计算结果与列车牵引运行的技术要求进行对比分析，并进行必要的修正值直至完全满足牵引需求，最终设计出列车的牵引/制动特性曲线。

需要验证的主要技术参数包括：

①满功率平直轨道最大速度运行时的剩余加速度验算；

②起动时的加速度和平均加速验算；

③不同坡道上的爬坡能力验算；

④故障运行时的牵引能力验算；

⑤最大坡度运行满功率运行时的最小速度验算；

⑥加速距离和制动距离的验算。

4）动车组牵引特性分析

（1）黏着牵引力。

黏着牵引力是受轮轨间黏着能力限制的轮周牵引力，当轮周上的切线力大于黏着力时就要发生空转或滑行，在不发生空转的前提下所能实现的最大轮周牵引力就是黏着牵引力，这是动车组牵引运行一个非常重要的参数。

一般来说，轨道的清洁状态（污迹、生锈、水、油、雪等）是影响黏着性能的主要方面，另外，黏着性能随着列车速度增高而呈下降趋势，干燥和湿滑轨面的黏着系数是不相同的，但二者都随速度增加而减小。

（2）运行基本阻力。

动车组运行基本阻力取决于许多因素，它与零部件之间、车表面与空气之间，以及车轮与钢轨之间的摩擦和冲击密切相关，而且还与动车拖车车辆的结构、技术状态、线路情况、气候条件、列车运行速度等都有关系。这些因素极为复杂，甚至相互矛盾，实际运用中很难用理论公式进行精确计算，常常使用大量试验得出的经验公式来计算列车运行单位基本阻力。试验时只对阻力影响较大的因素作必要的控制（车辆类型和列车运行速度），其他因素则由公式中的系数予以考虑。

动车组运行过程的单位基本阻力公式一般为运行速度的牵引绕组三项式，即

$$w_0 = a + b \cdot v + c \cdot v^2 \tag{3-7}$$

CRH₂ 型动车组的运行单位基本阻力依照下列公式计算。

$$w_0 = 8.63 + 0.072\,95 \cdot v + 0.001\,12 \cdot v^2 \tag{3-8}$$

（3）牵引特性曲线。

CRH₂ 型动车组的牵引特性曲线如图 3 - 43 所示。

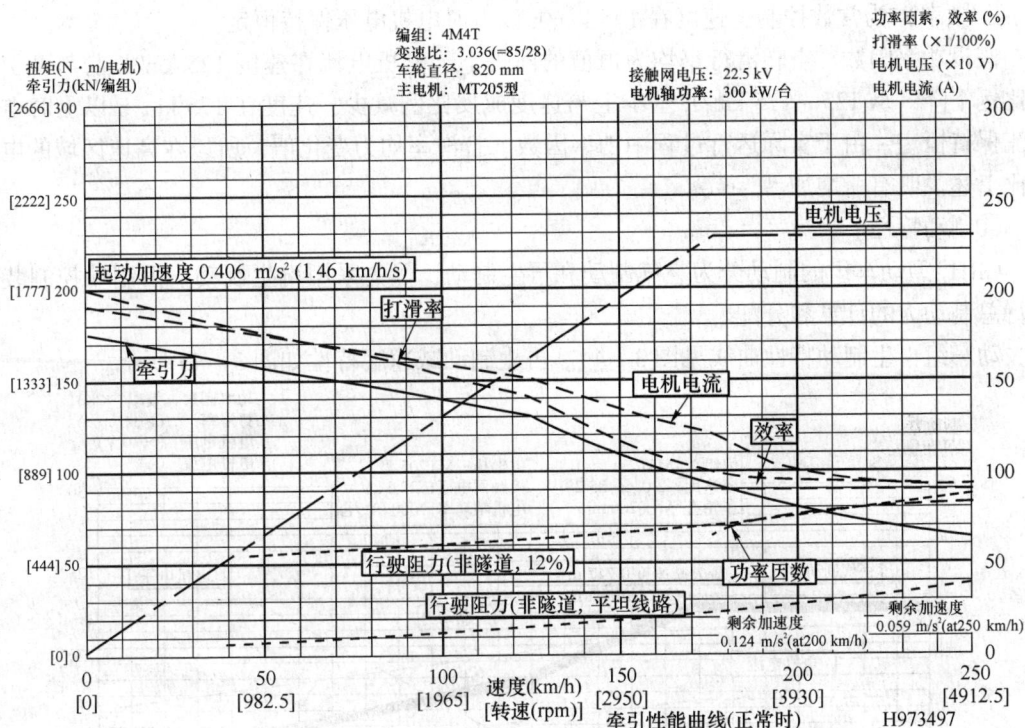

图 3 - 43 CRH₂ 型动车组的牵引特性曲线

① 牵引力曲线。

牵引力为动车组所要求的全功率对应的最大牵引力。牵引力在从 0 ~ 125 km/h 的速度范围内，以速度 0 km/h 的牵引力 175 kN 为基点按一定斜率下降，在速度 125 km/h 以上范围内，牵引力与速度呈双曲线下降，即恒功率运行。

② 牵引力与速度的关系。

一般来说，所需牵引力按照下列公式计算。

$$F = G(1 + \gamma) \cdot a + G \cdot w \tag{3-9}$$

式中：a——加速度，$\mathrm{m/s}^2$；

G——编组整体重量，t；

w——运行基本阻力，N/t，w 为速度的函数；

γ——列车惯性系数。

其中，加速度以下式计算。

$$a = (F - Gw)/G(1 + \gamma) \tag{3-10}$$

在动车组加速时，不仅对车体加速，也要克服车轮、车轴、制动盘片、驱动用电动机、齿轮装置等旋转部分的惯性转矩，因此动车组质量要考虑转动惯量（惯性系数 γ）。惯性系数 γ 的值因动车组的 M 车与 T 车的比例不同而不同，一般参照动车组的技术规格规定。车辆的等价重量按照 G（$1 + \gamma$）来计算。

③电动机电压、电流曲线。

单点画线表示电机电压，破折线表示电机电流。电机电压在速度 175 km/h 前，按照 U/f（电压/频率）为常数控制，速度在 175 km/h 以上时电机电压保持恒定。

假设功率因数、空转滑行率均为恒值的前提下，电机电流在速度 125 km/h 前与牵引力呈比例下降，从 125～175 km/h 基本上与速度成反比例减少，速度在 175 km/h 以上时电机电流保持恒定。由于实际运行过程中功率因数、打滑率均为变化值，所以在高速区域的电流要比上述说明有所增加。

④制动特性。

CRH_2 型动车组的制动分为空气制动和再生制动，优先采用再生制动。由制动控制装置进行总制动力的计算和分配。

动车组再生制动特性曲线见图 3-44。再生制动减速度特性如图 3-45 所示。

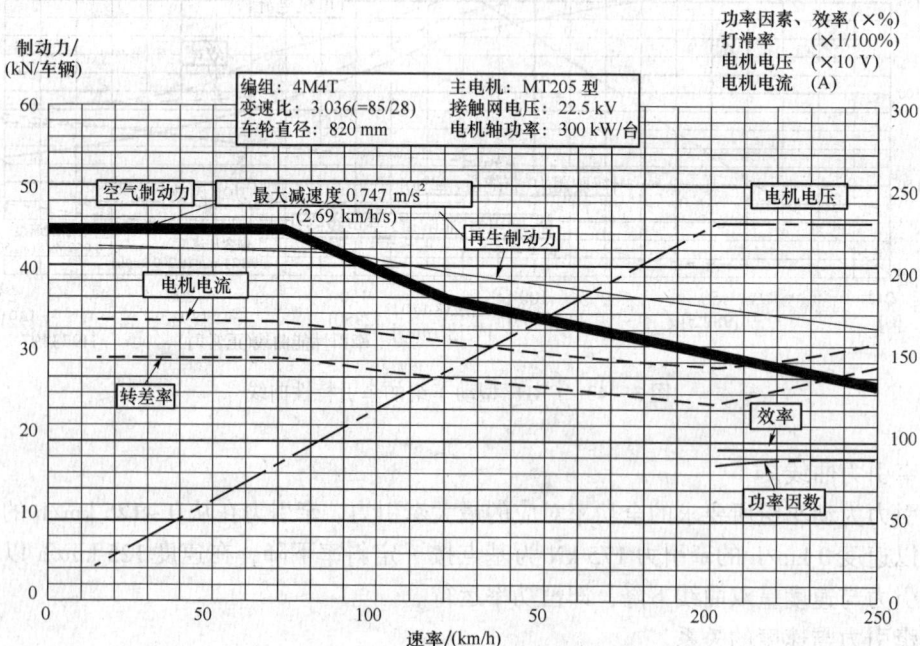

图 3-44　动车组再生制动特性曲线

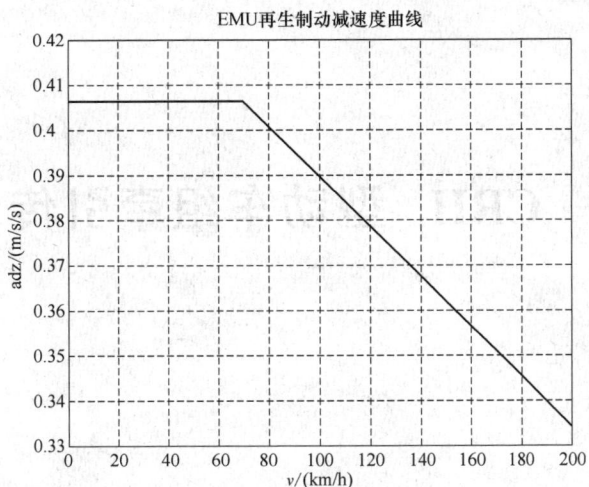

图 3 - 45　再生制动减速度特性

任务实施与评价

（1）下发任务单，明确学习任务、主要内容、知识目标、能力目标、素质目标要求。

（2）学生按任务单要求制订学习计划，完成预习任务及相关知识准备。

（3）CRH$_2$ 主电路图认知引入。

（4）学生查阅国标说明主电路图中各电器符号。

（5）教师组织抢答识别牵引电器设备符号。

（6）学生识别几种常用的高压侧、低压侧电气接线形式，教师辅导答疑，学生以个人或学习小组方式进行学习小结及反思。

（7）学生通过学习，能画出 CRH$_2$ 型动车组的主电路图。

（8）学生进行自我评价及学习小组成员互评，小组长（副组长）进行小组整体评价，教师检查任务完成情况。

项目4　CRH₁型动车组牵引传动系统

项目描述

本项目介绍 CRH₁ 型动车组的牵引传动系统，先对该车的牵引传动系统进行概述，然后介绍牵引传动的主要系统部件，包括主电路构成、高压电器、牵引电机、牵引变流器等。

动车组有九大关键技术，即牵引控制系统、辅助供电系统、空调系统、牵引系统、牵引电机、牵引变压器、网络控制、制动系统、牵引变流器，其中四项都与动车组牵引传动系统密不可分，所以动车组牵引传动系统被喻为高速动车组的"心脏"。

本项目主要学习 CRH₁ 型动车组牵引传动系统的基础理论，为解决动车组牵引系统故障打下扎实的理论基础。

本项目任务：

任务 4.1　CRH₁ 型动车组牵引传动系统基本组成；

任务 4.2　CRH₁ 型动车组牵引传动系统高压电器；

任务 4.3　CRH₁ 型动车组牵引电机；

任务 4.4　CRH₁ 型动车组牵引变流器。

教学目标

1. 知识目标

（1）了解 CRH₁ 型动车组牵引传动系统相关理论知识；

（2）熟悉 CRH₁ 型动车组牵引传动系统中高压电器的基本型号及工作过程；

（3）掌握 CRH₁ 型动车组牵引电机及牵引变流器的基本组成部分及其工作原理。

2. 能力目标

（1）能够区分 CRH₁ 型动车组牵引传动系统中的各电器部件；

（2）能够正确操作 CRH₁ 型动车组牵引传动系统中的一些电器并从事一般维修；

（3）能判断 CRH₁ 型动车组牵引传动系统在工作过程中出现的简单故障；

（4）能制订一般的维修计划；

（5）能对动车组牵引控制系统中的电器进行分解、检修组装及试验。

3. 素质目标

（1）培养学生利用网络自学的能力；

（2）在项目完成过程中培养学生企业经济效率意识、创新和挑战意识；

（3）在项目完成过程中培养学生严谨认真的态度；

（4）能客观、公正地进行学习自我评价及对小组成员的评价。

【任务 4.1】 CRH₁ 型动车组牵引传动系统基本组成

4.1.1　概述

CRH₁ 型动车组是由青岛四方庞巴迪铁路运输设备有限公司（简称 BSP）生产的时速 200 km 的高速列车。BSP 公司成立于 1998 年，采用庞巴迪的轨道车辆制造和管理系统（SMB）及庞巴迪的安全、健康标准。

CRH₁ 型动车组是一种全面采用先进技术的、现代化的动力分散型电动车组。该列车为 8 辆车编组，其中 5 辆车为动车，3 辆车为拖车，设计运营速度为 200 km/h，最高试验速度为 250 km/h。列车以在丹麦、瑞典已经运营五年的 Regina 动车组为原型，并融合庞巴迪、Adtranz 和 ABB 几十年来的技术积累而开发，因此保证了该动车组的技术先进，运营可靠。

动车组的编组基于"单元"，即列车基本单元（train basic unit, TBU）的概念，每一单元由两动一拖或一动一拖组成。CRH₁ 型动车组由三个 TBU 共 8 辆车组成，共有 20 个驱动轴，占车轴总数的 5/8。其中 TBU1 和 TBU2 完全对称，由两动一拖构成；TBU3 由一动一拖构成，如图 4-1 所示。

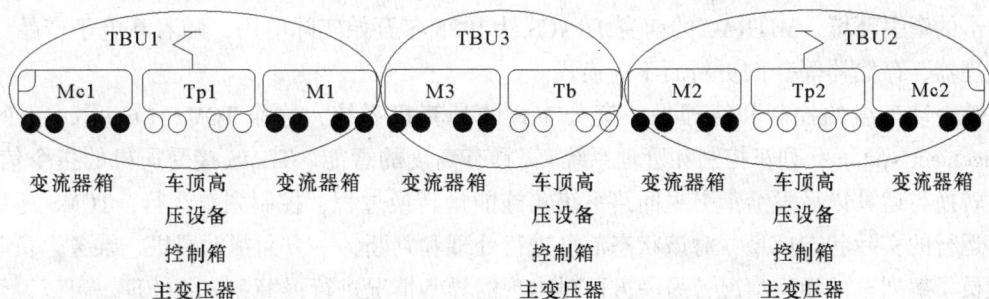

图 4-1　CRH₁ 列车基本单元及牵引传动系统部件的位置

根据客流需要，可将两列动车组编挂成一列，共 16 辆车，最大定员 1 340 人，单列整备重量 421 t。

CRH₁ 型动车组的牵引传动系统的能量传递与转换过程按图 4 - 2 所示的过程进行，受电弓从接触网接受 25 kV 50 Hz 高压交流电能，经过安装在车底架上的主变压器降成 900 V 50 Hz 交流电，降压后的交流电经网侧变流器转换成 1 650 V 直流电，该直流电再由电机变流器转换成频率可变、电压可变的三相交流电输送给牵引电机，将电能转换成牵引列车的机械能。所以 CRH₁ 型动车组属于交—直—交传动的电力牵引列车。

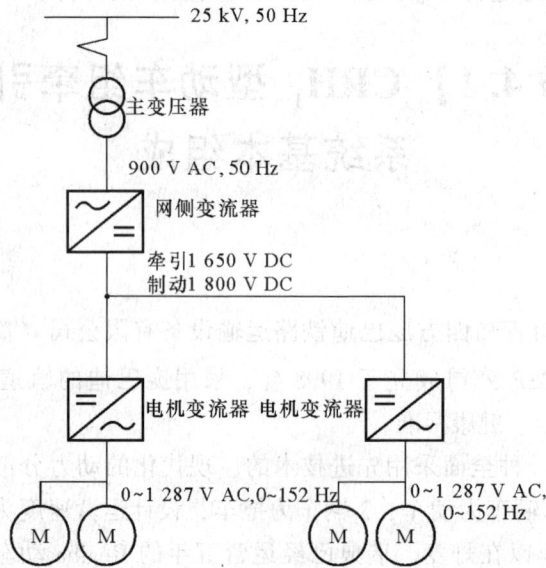

图 4 - 2   CRH₁ 型动车组牵引传动系统的能量传递与转换过程

CRH₁ 型动车组的牵引主回路主要由以下电器设备组成：受电弓、高压开关、主变压器、网侧变流器、电机变流器及三相异步牵引电机，图 4 - 1 也示意出了电器设备的安装位置。牵引主回路的能量转换过程受二次回路的控制，CRH₁ 型动车组的二次回路是以 MIT-RAC 通用计算机为核心的控制系统，如图 4 - 3 所示。MITRAC 通用计算机系统以摩托罗拉 68000 微处理器为基础，机械和电气设计适应温度范围均是 - 40 ~ + 70 ℃，并能承受强烈震动冲击的牵引环境。MITRAC 的前身 TRACS 从 1985 年开始实际应用，随着新电子产品（如微处理器、存储器等）的更新而不断换代。

整个动车组的控制和管理是一套分布式的计算机系统，称作 TCMS（train control and management system，列车控制和管理系统），具有高度的智能。TCMS 接受司机的指令信息，经过转换与运算以后发给牵引主回路系统实施能量转换过程，控制列车运行；TCMS 还检测列车运行的实际状态信息，对该状态信息进行处理和判断，一方面帮助司机、乘务人员和维护人员了解列车的运行情况，另一方面对出现的异常情况进行报警和应急处理。可以说牵引主回路是列车运行的躯干，TCMS 系统是列车运行的灵魂。

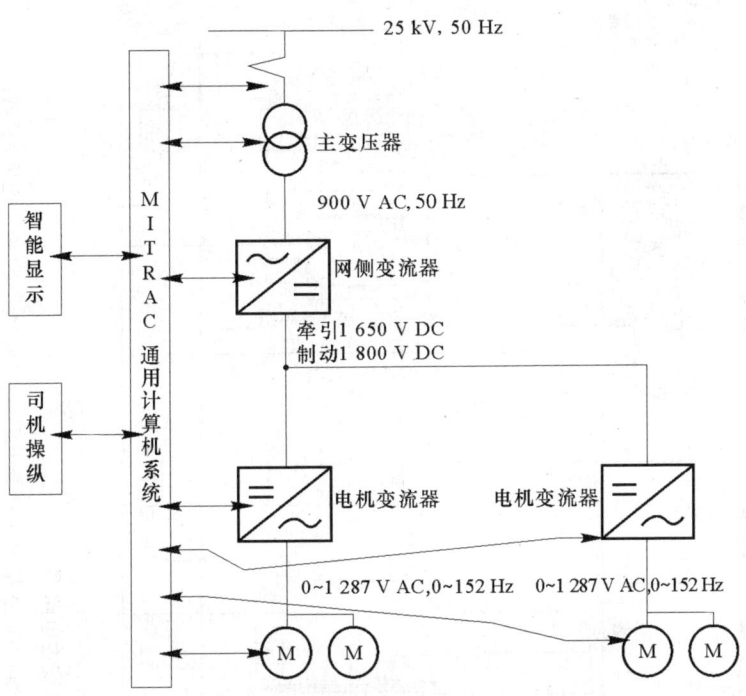

图 4-3　牵引传动及计算机控制系统示意图

4.1.2　牵引传动系统主电路构成

动车组主电路主要包括高压系统（网侧）、牵引系统和辅助供电系统等几部分，具体如下。

（1）高压系统：包括受电弓、主断路器、避雷器、电流互感器、电压互感器、接地开关、网侧滤波器、浪涌放大器、受电弓切断开关等。

（2）牵引系统：包括主变压器、网侧变流器、电机变流器、牵引电机等。

（3）辅助供电系统：包括辅助变流器、滤波器、变压器等。此外还包括蓄电池系统。

图 4-4 给出了 CRH₁ 型动车组牵引传动系统主电路图，对应于三个列车基本单元，动车组有三个相对独立的主电路，下面以 TBU1（Mc1、Tp1、M1）为例对其电路结构进行简要说明：受电弓位于 Tp1 车顶，通过高压设备将高压电引至高压母线，再从高压母线接到主变压器（位于 Tp1 车的底架）初级绕组，主变压器次级绕组同时将交流电供给位于 Mc1 和 M1 车底架的变流器箱，Mc1（或 M1）的变流器箱输出频率可变、电压可变的三相交流电以架控方式对两个转向架上的四台牵引电机进行控制。此外，变流器箱还通过辅助变流器提供辅助电力系统电源，供列车照明、空调、蓄电池充电等使用。

TBU2（Mc2、Tp2、M2）的牵引传动系统主电路与 TBU1 相同。TBU3 为一动一拖（M2、Tb），其主电路的区别主要有两点：一是无受电弓，直接从高压母线上引入高压电至主变压器；二是主变压器只给一个变流器箱供电。正常工作时只有一个受电弓升起，三个主变压器均从高压母线上取电，供给五台动车的五个变流器箱。一个变流器箱有一个网侧变流

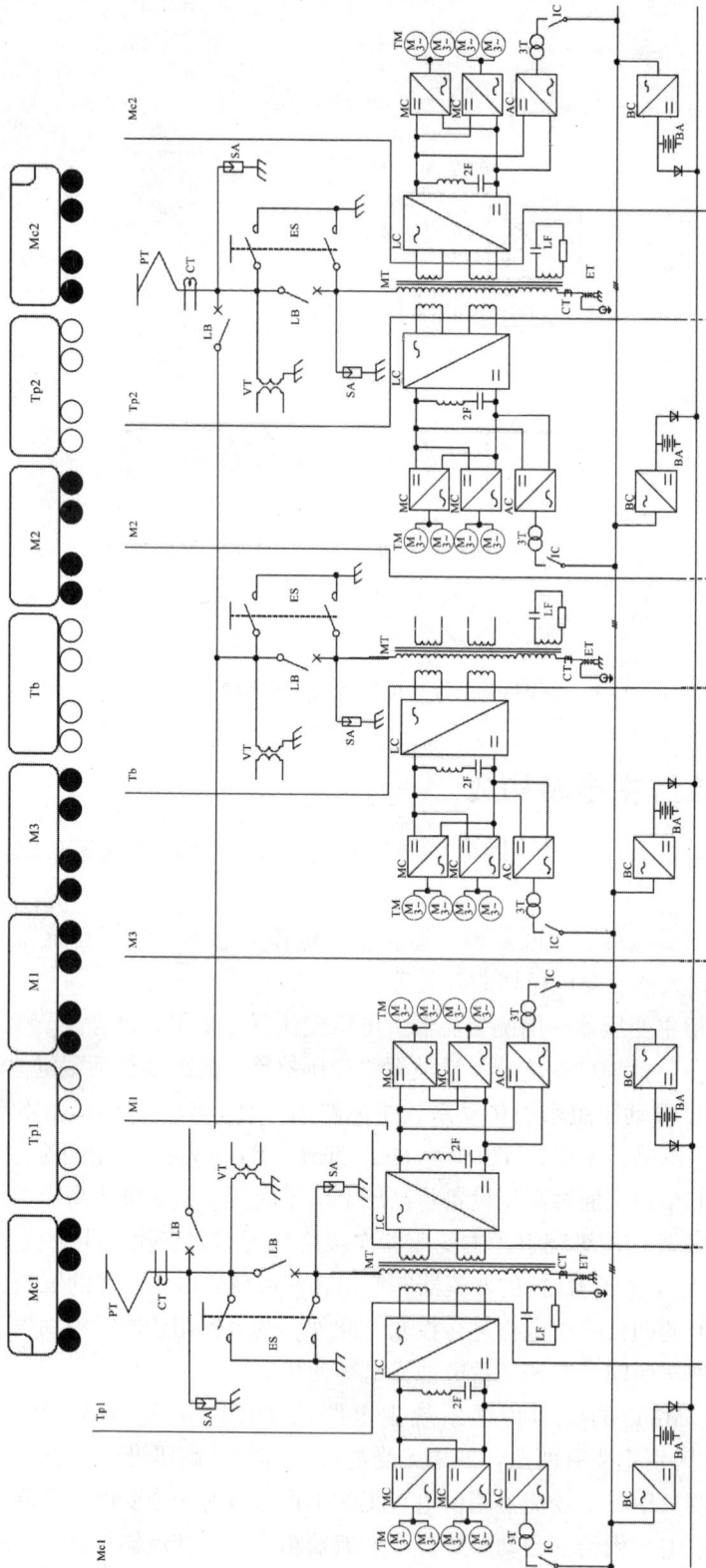

图 4-4　CRH₁型动车组牵引传动系统主电路图

PT—受电弓;CT—网侧电流互感器;LB—网侧断路器;SA—浪涌放大器;SA—浪涌放大器;ES—接地开关;VT—网侧电压互感器;MT—主变压器;LC—网侧变流器;LC—网侧变流器;MC—电机变流器;
TM—牵引电机;AC—辅助变流器;LF—网侧滤波器;ET—接地变压器;BC—蓄电池充电器;BA—蓄电池

器模块 LCM（line converter module）、两个电机变流器模块 MCM（motor convertor module）和一个辅助变流器模块 ACM（auxiliary convertor module）。在牵引工况下，LCM 将高压交流电整流成为直流电，MCM 将直流电逆变成为频率可变、电压可变的三相交流电供给牵引电机。每个动车转向架有两个轴，每轴一个牵引电动机，一个电机变流器给一个转向架上的两台牵引电机并联供电，每辆动车四个牵引电机的轴编号与电机变流器及电机控制器（DCU/M）对应的轴编号见图 4-5。五个变流器箱同时并行工作牵引列车运行，当一个变流器箱发生故障时，可以自动切断，列车继续运行。

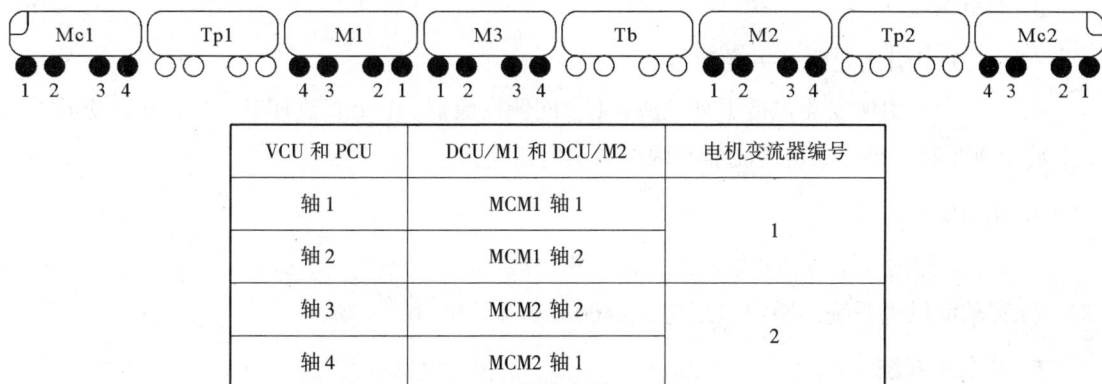

VCU 和 PCU	DCU/M1 和 DCU/M2	电机变流器编号
轴 1	MCM1 轴 1	1
轴 2	MCM1 轴 2	
轴 3	MCM2 轴 2	2
轴 4	MCM2 轴 1	

注：VCU 和 PCU 分别为列车控制单元、牵引控制单元的简称。

图 4-5 电机变流器与动轴之间的驱动关系

在制动工况下，能量回流，即牵引电机变为发电机运行，MCM 将牵引电机发出的电能进行整流并通过 LCM 逆变，将电能回馈给电网。

4.1.3 主电路电气系统说明

1. 整体结构

（1）受电弓安装在 Tp1 和 Tp2 车上（第 2 辆和第 7 辆车）。

（2）两个受电弓之间有一高压线。

（3）有 5 个主断路器，2 个用来连接受电弓之间的高压电缆，3 个用来连接主变压器。

（4）Tp1 和 Tp2 车内的每个主变压器分别向两个动车（Mc、M）的两个逆变器供电。

（5）Tb 车上的主变压器只向一个逆变器（M3）供电。

（6）5 个辅助逆变器，并联向三相母线供电。

（7）5 个蓄电池及其充电器，并联向三相母线供电。

2. 高压系统

（1）两个受电弓只有一个会随时升起。

（2）5 个主断路器依次关闭，从来不会同时关闭。

（3）受电弓后面的电流互感器是为过流保护。

（4）避雷器、RC 滤波器和电压互感器都是为了减少电压瞬变。

（5）主断路器的接地开关对车顶部件接地。

（6）电流互感器装在主变压器和接地电感器之间，测试原边绕组里的电流。

（7）接地变压器连接原边绕组和车体，并将电流从接地刷中导出。

（8）接地变压器的转换率为 1∶1，原边绕组和次边绕组里的电流相同。

（9）每辆车都有一个接地刷与车体连接。

（10）每个车体之间有接地电缆连接。

3. 牵引系统

（1）5 个牵引逆变器（主变流器）。

（2）一个牵引逆变器包括下列模块：1 个网侧变流器、1 个直流环节、2 个电机变流器、1 个辅助逆变器，每个电机变流器与两个牵引电机连接。

4. 辅助供电系统

（1）5 个辅助变流器，并联安装，向三相母线供电。

（2）辅助供电系统的额定电压为 3 × 400/230 V，50 Hz。

5. 蓄电池系统

（1）蓄电池及其充电器各有 5 个，并联安装，向三相蓄电池母线供电。

（2）蓄电池系统的额定电压为 110 V DC。

【任务 4.2】CRH$_1$ 型动车组牵引传动系统高压电器

4.2.1 概要

高压供电系统主要包括接受电能的受电弓，起开关作用的高压断路器，起传输、变换和分配电能作用的主变压器，起电流通路作用的回流装置，此外还有提高电能质量的滤波器，防雷击的避雷器，测量用的电压互感器和电流互感器，当然还有导线、绝缘子等装置。通过这些装置，供电系统可以将接触网电能转化并传输到车辆的电气系统，并滤掉网侧电流中的有害成分，其负荷有：电力牵引传动系统、电池系统和辅助用电系统。供电系统通过受电弓从接触网上接收电能并通过车轮上的回流装置确保回流。出现紧急情况时断开高压断路器，所有负载将从高压供电系统上切断。

CRH$_1$ 型动车组的高压电路主要在拖车上，图 4 - 6 为主变压器以前的 25 kV 高压电气系统图，图 4 - 6（a）表达了 Tp1 车上的高压电路部分，图 4 - 6（b）表达了 Tb 车上的高压电路部分，Tp2 车的高压电路部分与 Tp1 车相同，这里未画出来。其中主要的高压电器包括：受电弓、高压断路器和主变压器；其他高压电器还包括：电流互感器、电压互感器、

RC 滤波器（一个熔断器、一个电阻和一个电容）、避雷器、电抗器、接地变压器和接地刷。安装在拖车顶部的瞬时感应器（图中的 9 项）的作用是防止网侧断路器闭合操作时因冲击电流产生的瞬时电压对主变压器、牵引系统和辅助系统的破坏。

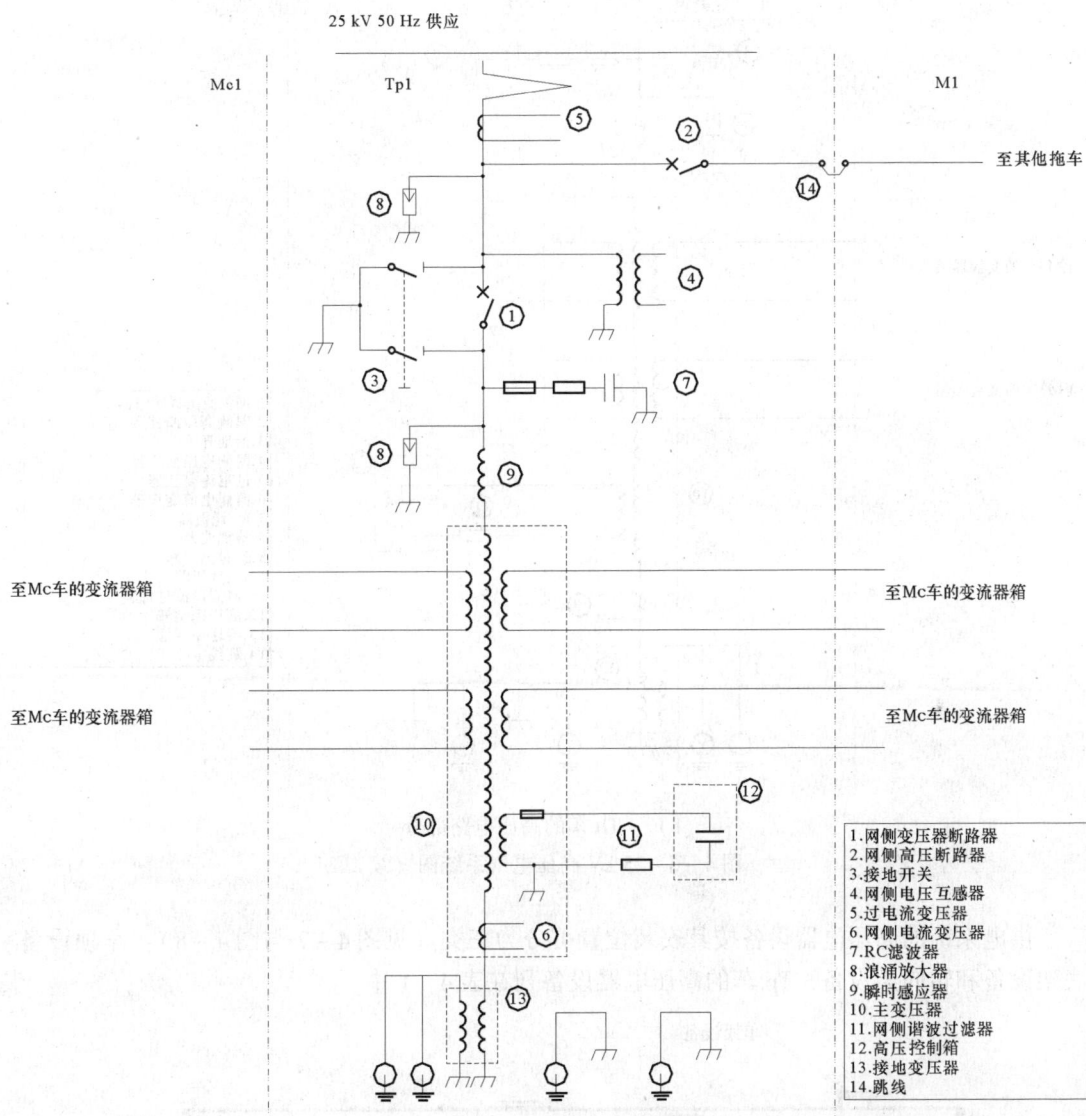

25 kV 50 Hz 供应

Mc1　　　Tp1　　　　　　　　　　　　　　　　M1

至其他拖车

至Mc车的变流器箱　　　　　　　　　至Mc车的变流器箱

至Mc车的变流器箱　　　　　　　　　至Mc车的变流器箱

1.网侧变压器断路器
2.网侧高压断路器
3.接地开关
4.网侧电压互感器
5.过电流变压器
6.网侧电流变压器
7.RC滤波器
8.浪涌放大器
9.瞬时感应器
10.主变压器
11.网侧谐波过滤器
12.高压控制箱
13.接地变压器
14.跳线

（a）　Tp1 车上的高压电路部分

图 4 – 6　25 kV 高压电气系统图

M3   Tb   M2

来自Tp1 25 kV 50 Hz供电

来自Tp2 25 kV 50 Hz供电

至M3车的变流器箱

至M3车的变流器箱

1.网侧变压器断路器
2.网侧高压断路器
3.接地开关
4.网侧电压变压器
5.过电流变压器
6.网侧电流变压器
7.RC滤波器
8.浪涌放大器
9.瞬时感应器
10.主变压器
11.网侧谐波过滤器
12.高压控制箱
13.接地变压器
14.跳线

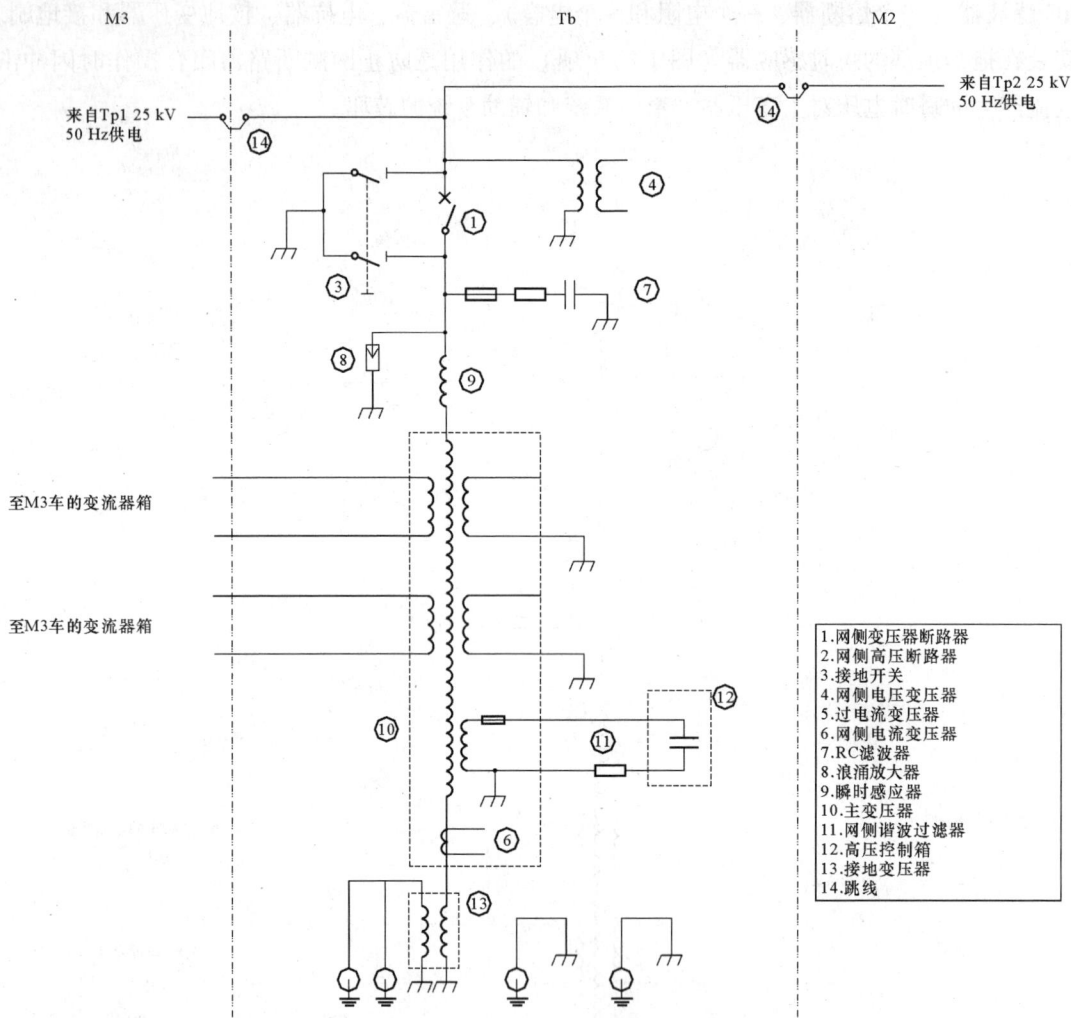

（b） Tb 车的高压电路部分

图 4 - 6   25 kV 高压电气系统图 （续）

      供电系统的高压电器设备按其安装位置可分为三类（见图 4 - 7 与图 4 - 8）：车顶设备、底架设备和转向架设备，Tp 车的高压电器设备列在表 4 - 1 中。

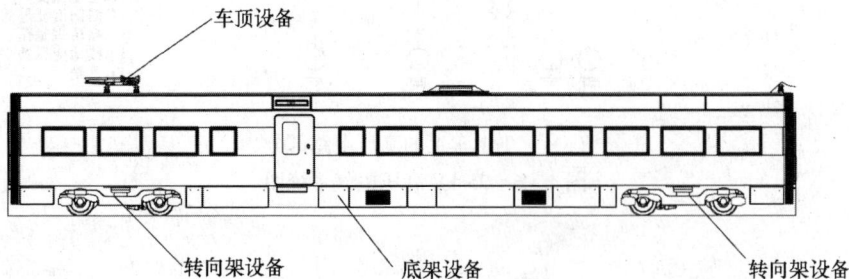

车顶设备

转向架设备   底架设备   转向架设备

图 4 - 7   Tp 车上的电器设备布置

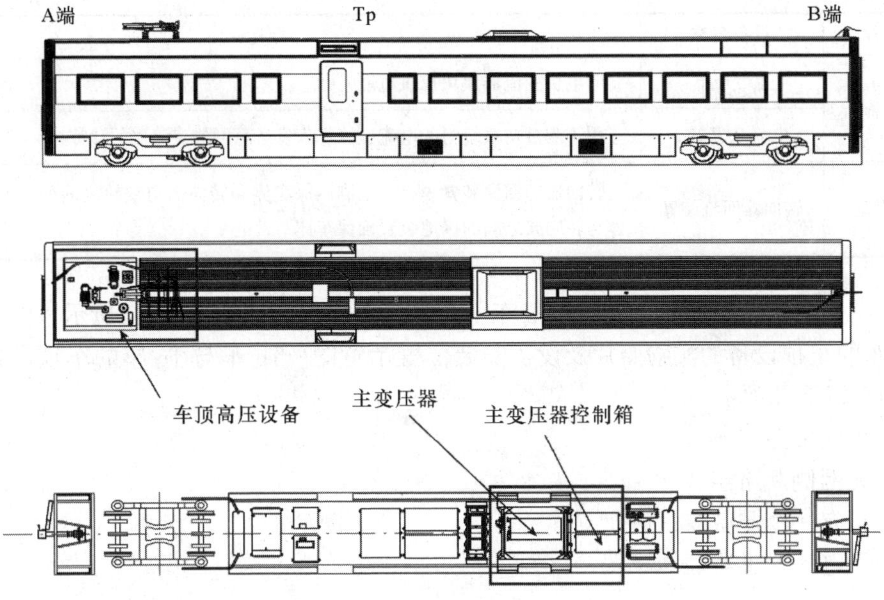

图 4-8　高压电器设备在 Tp 车中的安装位置

表 4-1　Tp 车的高压电器设备

设备位置	设备名称	用途
车顶设备	受电弓	受电弓从接触网将高压交流电导入列车，气动控制受电弓升起或降下可使列车与供电网连接或断开。一个列车有两个受电弓，升弓、降弓命令按钮位于 Mc 车的司机室内
	网侧高压电缆	将两个受电弓连接起来，并将网侧电压传输给位于底架上的主变压器，一个任务是将受电弓的电流传至底架的主变压器，另一个任务是在车辆之间传导电流
	网侧断路器	高压开关，连接在受电弓和其他高压部件之间，共有 5 个网侧断路器，都采用气动控制。网侧断路器 A（高压总线）置于 Tp 车，网侧断路器 B（变压器）置于 Tb 和 Tp 车
	手动过分相器	手动方式过分相区
	自动过分相器	自动方式过分相区
	电涌捕捉装置	保护网侧电压供电系统不受接触网或网侧断路器工作时产生的过电压的影响
	接地开关	维修工作时用作安全接地开关
	电压互感器	测量变压器，用于测量网侧电压，网侧电压信号是由 25 kV 的网侧电压转换的值，它对应于发送至列车计算机的 25 kV 输入信号
	电流互感器 1	用于探测网侧电压系统中的短路故障
	网侧滤波器	用于消除网侧电压系统在断路器操作中产生的瞬间谐波
	网侧谐波过滤器	用于消除网侧电流中的谐波频率成分
	电抗器	延迟电流的变化，能够在操作网侧断路时滤除瞬时电流冲击，使网侧滤波器能剔除网侧电压系统中的所有瞬间谐波

续表

设备位置	设备名称	用途
底架设备	主变压器	向电机变流器模块提供电能
	电流互感器2	用于测量初级绕组的电流，测量值发送至网侧变流器的计算机
转向架设备	转向器回流装置	转向器的回流装置中，接地刷确保车体和转向器与铁轨之间的良好接地；车体与转向架之间的接地装置确保车体不带电

车顶设备主要位于 Tp1、Tp2 和 Tb 车上，高压线路原理图如图 4－9 所示，图 4－10 显示出 Tp 车的车顶设备的实物照片及设备安装位置示意图。Tb 车与 Tp 车的车顶设备基本相同，区别有以下几项：

（1）无受电弓；

（2）无网侧断路器 A；

（3）只有一个避雷器；

（4）无电流互感器。

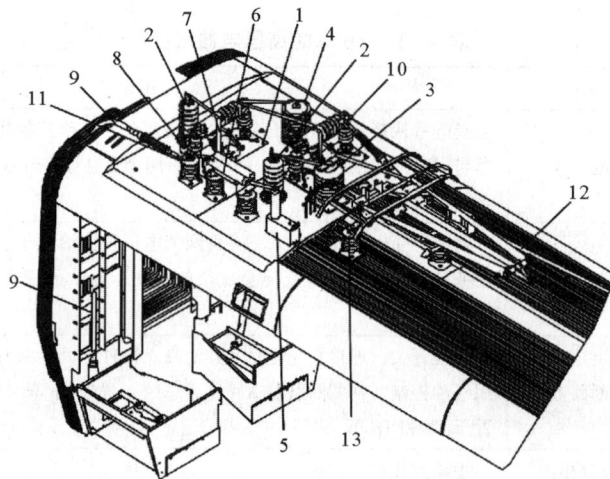

图 4－10　Tp 车的车顶设备

1—网侧断路器 B；2—电泳捕捉装置；3—变流变换器1；4—变压变换器；5—电容器；6—电阻器；7—熔断器；
8—电感器；9—网侧高压电缆；10—网侧断路器 A；11，13—绝缘子；12—受电弓

底架设备中的主变压器和电流互感器 2 置于 Tp1、Tp2 和 Tb 车，变流器箱安装在 M 车上，车底部分高压系统的电气原理图如图 4－11 所示。

Tp1、Tp2 和 Tb 车上的每个转向架都设有一个回流装置，包含一个接地电刷，用于确保车体的良好接地和转向架与轨道的接地，对安全方面和保证电气系统的良好性能方面都很重要。

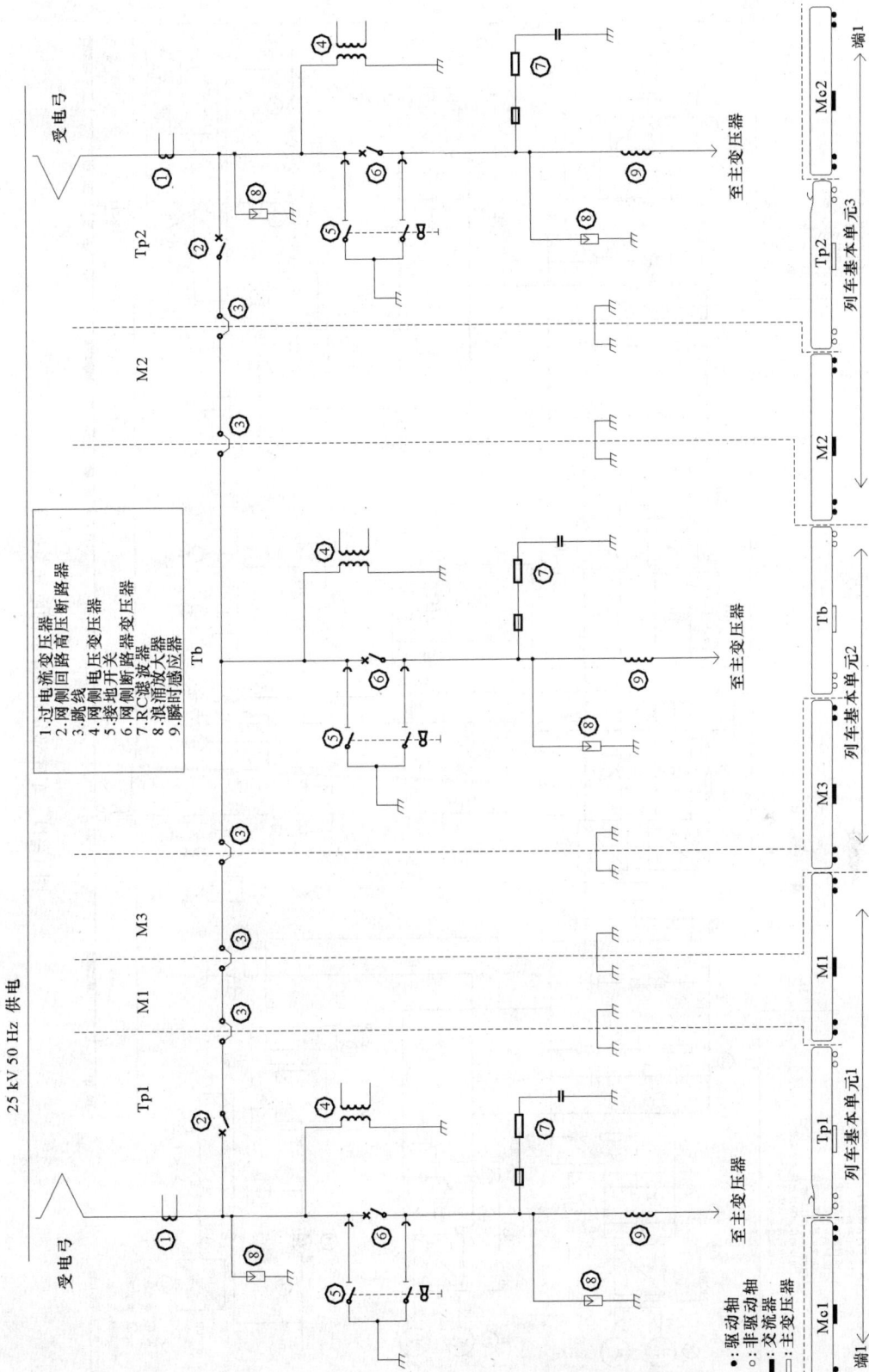

图4-9　高压线路原理图

1. 过电流互感器
2. 网侧回路高压断路器
3. 跳线
4. 网侧电压变压器
5. 接地开关
6. 网侧断路器变压器
7. RC滤波器
8. 浪涌放大器
9. 瞬时电感应器

25 kV 50 Hz 供电

受电弓

Tp2　M2　Tb　M3　M1　Tp1

至主变压器

列车基本单元3　列车基本单元2　列车基本单元1

Mc2　Tp2　M2　Tb　M3　M1　Mc1

端1　端1

•：驱动轴
○：非驱动轴
◯：交流轴
▭：主变压器

10.网侧电流变压器
11.主变压器
12.网侧能耗放电器
13.接地电阻
14.分离电流接触器
15.充电电阻
16.网侧变流器模块
17.网侧变流器
18.变流器滤波电容
19.受阻电流侧检测电阻
20.中间电路和接地检测单元
21.变流器高压侧接地开关
22.电机变流器模块

23.过电压保护相
24.过电压保护电阻
25.电机变流器
26.牵引电机
27.辅助变流器
28.辅助变压器
29.三相滤波器
30.三相变压器
31.三相分离式接触器
32.电池充电器模块

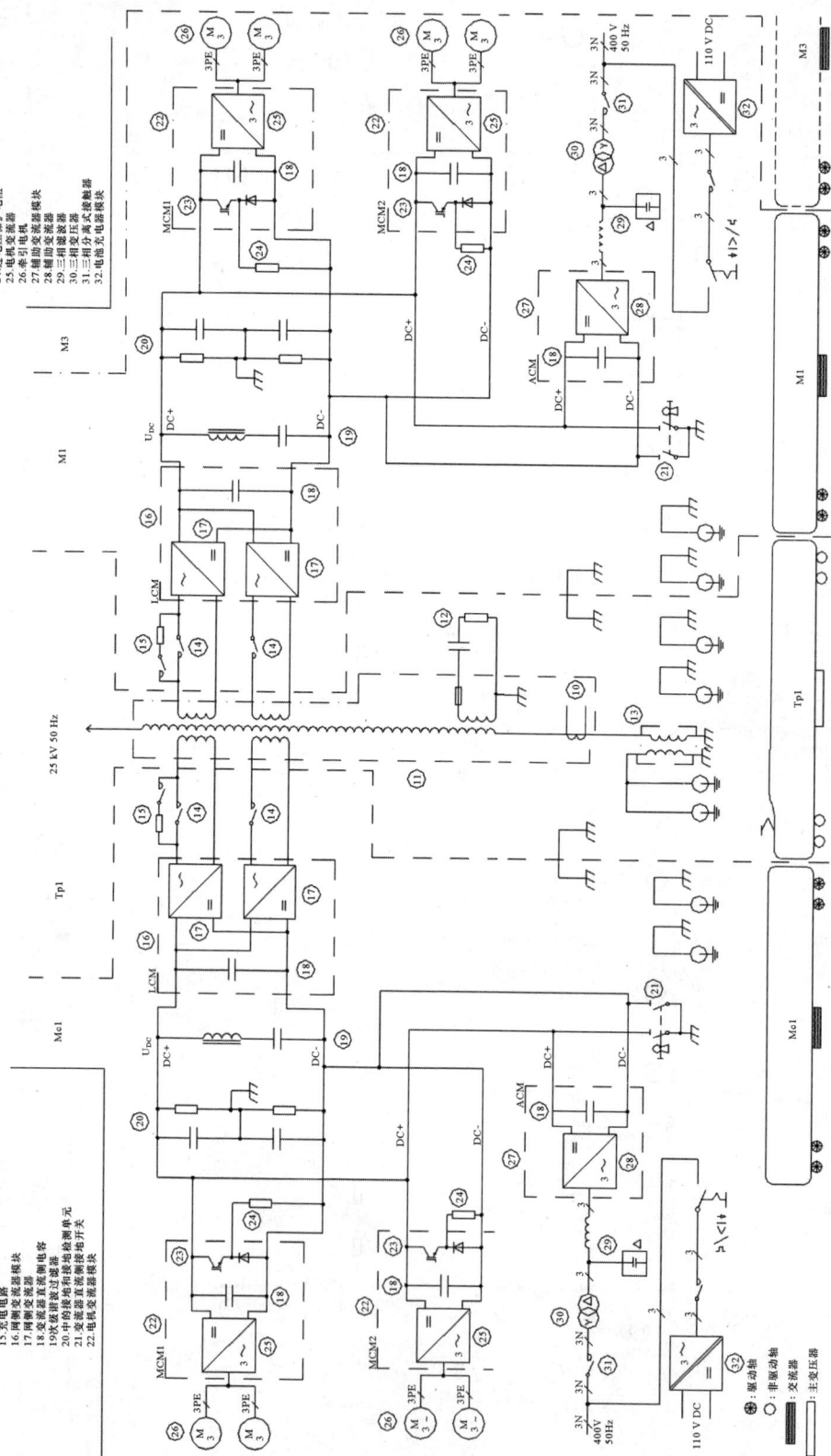

25 kV 50 Hz

驱动动轴　串驱动轴　交流器　　主变压器

图4-11 车底部分高压系统的电气原理图

4.2.2　受电弓

　　受电弓及附属装置安装在 Tp 车的车顶，一列动车组正常运行时，采用单弓受流，另一台备用，处于折叠状态。当两列车组编挂在一起运行时，每一列车组中各有一台受电弓处于工作状态，全列有两台受电弓同时工作。

　　CRH₁ 型动车组的单臂受电弓 DSA250 的设计来源于早期的高速受电弓 DSA350SEK，采用压缩空气气囊驱动升弓，自动降弓。普遍采用轻量化优质材料，具有良好的机械和动力学性能。受电弓滑板采用纯硬碳材料，对接触网线起到保护作用。

1. 结构

　　受电弓的结构如图 4 - 12 所示，升弓装置安装在底架上，通过钢丝绳作用于下臂，下臂、上臂和弓头使用轻型铝合金焊接而成。为了保护滑板，使滑板在机车运行方向上移动灵活，缓冲各方向上的冲击，将滑板安装在 U 型弓头支架上，弓头支架垂悬在 4 个弹簧下方，在弓头和上臂间安装两个扭簧。调节弓头翼片可调节向上的空气接触压力，以满足不同速度等级的要求。自动降弓装置可以监测到滑板的使用情况，如果滑板磨耗到限或受冲击断裂后，受电弓会迅速自动降下，防止弓网事故进一步扩大。更换滑板后，重新启用自动降弓装置。

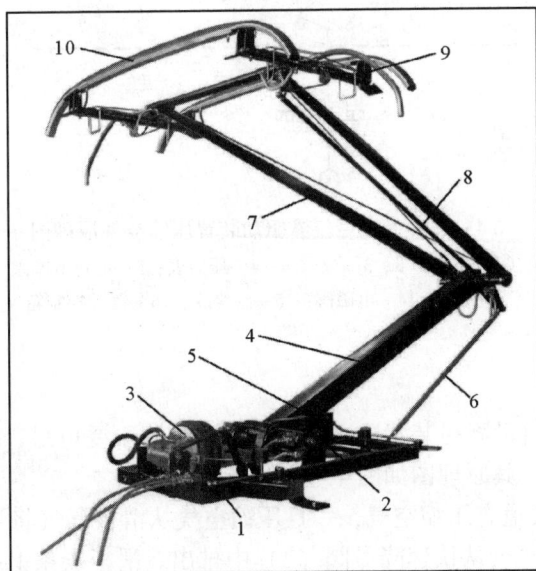

图 4 - 12　受电弓的结构

1—底架；2—阻尼器；3—升弓装置；4—下臂；5—弓装配；6—下导杆；
7—上臂；8—上导杆；9—弓头；10—（碳）滑板

2. 自动升弓原理

　　图 4 - 13 所示为受电弓气囊驱动装置压缩空气原理图，其中的压力表 4 安装在司机室滑板监视部分的面板上，空气从司机室内的电磁阀（14）经空气滤清器（1）进入减压阀（3），减压阀的作用是调节工作压力，调节精度为 ±2 kPa，这种精度非常重要，因为压力变

化 10 kPa 会直接导致接触压力变化 10 N。压力表（4）仅用于粗略观察，调整节流阀（2）可以控制升弓速度，消音节流阀（5）可以控制降弓速度。安全阀（6）在减压阀失效时起作用。

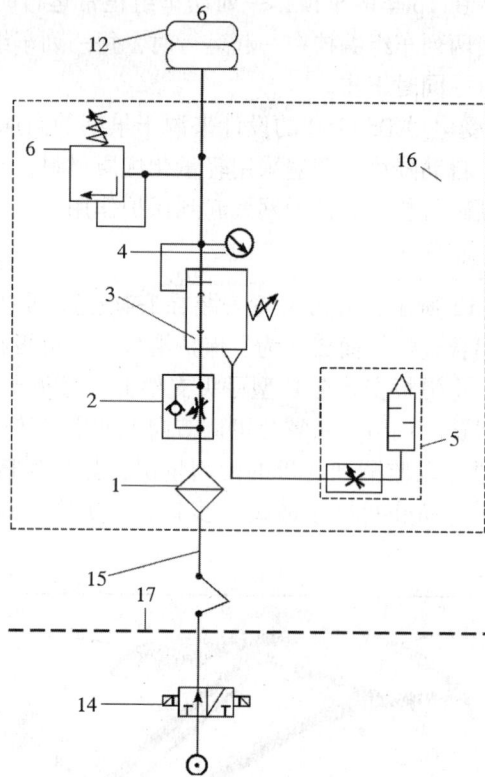

图 4 - 13　受电弓气囊驱动装置压缩空气原理图

1—滤清器；2—节流阀（升弓）R1/R；3—减压阀；4—压力表；5—消音节流阀（降弓）；6—安全阀；
12—气囊驱动装置（受电弓）；14—电磁阀；15—绝缘管；16—气动控制箱（底架）；17—车顶

3. 自动降弓原理

当弓头受到损坏时自动降弓装置应立即动作，迅速降下受电弓，脱离接触网，避免网线和受电弓的进一步损坏，其原理图如图 4 - 14 所示。

滑板（5）的内置气道有压缩空气，一旦压缩空气从滑板漏气将导致受电弓的升弓装置（4）压力下降，压缩空气会从快速降弓阀（2）中排出。滑板碳条上细小的裂缝引起的少量漏气如果在压力响应的范围内，不会影响受电弓的使用。如果由于滑板碳条受到冲击，导致压缩空气压力变化，压力阀（7）会产生一个电信号并传输给机车计算机，机车计算机关闭主断路器，同时电控阀得到来自计算机系统"受电弓降下"的信号，这避免了受电弓降下时电弧对网线和受电弓的损坏。

在正常升弓条件下，压力开关有延时功能，压力开关和自动降弓装置启动主断路器需设定时间延迟（20～30 s）。如果快速降弓阀（2）和滑板（5）间的气管断裂，自动降弓装置可以通过关闭阀（1）停止使用（重新连接后，注意清理渗水）。微动开关（8）通过与机车计算机系统连接可以显示关闭阀（1）的工作状态。需要注意的是，受电弓在快速降弓前应先切断机车主断路器，禁止受电弓带电降弓。

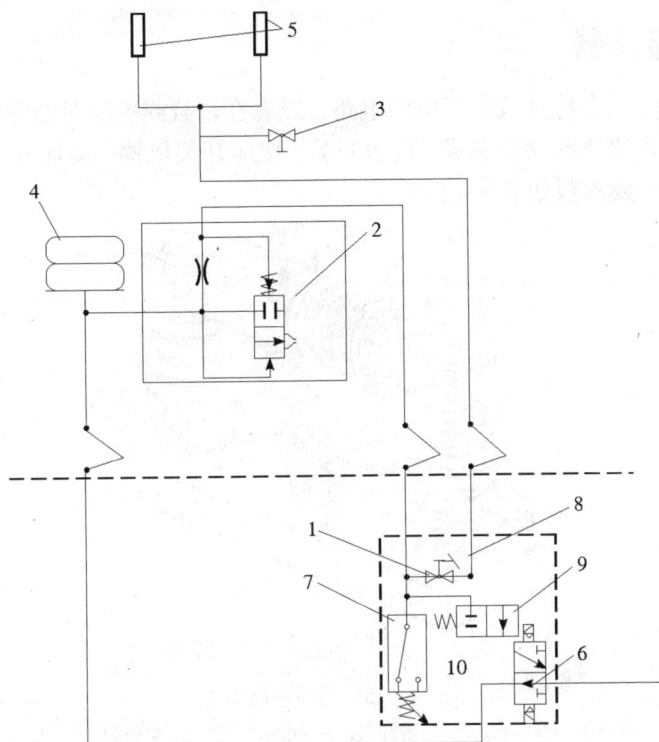

图 4 - 14 自动降弓装置原理图

1—关闭阀；2—快速降弓阀；3—试验阀（自动降弓）；4—升弓装置；5—（碳）滑板；
6—电磁阀；7—压力阀；8—微动开关；9—快速排气阀；10—滑板检测装置

4. 主要技术参数

设计速度：250 km/h；

试验速度：275 km/h；

电力传输（标准）：25 kV/1 000 A；

静态接触力：70 N；

动态接触力调整：风动翼片；

升弓机构：气囊驱动；

输入压缩空气：400 ~ 1 000 kPa；

70 N 接触压力下标称工作气压：约 350 kPa；

弓头自由度：60 mm（垂向位移）；

碳滑板宽度：1 950 mm；

质量：约 115 kg。

5. 受电弓滑板的维护

每六个月检查一次受电弓滑板，运行中如果滑板出现故障，故障监测电路会报警并要求立刻降下受电弓，这时所有网侧断路器均断开，司机可从 IDU 智能显示单元上看到这一故障信息，然后决定是否选择另外一个受电弓，处理完后重新启动列车，故障显示消除。

4.2.3 高压断路器

高压断路器用于指令接通或断开电源电路，或者在过载或短路时断开电源电路，起保护作用。高压断路器由真空断路器总成、接地开关、接地开关机构、接地开关接口几部分组成（见图4-15），其主要参数如表4-2所示。

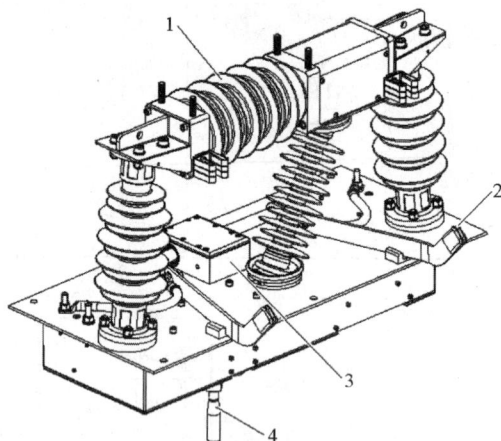

图4-15 高压断路器

1—真空断路器总成；2—接地开关；3—接地开关机构；4—接地开关接口

表4-2 高压断路器主要参数

主电路	额定操作电压	25 kV，50 Hz
	最大持续电压	31 kV
	脉冲耐压	170 kV
	交流耐压（60 s）	75 kV
	操作电流	1 000 A
	短路断路电流（40% DC）	25 kA
	额定耐电流（1 s）	25 kA
辅助电路	辅助电源	110 V DC

CRH$_1$型动车组有5个网侧断路器，见图4-16，断路器2和3为网侧高压母线断路器（the line circuit breaker high voltage bus，LCBB），安装在Tp1和Tp2的顶部，用于接通或者断开没有受电弓或没受电弓升起的拖车上的网侧电源，当发生短路时起保护网侧电路的作用，LCBB由VCU控制。

断路器1、5和4为网侧变压器断路器（the line circuit breaker transformer，LCBT），安装在拖车顶部，用于接通或者断开主变压器电源，也起短路和过载保护作用。

网侧高压母线断路器在车顶连接高压电缆，主要起隔离作用，通常不切断电流，仅当高压电缆和车顶之间出现短路时起断开电路作用。

为避免网侧电路发生短路，5个断路器按顺序激活，其断开或闭合顺序由TCMS自动控制，主控在Mc1车时的开关顺序是1，2，3，4，5；如果运行方向相反（Mc2车启动），则开关顺序为4，3，2，1，5；过分相区时，启动顺序稍有不同，根据不同的运行方向，顺序为1，4，5（2和3关闭）或4，1，5。

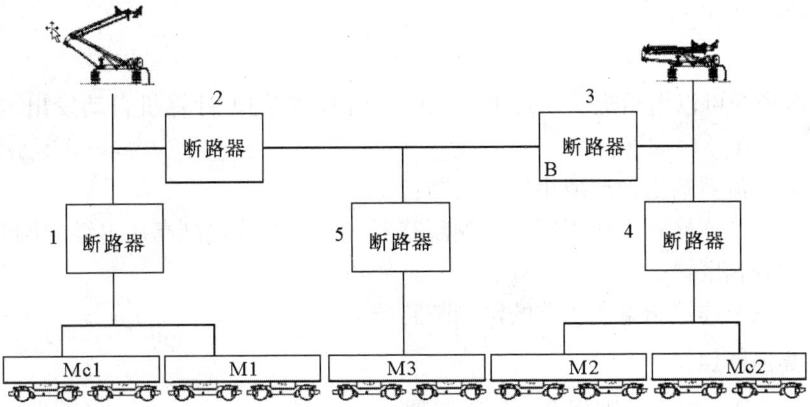

图 4 - 16　高压断路器位置图

断路器的开闭由 TCMS 通过高压控制电路控制,该电路串联有主过流继电器触点、主变压器油位继电器触点,以及电机变流器、网侧变流器内的网侧脱扣继电器,其中的任何一项都可以通过切断网侧电路的方式使高压断路器立即断开,一旦这些电路出现严重故障,就通过高压断路器切断其后的负载,达到保护的目的。

1. 在以下情况下断路器依序断开

(1) 受电弓降下。

(2) 过分相区。

(3) 要求断开的故障情况。

2. 在以下情况下断路器依序闭合

(1) 受电弓起升,探测的网侧电压在允许的限值内。

(2) 过分相区后,允许限值内的网侧电压恢复。

(3) 引起断路器断开的故障得到确认并已排除。

3. 激活或启动高压系统

司机发出激活或启动高压系统的命令后,动作顺序如下:

(1) 选择一个受电弓,例如选择 Tp1 车上的受电弓;

(2) Tp1 车上的受电弓升起;

(3) 连接到 Tp1 车底架主变压器的断路器 1 闭合;

(4) 连接到 Tp1 车顶高压电缆的断路器 2 闭合;

(5) 连接到 Tp2 车顶高压电缆的断路器 3 闭合;

(6) 连接到 Tp2 车底架主变压器的断路器 4 闭合;

(7) 连接到 Tb 车底架主变压器的断路器 5 闭合。

4. 切断高压系统

司机发出切断高压系统的命令后,动作顺序如下:

(1) 阻断所有变流器;

(2) 断开所有网侧断路器;

（3）受电弓降下。

5. 过分相区

过分相区指令可以由司机手动发出，也可以由 GFX – 3A 计算机自动发出。发出过分相区的指令后，动作顺序如下：

（1）所有变流器输出匀速减小然后阻断；

（2）断开三个连接到主变压器的网侧断路器（不断开连接到高压电缆的网侧断路器）；

（3）通过分相区；

（4）合上三个连接到主变压器的网侧断路器。

6. 闭合高压断路器

如果以下条件均满足，则闭合高压断路器。

（1）有网侧断路器闭合命令；

（2）网侧电压在规定范围内；

（3）没有其他系统的断开要求；

（4）高压空气压力在规定范围内。

闭合高压断路器的网侧电压范围规定：

安装在车顶的网侧电压互感器检测网侧电压，如果网侧电压为 17.5~30 kV 时，可以合上网侧高压断路器；如果网侧电压超过 1 秒的时间高于 31.1 kV；或超过 5 分钟的时间高于 30.1 kV；或超过 1 秒的时间低于 16.9 kV，则断开网侧高压断路器。

4.2.4 防雷击装置

CRH$_1$ 型动车组在受电弓后直接安装避雷器（见图 4 – 17）会限制由接触网传入的瞬时过电压（如雷电的入侵），对列车电气设备的危害。

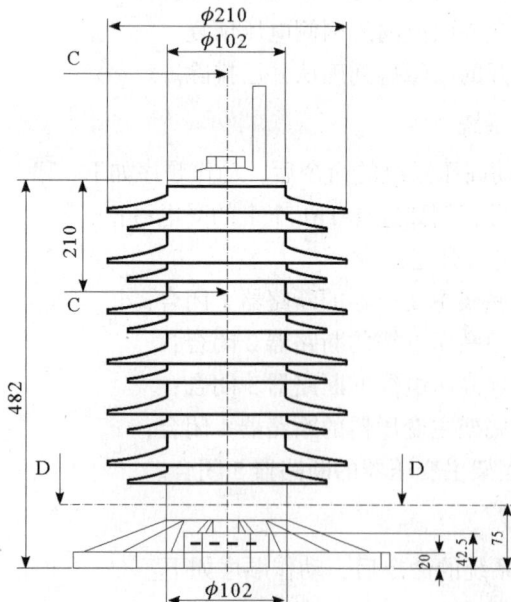

图 4 – 17 避雷器主要尺寸

4.2.5　网端检测装置

网端检测装置包括：一个电压互感器、两个电流互感器和受电弓滑板漏气压力检测开关。

电压互感器（变比为 25 kV/25 V，隔离变压器变比为 1 kV/1 V）测量网侧电压及网侧电源频率，安装在拖车顶部。该电压测量值为网侧变流器的控制计算机（DCU/L）提供网侧电压信号以实现系统控制与保护。

过电流互感器（800 A/5 A 变比）安装在 Tp1 和 Tp2 顶部，监视受电弓电流。过电流继电器通过二次回路来控制网侧断路器，从而起到过载和短路保护作用。

网侧电流互感器（400 A/5 A 变比）安装在主变压器箱内，用以测量主变压器原边电流；中间电流互感器（5 A/1 A 变比）安装在高压控制箱中，连接在网侧电流互感器的二次侧，为网侧变流器的控制计算机（DCU/L）提供网侧电流信号。

受电弓滑板漏气时导致压缩空气压力变化，压力检测开关就会产生一个电信号并传输给机车计算机，机车计算机关闭主断路器，同时电控阀得到来自计算机系统"受电弓降下"的信号，这避免了受电弓降下时电弧对网线和受电弓的损坏。

4.2.6　高压电缆

通过高压电气原理图可知，25 kV 高压线路通过高压电缆实现实际连接，达到安全传导电能的目的。从受电弓下来的网侧高电压除进入本 Tp 车以外，还要通过车端部连接到其他车上，车端部之间高压电缆的连接如图 4-18 所示。因此高压电缆的作用一是在受电弓与主变压器之间传导电能，二是在车辆之间传导电能。从 Tp 车上看到的高压电缆如图 4-19 所示，按连接设备的不同分别称为电缆 1、电缆 2 和电缆 3。

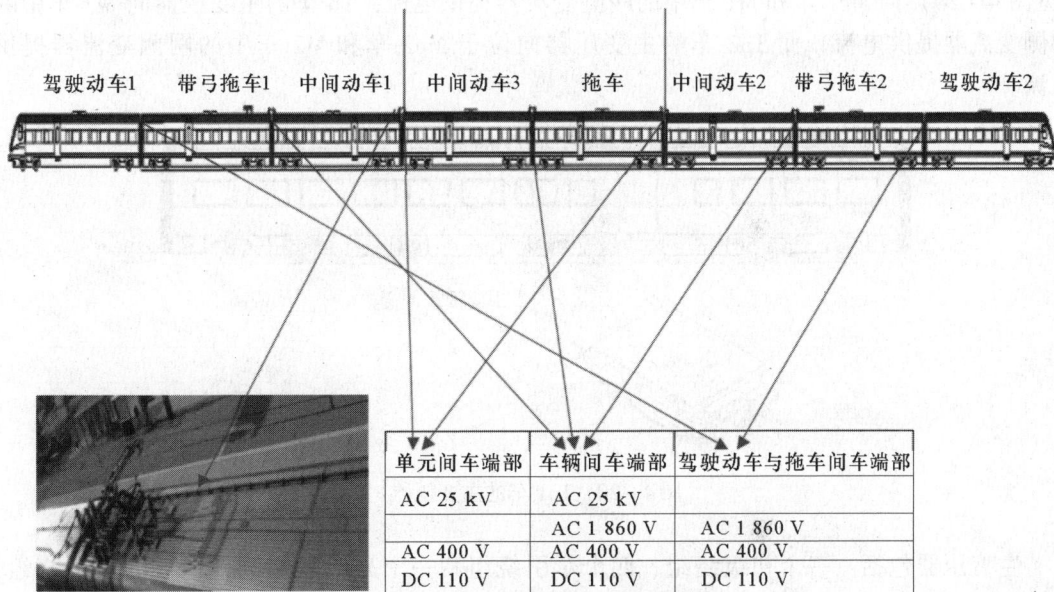

单元间车端部	车辆间车端部	驾驶动车与拖车间车端部
AC 25 kV	AC 25 kV	
	AC 1 860 V	AC 1 860 V
AC 400 V	AC 400 V	AC 400 V
DC 110 V	DC 110 V	DC 110 V

图 4-18　车端部之间高压电缆的连接

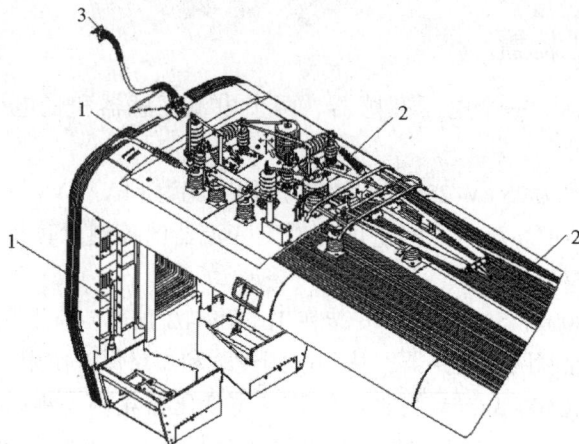

图 4 - 19　高压电缆

1—电缆 1；2—电缆 2；3—电缆 3

电缆 1 安装在车顶，连接避雷器和主变压器；电缆 2 也安装在车顶，在 Tp/Tb 车端部和总开关之间连接；电缆 3 连接车辆与车辆。

4.2.7　牵引变压器

牵引变压器也叫主变压器，位于拖车的底架上，其作用一是将列车供电系统与接触网相隔离，二是将电网电压转换成适当的电压供列车电气系统使用，三是提供滤波、保护等手段，为列车提供安全、可靠、高质量的电力。CRH_1 型动车组有三个主变压器，分别位于 Tp1 车、Tb 车和 Tp2 车的底架上，它们向所有网侧变流器模块提供电流。Tp1 的主变压器（见图 4 - 20）向 Mc1 车和 M1 车中的网侧变流器提供电流，Tb 车的主变压器向 M3 车中的网侧变流器提供电流，而 Tp2 车的主变压器向位于 Mc2 车和 M2 车中的网侧变流器提供电流。

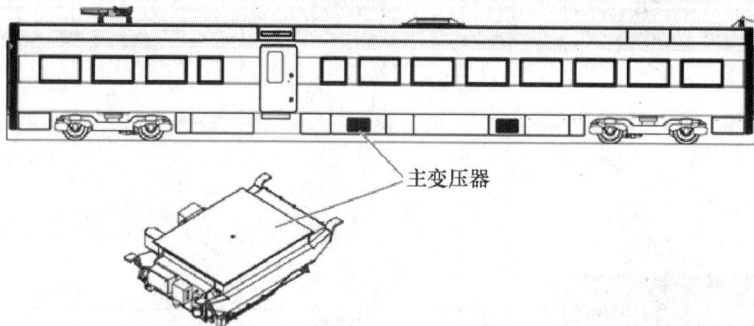

图 4 - 20　Tp1 车的主变压器

主变压器包括：一个初级绕组、四个牵引绕组和一个高压（网侧）谐波滤波器绕组，其总电路图如图 4 - 21 所示。主变压器把接触网高电压变为牵引系统和高压谐波滤波器适用的电压。高压谐波滤波器连接到滤波器绕组上，装有保险丝、滤波电阻和滤波电容，其作用是吸收瞬时高电压。在主变压器下面有一个接地变压器，为电力回流提供了一条电流通路，防止回流通过轮对轴承，使轴承发热。图 4 – 21 中还显示了主变压器的油泵、冷却风扇和变压器中被监控的参数：温度、流量、压力、液位等。主变压器的外形如图 4 – 22 所示。

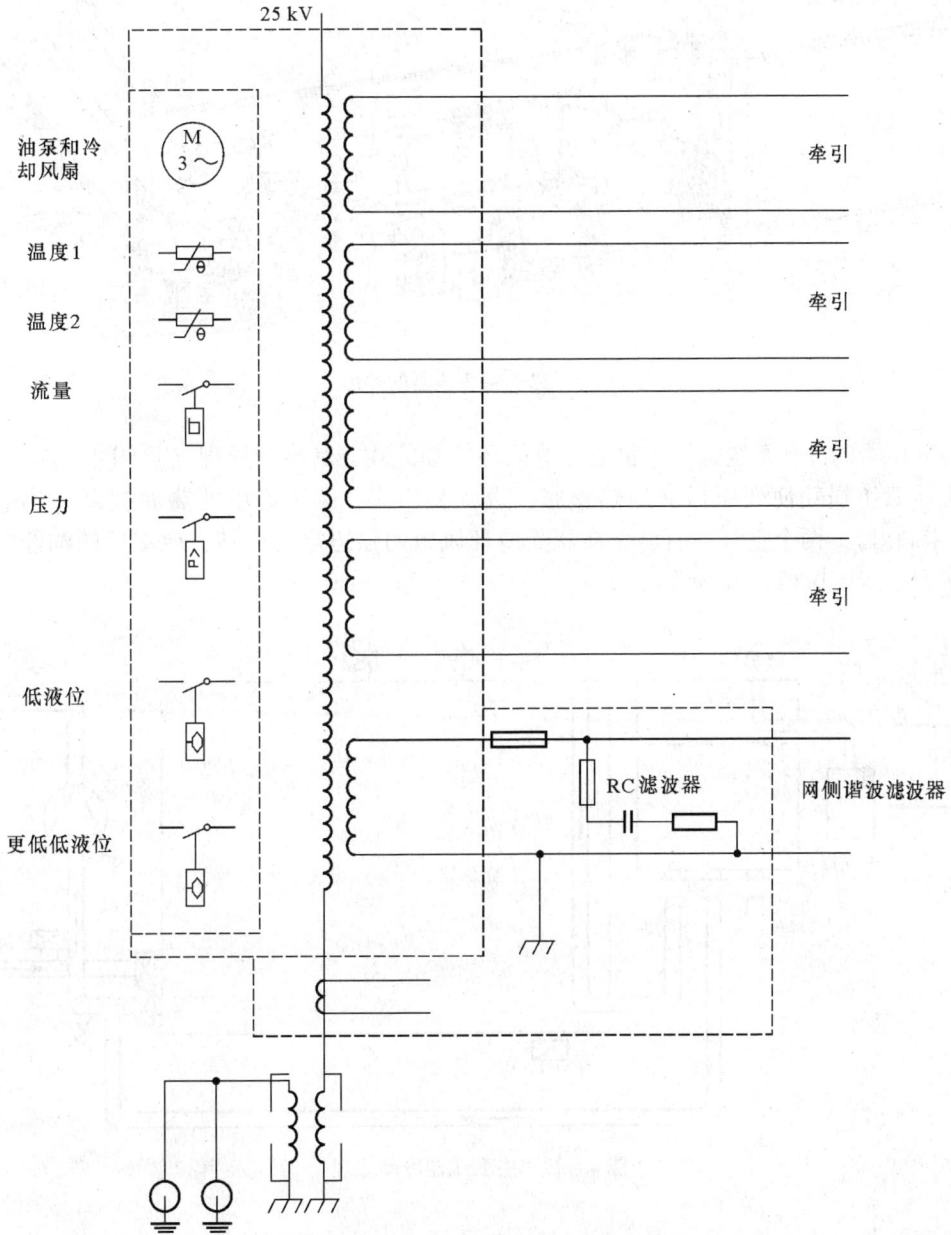

图 4 – 21　主变压器总电路图

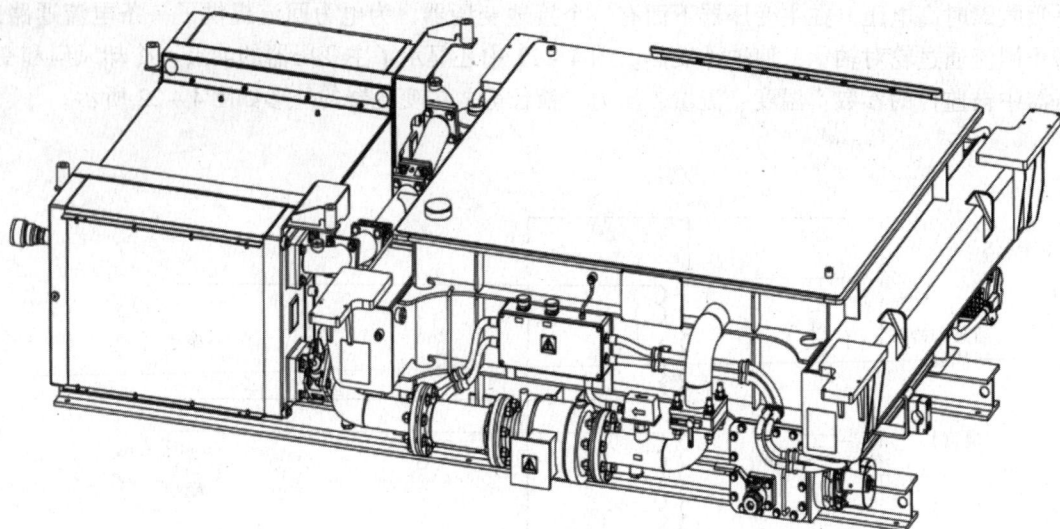

图 4 – 22　主变压器的外形

　　主变压器的冷却系统采用矿物油强迫循环冷却方式，其冷却原理（见图 4 – 23）如下：主变压器工作损耗使变压器油加热膨胀，进入膨胀罐，膨胀罐中的热油被泵入热交换器（图中未画出），两个空气 – 油热交换器受冷却风扇的强迫空气冷却，冷却后的油经过回油管返回到主变压器箱。

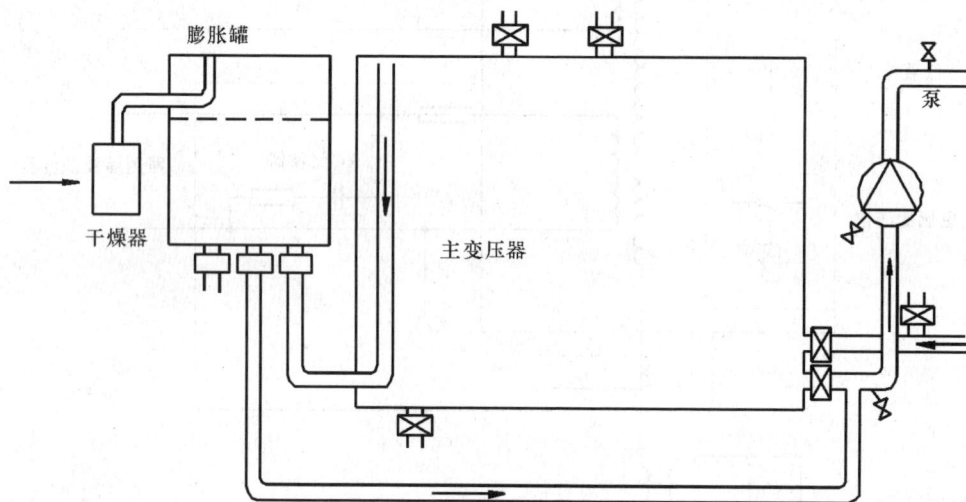

图 4 – 23　主变压器冷却原理

　　热交换器、油过滤器和风扇一起位于冷却装置中，两个热交换器由一台风扇电机驱动的两个风扇轮冷却，外部空气通过过滤器后由风扇吸入。

　　风扇电机由接触器控制，有低速/高速两挡运行模式，由电机保护断路器保护。油泵电机的接触器通过 DX – 装置受 VCU 控制，并受电机保护断路器保护。

1. 牵引变压器特点和技术参数

CRH₁型动车组的牵引变压器除上面提到的主功能以外，还有两个特殊的功能。

1）网侧谐波滤波器（line harmonic filter）的功能

网侧谐波滤波器的电路原理如图 4 - 24 所示，其作用是：削弱列车运行产生的谐波电流，减小由 LCB 工作产生的瞬变电压和电磁干扰；从网侧看为列车提供适当的阻抗，以减少列车可能引发的接触网谐振；保证与接触网线路上的其他列车电气兼容；保证实现网侧变流器控制的稳定条件。

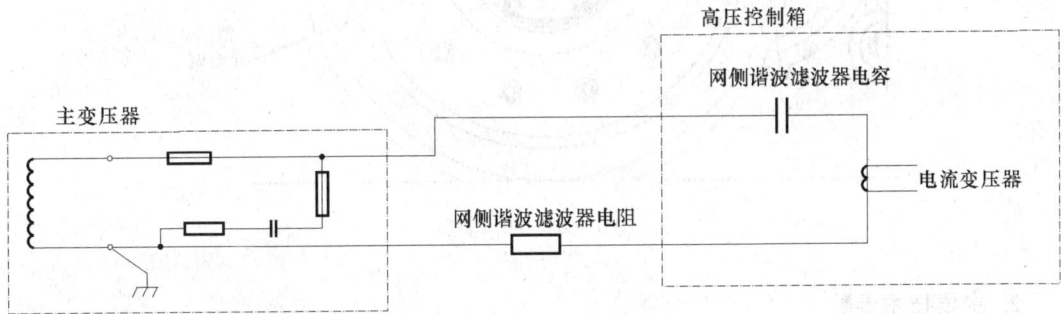

图 4 - 24　网侧谐波滤波器的电路原理

2）接地变压器（earthing transformer）的功能

接地变压器可看作是具有 1：1 变比的电压互感器，主变压器的原边电流 I_1 必然产生与其相等的次级电流 I_2，从而使主变压器的电流强制通过回流装置；否则，电流将会通过轮对轴承，其电路图如图 4 - 25 所示。

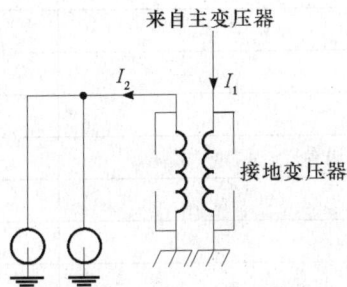

图 4 - 25　接地变压器电路图

拖车的每个转向架安装一个回流装置，如图 4 - 26 所示，接地刷能够确保转向架与钢轨之间良好的接触，车体和转向架之间的接地装置确保了车体不带电。

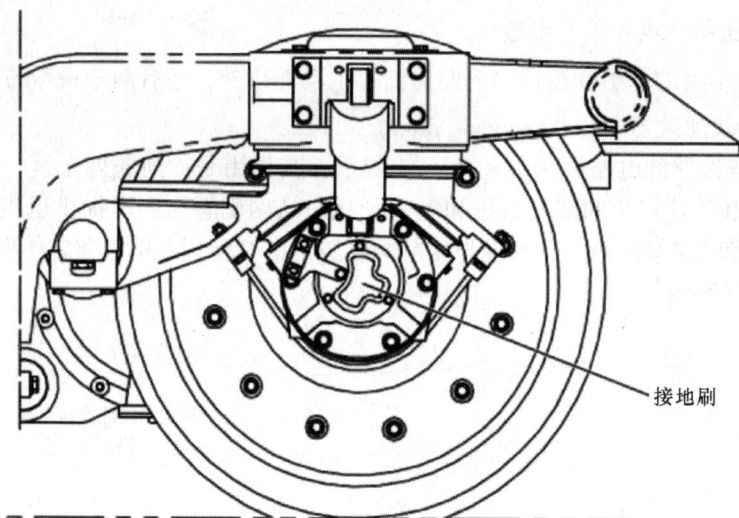

接地刷

图 4 – 26　回流装置

2. 主要技术参数

主变压器主要技术参数如表 4 – 3 所示。

表 4 – 3　主变压器主要技术参数

初级绕组	数量	1
	额定电压	25 kV, 50 Hz
	额定容量	100 kVA
牵引绕组	数量	4
	额定电压	900 V, 50 Hz
	额定电流	585 A rms
	短时电流	922 A
	电抗（从副边看）	505 mΩ
网侧谐波滤波器绕组	数量	1
	额定电压	1 000 V, 50 Hz
	额定电流	158 A rms
	电抗（从副边看）	83 mΩ
	3 相短路期间的最大气隙扭矩	5 506 Nm
	平均短路频率	1 次/年
网侧谐波滤波器	电容	100 μF
	电阻	1.2 Ω
	熔断器	500 A
RC 滤波器	电容	20 nF
	电阻	100 Ω
	熔断器	10 A

主要尺寸	高度	625 mm
	横向宽度	2 250 mm
	沿车辆长度	3 000 mm
	质量	4 300 kg

【任务 4.3】 CRH₁ 型动车组牵引电机

CRH₁ 型动车组的牵引电机是三相异步电机，型号为 MJA 220 - 8，动车的每个转向架安装两台这样的电机，其在转向架中的布置见图 4 - 27，两台电机采用电气并联的方式由一台电机变流器供电。牵引电机安装在转向架构架上，通过一个齿轮联轴器和一个单减速齿轮箱把电机转轴与转向架轮轴相连接（见图 4 - 28）。联轴器的作用是从电机向齿轮箱传送动力，再由齿轮箱将动力传到轮轴，齿轮箱的传动比大约是车轮每旋转一周电机转四周（具体见表 4 - 4）。牵引电机是进行能量转换的动力装置，在牵引模式下将电能转换成机械能，在制动模式下则将机械能转换成电能。牵引电机的运行由电机变流器计算机实时监控。

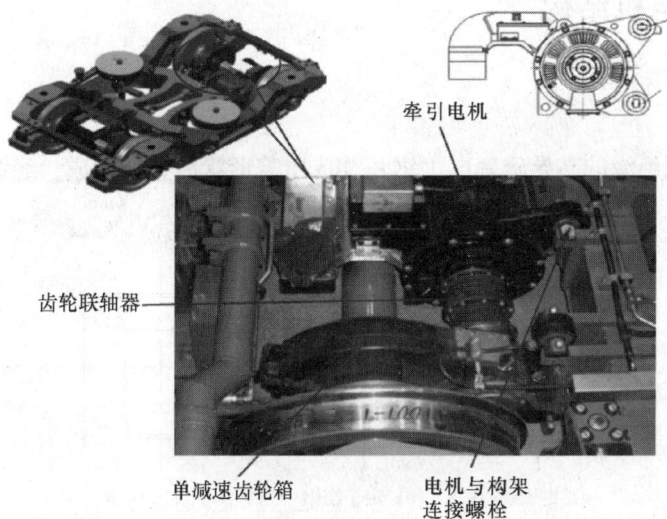

图 4 - 27　牵引电机在转向架中的布置

表 4 - 4　与牵引电机运行相关的列车数据

最大运行速度	200 km/h	最大轴荷重	17 000 kg
最大设计速度	250 km/h	最小使用寿命	30 年
新车轮直径	915 mm	年平均运行距离	400 000 km
磨耗轮直径	835 mm	齿轮箱传动比	3.71
轨距	1 435 mm		

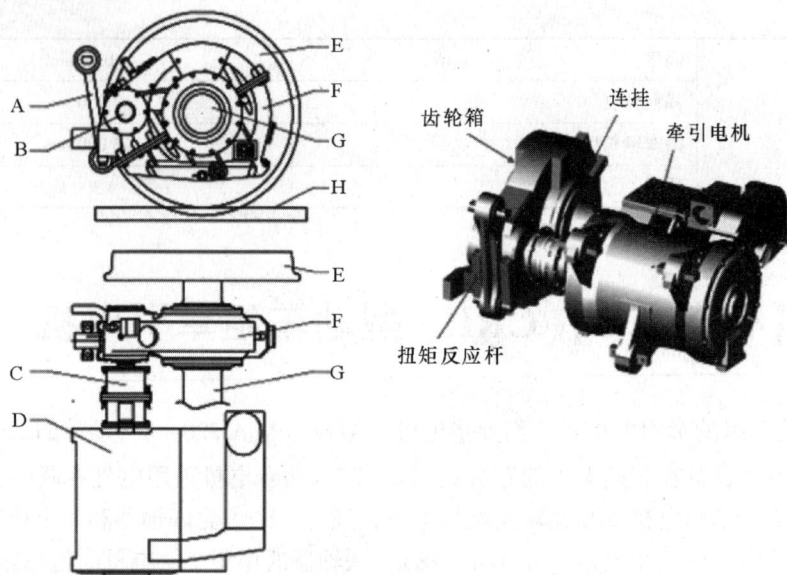

图 4-28　电机与齿轮箱的连接

A—连杆；B—小齿轮轴；C—耦合器；D—牵引电机；E—车轮；F—齿轮箱；G—轮轴；H—上轨面

4.3.1　牵引电机结构

1. 定子

1）定子铁心

定子铁心采用绝缘的高导磁率电工钢片叠成所需形状后叠加而成，经绕线后压入坚固的定子机座，如图 4-29 所示。

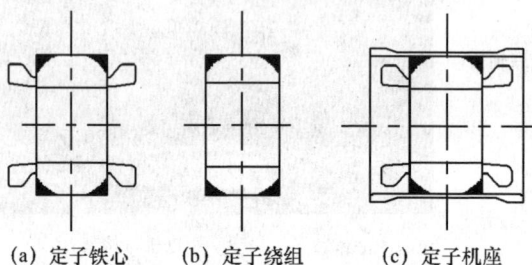

(a) 定子铁心　　(b) 定子绕组　　(c) 定子机座

图 4-29　定子铁心、定子绕组和定子机座

2）定子绕组

定子绕组是在定子叠片尚未压入定子机座前在定子叠片上绕制的，其绝缘等级为 C 级，允许工作温度为 200 ℃。

3）定子机座

定子机座采用球墨铸铁制成，坚实牢固，可减小噪声和振动，经过绕线和浸渍处理后的定子叠片被压入定子机座。定子机座设计优化的目标是材料体积最小，从而减小电机的杂散磁场。

2. 转子

转子与转轴如图 4 – 30 所示。

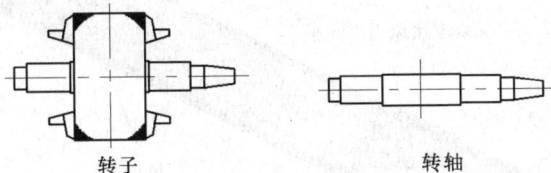

图 4 – 30 转子与转轴

转子的鼠笼（包括散热片）用铝直接在转子铁心上铸成，转子叠片通过过盈配合安装在电机轴上。

转轴的驱动轴端部呈锥形，半联轴器通过过盈配合安装到锥形轴端，通过注油可拆卸半联轴器。转子导条采用了特殊设计，以减小电流谐波引起的损耗、振动和转矩脉动；鼠笼的设计特别考虑了同一变流器向两台并联电机供电的情况。

3. 轴承

电机上装有抗磨轴承（见图 4 – 31），驱动端是滚柱轴承，允许热膨胀引起的轴向位移，非驱动端轴承采用滚珠轴承，便于转子轴向定位。轴承室上有加脂嘴，能定量地给电机加注润滑脂。轴承室上还配备一个密封袋，用来盛装用过的润滑脂，能装下两次轴承大修之间所排出的所有多余的润滑脂。必要时，在电机安装在转向架上的情况下，可在维修时打开密封袋，排出其中的废润滑脂或过量的润滑脂。

非驱动端轴承有绝缘保护层，保护层包含氧化铝，被喷涂在轴承上，涂层薄但机械强度高，不影响轴承与轴承室之间的热传递。轴承采用标准的尺寸和公差。

4. 通风

牵引电机为强制冷风型（见图 4 – 32），通过外部风扇进行空气冷却，转子叠片和定子机座设有轴向冷却风道，定子机座（铸件）的冷却风道向定子叠片提供风冷。

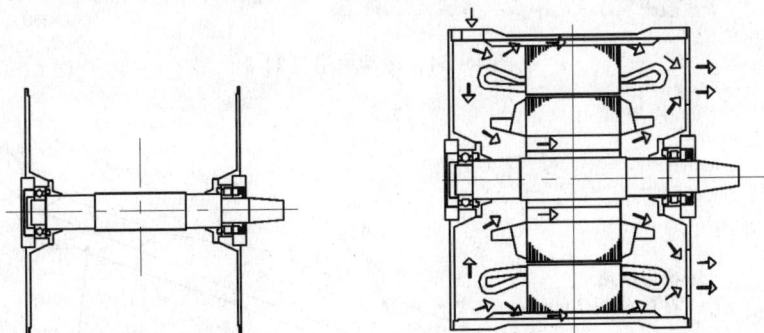

图 4 – 31 轴承

图 4 – 32 强制冷风

风扇电机由牵引控制单元（PCU）通过数字输入输出（DX）设备和接触器控制，由电机保护断路器保护。冷却风道分别如图 4 – 33 ~ 图 4 – 35 所示，一个转向架的两个电机由同一风扇冷却，冷空气从车体外获得，路经车体风道至转向架，被导向发热部件，如定子线圈、定子和转子铁心、转子线圈和轴承，车体与牵引电机冷却管道之间由橡胶气囊连接。

图 4-33 冷却风道（1）

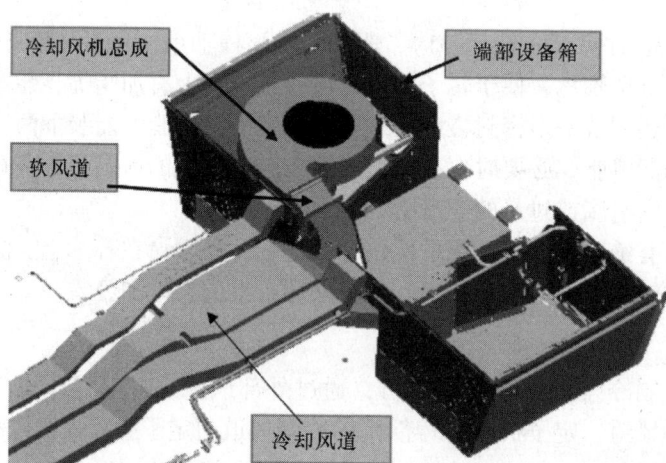

图 4-34 冷却风道（2）

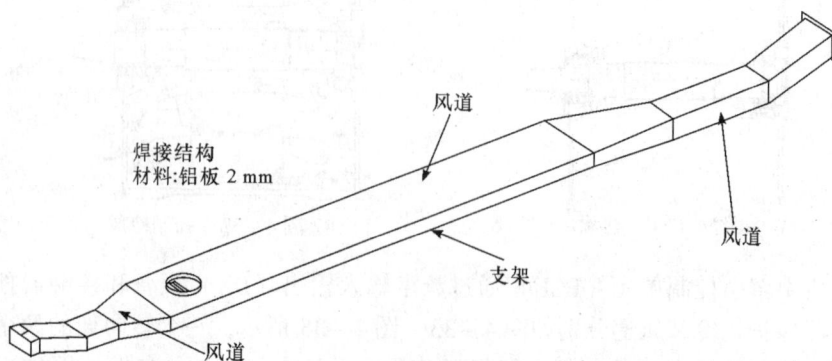

图 4-35 冷却风道（3）

风扇电机为双速（半速/全速）电机，在站台停车时半速运行以降低噪声，但如果温度很高，即使在站台停车时风扇也全速运行。

4.3.2 牵引电机的特点

CRH₁ 型动车组的牵引电机在其原型车牵引电机（MJA 220 – 4）的基础上，考虑以下两点：

（1）瑞典 Regina 车和中国 EMU 的轮径不同（齿轮箱）；

（2）对电子装置、接地和速度传感器进行了改进。

牵引电机的特点为：最大限度地减少电机零部件，从而减少终端用户的维修工作量，提高电机的可靠性；电机与电机变流器配套优化设计，以最大限度地减小转矩脉动、电机损耗及运行噪声；所有的牵引电机在交付前都要按 IEC 60349 – 2 标准进行型式试验。

电机轴/齿轮轴与轮轴平行安装，电机在三个位置通过弹性固接件悬挂在转向架构架上，电机轴通过弹性齿形联轴器耦合到齿轮箱，以补偿电机和齿轮箱之间的径向和轴向运动。电机在转向架上的所有支承点都装有橡胶衬垫，以减少振动和扭转摆动。

电机具有下述保护装置，这些装置受电机变流器计算机的控制：

（1）接地故障保护装置；

（2）通过在定子绕组中加装 RTD 实现电机过热保护；

（3）电机具有过负荷保护装置（转矩限制）和过速保护装置。

牵引电机发生功能性故障的原因可分为以下几种：电故障，包括匝间短路、相间短路和接地故障；机械故障表现为振动和轴承故障；由非正常操作，或电气、机械因素造成的过热。

牵引电机的外形如图 4 – 36 所示。

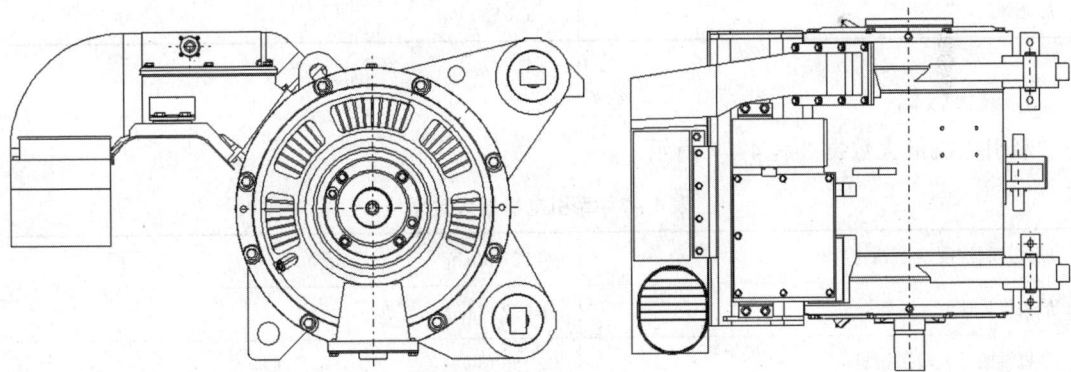

图 4 – 36   牵引电机的外形

4.3.3 牵引电机的主要技术参数

1. 一般参数

牵引电机一般参数如表 4 – 5 所示。

表 4 – 5　牵引电机一般参数

牵引电机的型号	MJA 220 – 8
采用标准	IEC 60349 – 2，2002
相数	3
极数	4
温度传感器	RTD（Pt100），0 ℃ 时 100 Ω
温度等级	C/200
质量	600 kg

2. 连续工作额定数据

牵引电机额定数据如表 4 – 6 所示。

表 4 – 6　牵引电机额定数据

频率	92 Hz
基本速度	2 725 r/min
电压	1 287 V
电流	158 A
功率	265 kW
冷却风流速	0.32 m³/s
静态风压	ca. 1 550 Pa

3. 最大数据

牵引电机最大数据如表 4 – 7 所示。

表 4 – 7　牵引电机最大数据

最大运行速度（磨耗轮）	4 727 r/min
最大设计速度（新轮）	5 392 r/min
电机轴的最大牵引扭矩	2 155 Nm
最大制动扭矩	2 130 Nm
三相电路短路时的最大气隙扭矩	5 506 Nm
平均短路频次	1 次/年

4. 正常运行情况下牵引力与电机速度之间的关系曲线

牵引力与电机速度关系曲线（即电机轴牵引转矩与轴转速关系曲线）如图 4 – 37 所示。

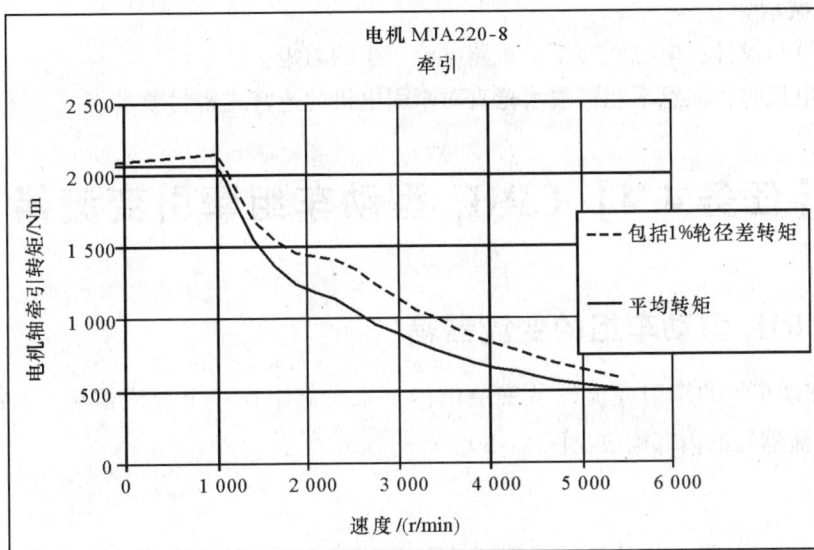

图 4 - 37　电机轴牵引转矩与轴转速关系曲线

5. 正常运行情况下电机轴制动转矩与轴转速之间的关系曲线

电机轴制动转矩与轴转速关系曲线如图 4 - 38 所示。

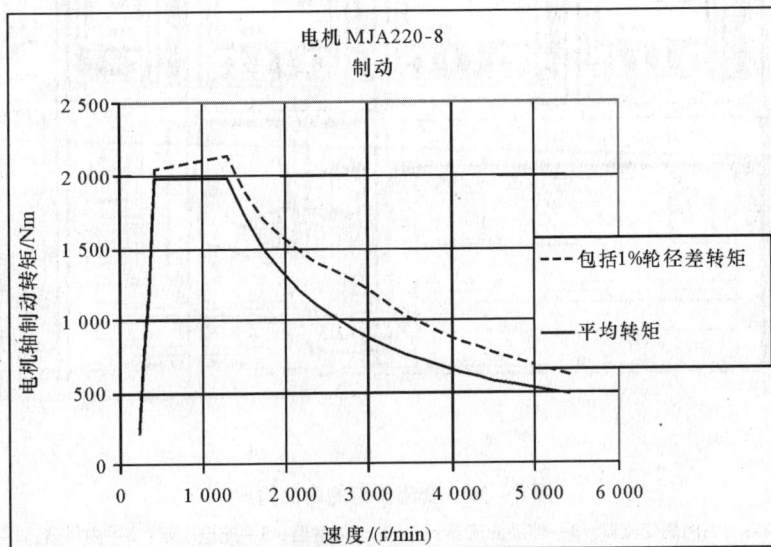

图 4 - 38　电机轴制动转矩与轴转速关系曲线

6. 适应环境

（1）气候条件。

最低环境温度：-40 ℃；

最高环境温度：40 ℃；

湿度：0% ~ 100%。

(2) 机械承受力。

经过计算与设计, 电机能够抵抗短路电流产生的力矩。

在清洁电机时, 注意不能将喷水枪直对牵引电机的迷宫式密封喷水。

【任务 4.4】 CRH$_1$ 型动车组牵引变流器

4.4.1　CRH$_1$ 型动车组的变流器箱

CRH$_1$ 型动车组的牵引变流器从安装结构上来看集中在一个变流器箱 (converter box, CB) 中, 变流器箱的内部构成见图 4 – 39。

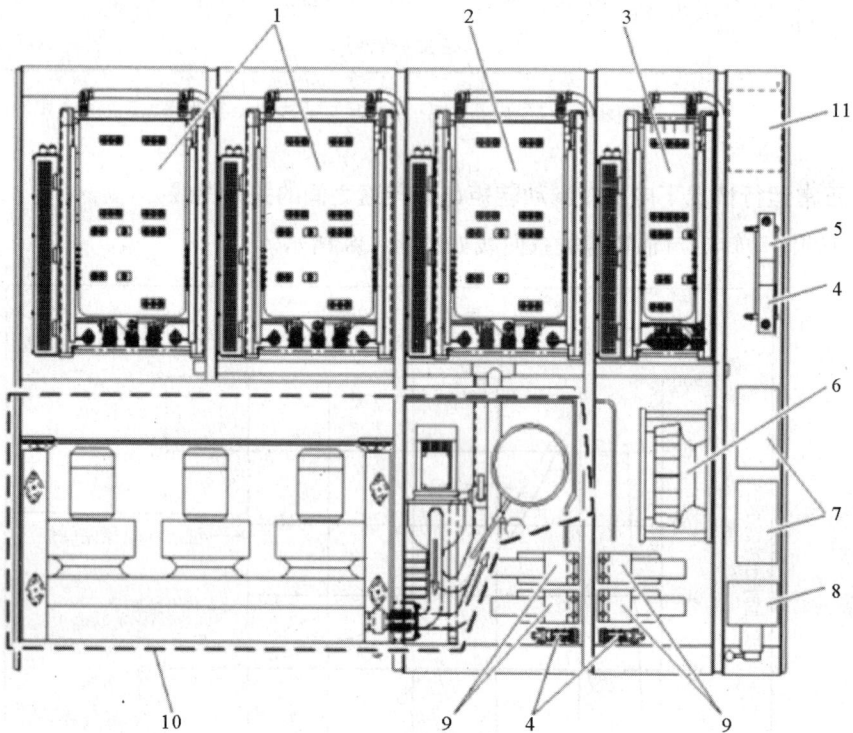

图 4 – 39　变流器箱的内部构成

1—电机变流器; 2—网侧变流器; 3—辅助变流器; 4—充电接触器; 5—充电电阻; 6—内风扇; 7—过压电阻;
8—接地开关; 9—牵引接触器; 10—液体冷却; 11—信号电缆连接

牵引变流器的功能是进行电能转换, 以满足牵引列车及牵引控制对电能形式的需要。CRH$_1$ 型动车组是交—直—交电力牵引列车, 牵引变流器首先将来自受电弓的单相交流电转换成直流电, 这一功能由网侧变流器模块 (LCM) 实现; 该直流电又被电机变流器模块 (MCM) 转换成三相交流电供给三相异步牵引电机, 通过对 LCM 和 MCM 的控制实现列车的牵引、调速及制动主功能。

因此, 牵引变流器 (traction converter) 包含两个主要部分: 网侧变流器模块 LCM 和电机变流器模块 MCM。变流器箱 CB 布置于每一个动车的底架上, 箱内包括一个网侧变流器模块 LCM、两个电机变流器模块 MCM 和一个辅助变流器模块 ACM (auxiliary converter module), 箱内有独立的外部水冷却装置, 可对箱内的所有模块进行有效的冷却。几种不同功能的变流器模块都带有相对独立的电脑控制部分, 能独立完成对牵引变流器的控制功能。从电气上看, 变流器箱连接到主变压器、滤波器箱 (filter box, FB) 和牵引电机; 变流器箱与 FB 相邻安装, 其箱体是阳极氧化铝材料, 不易腐蚀, 可保护内部的高压设备。

CRH₁ 型动车组的一个电机变流器模块 MCM 是同一转向架上的两台并联的三相异步牵引电机的变频调速电源, 列车牵引/制动的实现都是通过对牵引变流器的控制实现的。牵引变流器的功率器件为 IGBT (绝缘栅双极晶体管), 控制装置以微处理器为核心, 可方便灵活地实现功率转换与保护, 也可实现再生制动。

为方便叙述, 表 4 - 8 列出与变流器相关的缩略语。

表 4 - 8   与变流器相关的缩略语

缩写	中文含义	英文全名
ACM	辅助变流器模块	auxiliary converter module
IGBT	绝缘栅双极晶体管	insulated gate bipolar transistor
DCU/L	LCM 的驱动控制装置	drive control unit/LCM
DCU/M	MCM 的驱动控制装置	drive control unit/MCM
GDU	门电路驱动单元	gate drive unit
MCM	电机变流器模块	motor converter module
LCM	网侧变流器模块	line converter module
LED	发光二极管	light emitting diodes
MVB	多功能车辆总线	multifunction vehicle bus
OVP	过电压保护	over voltage protection

4.4.2   冷却系统

冷却系统是变流器箱的一个重要部分, 列车的牵引动力都是通过牵引变流器转换和传输的, 尽管静止变流器的效率很高, 但由于转换和传输的功率很大, 因此能量损失还是很大的, 而且功率器件的体积又比较小, 自身散热的能力很低, 因此冷却系统显得非常重要, 没有冷却, 变流器是无法工作的。对于冷却系统, 一方面要进行有效的冷却, 另一方面又要不断检测冷却系统是否故障、变流器温度是否过高, 一旦冷却系统出现故障或变流器温度过高, 就通过 MVB 发出故障信息, 通过 TCMS 进行相应故障显示与保护。

牵引变流器的冷却方式为水冷和风冷, 水冷是指有冷却水管通入变流器箱内, 冷却水通过水泵强制循环，循环水流经外部的散热片时被冷却，三个外部风扇又在冷却散热片，加强散热效果；风冷是指变流器箱内部的强制循环空气冷却方式，一个内部风扇强迫内部空气循环以加强内部空气与冷却水管的热交换，其水冷原理及部件如图4-40～图4-42所示。

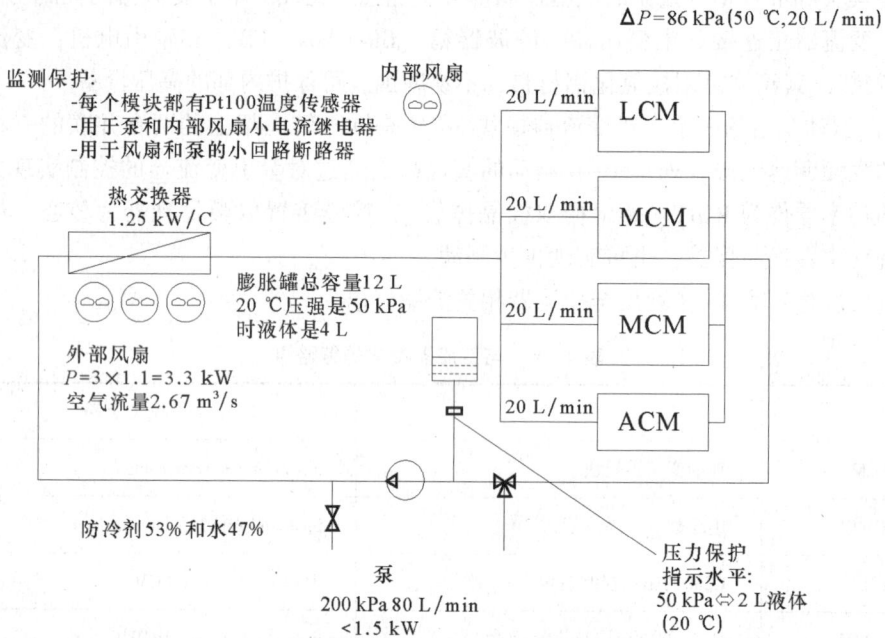

$\Delta P = 86$ kPa(50 ℃,20 L/min)

监测保护：
-每个模块都有Pt100温度传感器
-用于泵和内部风扇小电流继电器
-用于风扇和泵的小回路断路器

内部风扇

20 L/min   LCM

热交换器
1.25 kW/C

20 L/min   MCM

膨胀罐总容量12 L
20 ℃压强是50 kPa
时液体是4 L

20 L/min   MCM

外部风扇
$P = 3 \times 1.1 = 3.3$ kW
空气流量2.67 m³/s

20 L/min   ACM

防冷剂53%和水47%

泵
200 kPa 80 L/min
<1.5 kW

压力保护
指示水平：
50 kPa⇔2 L液体
(20 ℃)

图4-40　牵引变流器水冷原理

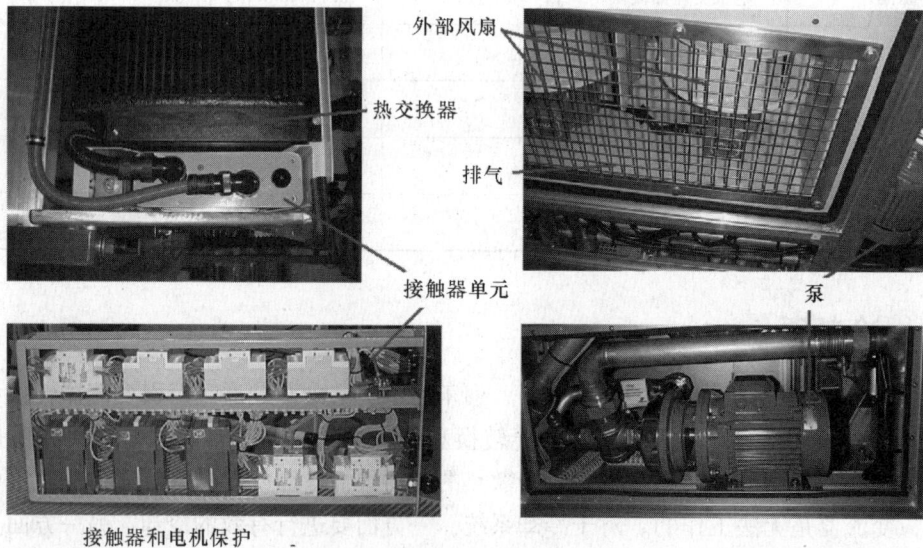

外部风扇

热交换器

排气

接触器单元

泵

接触器和电机保护

图4-41　牵引变流器水冷部件

图 4 - 42　变流器箱的水冷部件

4.4.3　网侧变流器模块 LCM

网侧变流器模块（LCM）是电力牵引系统的一部分，CRH₁ 型动车组的 LCM 是基于 IG-BT 的两重四象限变流器，其基本任务是整流，并能在再生制动时实现有源逆变，把电能反馈输送到电网。输入的 AC 电压由主变压器的二次绕组（牵引绕组）提供，其输出为电机变流器模块（MCM）和辅助变流器模块（ACM）提供 DC 电压；在动力制动过程中，通过 LCM 的能量传输反向，电能从 LCM 输出给主变压器的次级，进而反送到 AC 电网。

LCM 是具有独立功能的计算机控制系统，通过测量 LCM 的温度、电流和电压等参数实现其变流功能和自动保护功能。

从结构上看，LCM 可分为两部分（见图 4 - 43）：主电路部分，即电气装置的电源部分；控制电路部分，即配备计算机和低电压系统的电子箱。电子箱安装在模块的右侧，断开 DC + 和 DC - 母线、信号电缆、供水连接。拆下模块前面的两个螺丝就可拆卸下来，可以更换模块。

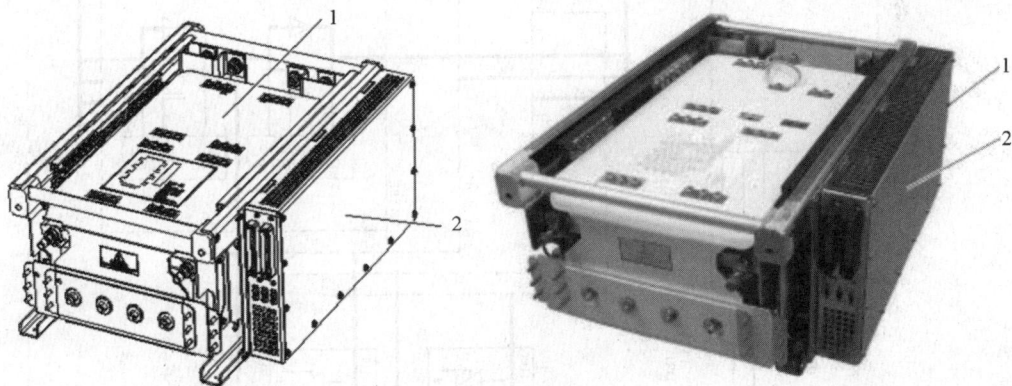

图 4 - 43　LCM 外形
1—电源部分；2—电子箱

LCM 的电路原理图如图 4 - 44 所示，包含：

（1）两重四象限脉冲整流电路（主变压器有两个次级牵引绕组）；

（2）直流（DC）环节电容；

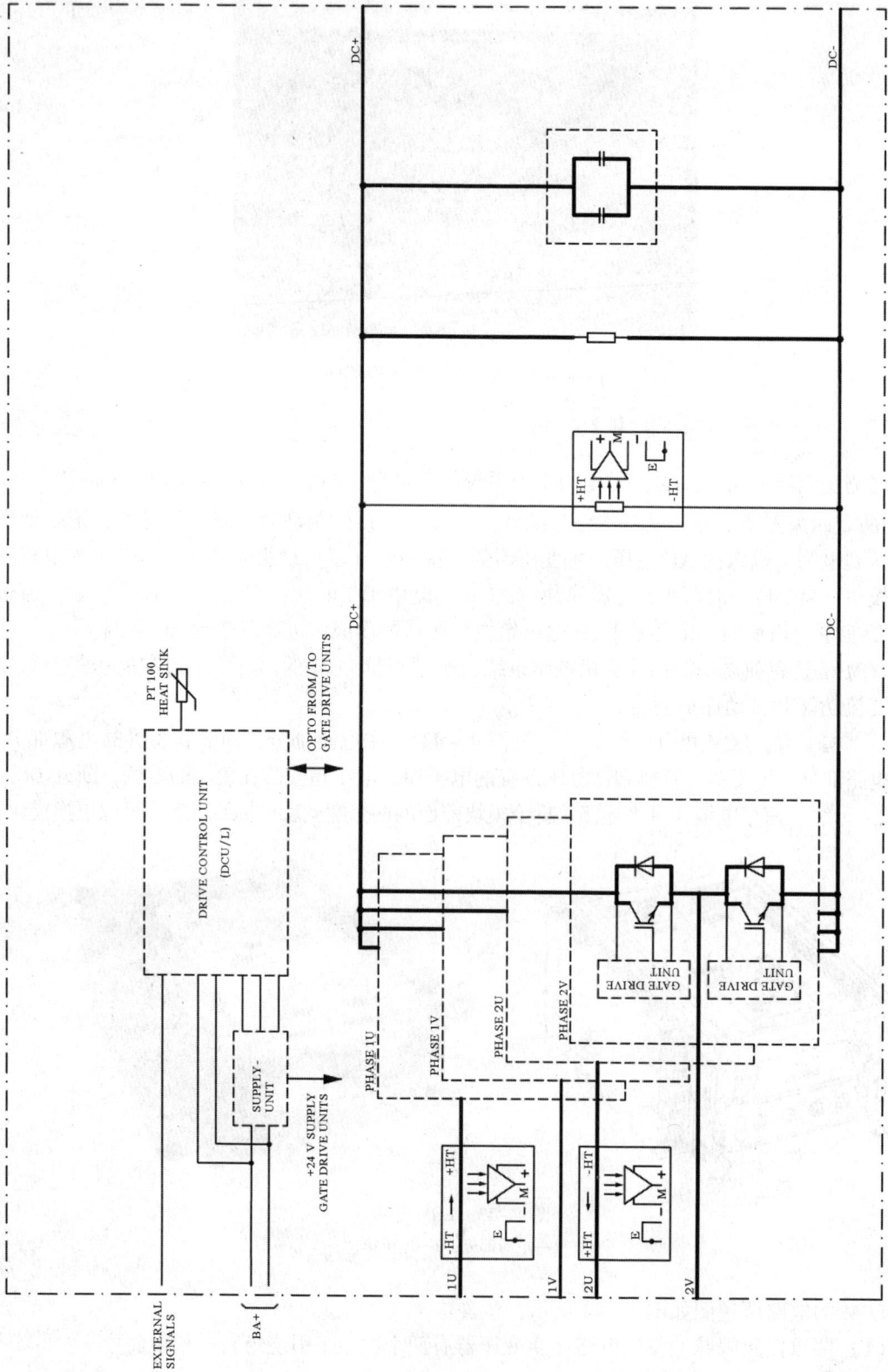

图 4 - 44 LCM 的电路原理图

（3）低压供电电源；

（4）计算机系统；

（5）测量传感器。

4.4.4　DC 环节及二次谐波滤波器

　　LCM 中的 DC 环节对变流器的能量转换过程非常关键，DC 环节电容器是一个能量缓冲器，是变流器的无功功率源，起滤波及稳定 DC 环节电压的作用，要使 DC 环节电压的波动在允许范围内，电容量必须足够大。该电容器包括两个并联的薄膜电容器，共同包在同一个壳体中。DC 环节电阻与电容相并联，在故障情况下，通过该电阻对电容放电，直到电容电压低于 50 V。

　　LCM 的 DC 环节电容器与其他变流器（两个 MCM、一个 ACM）的 DC 环节电容器一起对 DC 环节起到滤波作用，保证变流器的精确控制。

　　DC 环节还连接一个二次谐波滤波器，包括四个电容和串联的一个电感（见图 4－45），电感、电容的串联谐振频率与电源的二次谐波频率调成一致，可以减小来自网侧或 LCM 的脉冲功率对 DC 环节电压波动的影响，从而减小牵引电机的转矩脉动。二次谐波滤波器放置在滤波器箱中（见图 4－46），通过电缆连接到变流器箱的 DC 环节。滤波器箱与变流器箱相邻安装在动车底架。二次谐波滤波器元件外形如图 4－47 所示。

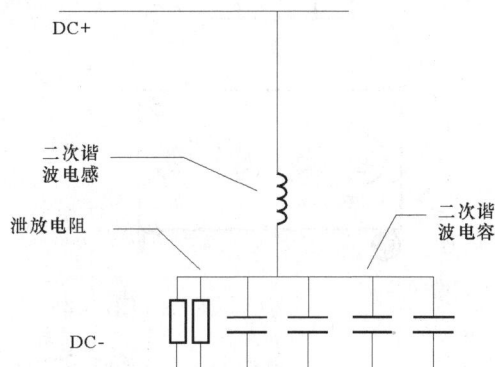

图 4－45　二次谐波滤波电路

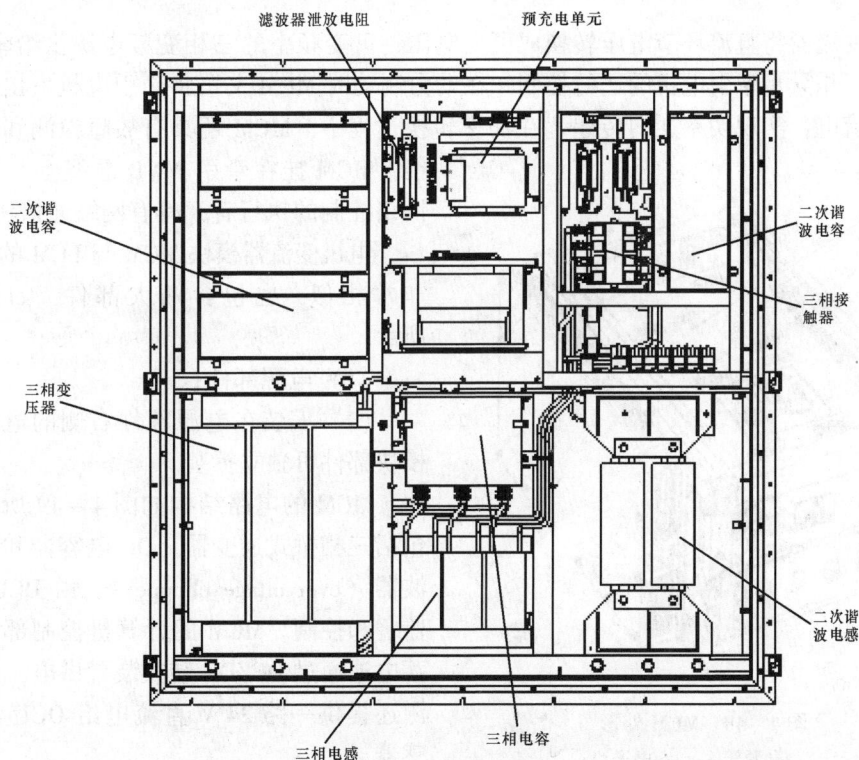

图 4－46　滤波器箱

二次谐波电容　　　　　二次谐波电感　　　　　二次谐波滤波
器泄放电阻

rating plate

1　4　2　3

1　2　3　4

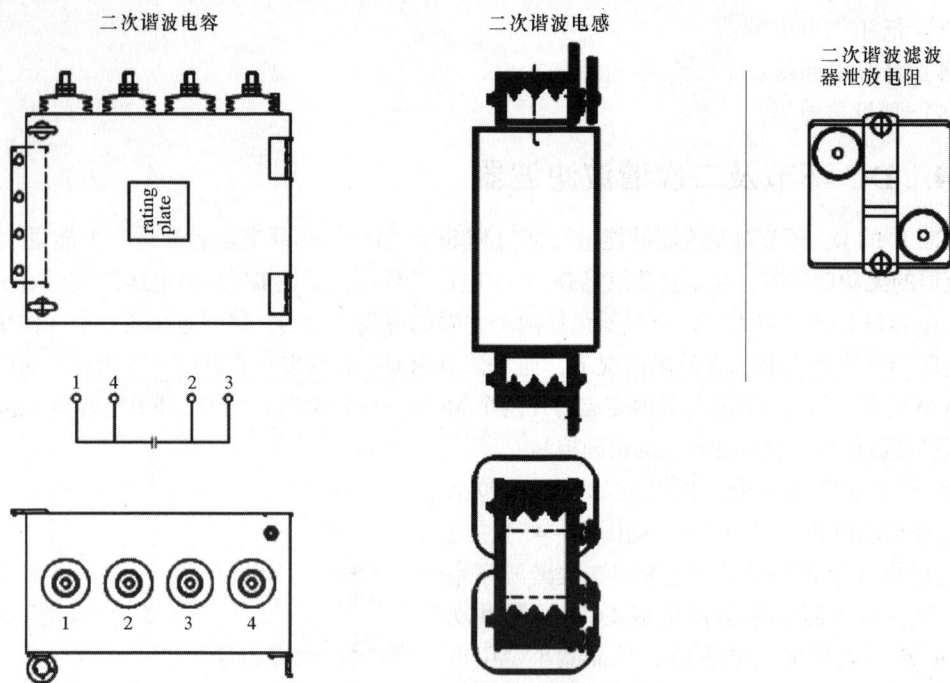

图 4 - 47　二次谐波滤波器元件外形

4.4.5　电机变流器模块 MCM

电机变流器将直流环节电压转换成可变电压、可变频率的三相变频电源供给牵引电机，直接实现三相异步牵引电机的运行控制。在动力制动时 MCM 又可将牵引电机发出的三相电转变成直流电，实现功率逆向传递。在功率转换过程中，MCM 还具有故障检测和保护的功能。MCM 挂在牵引 MVB 总线上，是计算机网络控制的执行者，具有网络通信功能。

电机变流器模块 MCM 与 LCM 的外形结构非常相似，也包含两大部件，如图 4 - 48 所示。

（1）电源部件；

（2）安装在电源部件右侧的电子箱，各模块部件可独立拆装。

MCM 的电路结构如图 4 - 49 所示，主要包括三相桥式逆变器、DC 电容器和过电压斩波器（overvoltage chopper），由 DCU/M 进行监督和控制。MCM 的计算机控制部分直接由蓄电池通过 DC/DC 转换装置供电，该低压电源还提供一路 24 V 直流电给 DCU 和测量传感器。

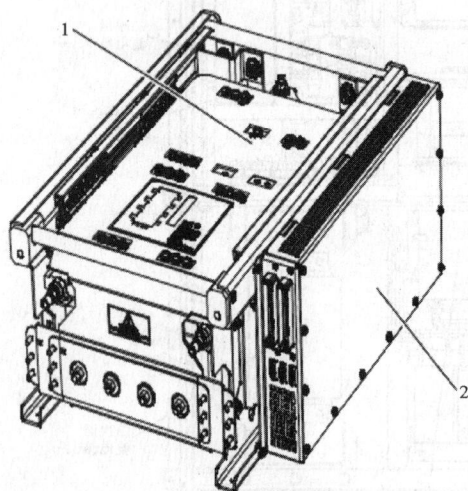

图 4 - 48　MCM 外形

1—电源部件；2—电子箱

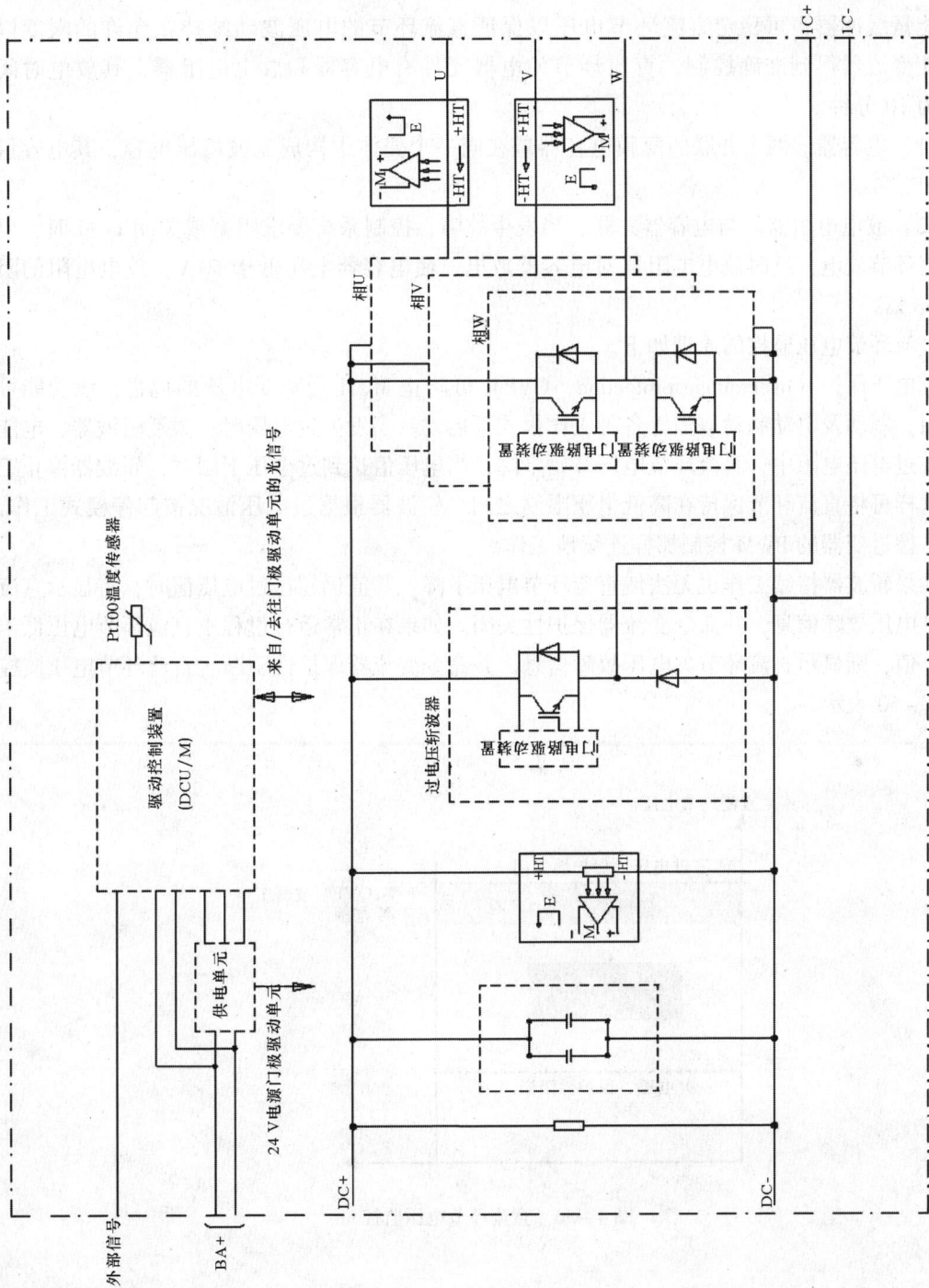

图 4 - 49　MCM 的电路结构

4.4.6　DC 环节

DC 环节是交流电力牵引系统的中间环节，额定值为 1 650 V DC。直流环节滤波器是一个能量缓冲器，可稳定直流环节电压以保证直流环节的电压波动维持在允许的限度以内，使变流器得到准确控制。直流环节的电器元件有电容器和放电电阻器，其放电时间常数为 10 分钟。

（1）电容器。两个并联的薄膜电容器包在同一个壳体中构成滤波稳压电容，其电容量为 4 mF。

（2）放电电阻器。与电容器并联，当发生故障，控制系统要求阻塞或关闭 LCM 时，要求直流环节放电，这时放电电阻器对电容器放电，使电容器电压低于 50 V。放电电阻的阻值为 33 kΩ。

直流环节电压监控的原理如下。

过电压保护（overvoltage protection, OVP）可防止 MCM 受瞬变电压的危害，该功能可在牵引、制动及电动制动取消等各种工作模式下启动。当发生过电压时，激活斩波器，电能消耗在过电压电阻中，直流环节电压开始下降；当电压值达到过电压下限时，斩波器停止工作。这样可将直流环节保持在高低电压限制之间。斩波器根据过电压情况按起停模式工作，而不是像逆变器的 PWM 控制那样连续地工作。

如果斩波器持续工作也无法使直流环节电压下降，其值仍超过过电压值时，将显示直流环节过电压故障信息，并命令变流器保护性关闭。如果在正常运行过程中直流环节电压低于欠电压值，则显示直流环节欠电压故障信息，并命令变流器保护性阻断。直流环节电压监控如图 4−50 表示。

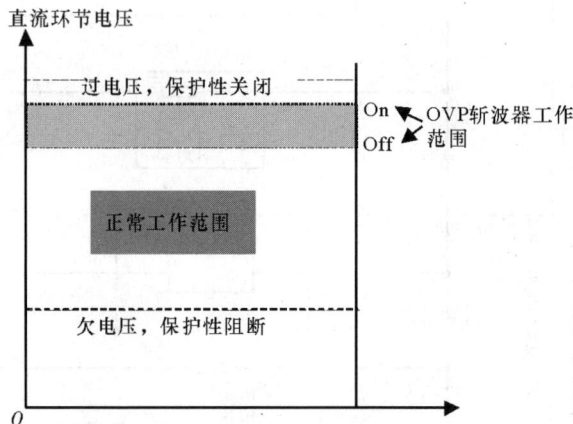

图 4−50　直流环节电压监控

📋 任务单

任务名称	CRH₁ 型动车组牵引传动系统
任务描述	识别 CRH₁ 型动车组牵引传动系统电器符号；识别 CRH₁ 型动车组的主电路图及相关辅助电路图；画出 CRH₁ 型动车组主电路简图。
任务分析	动车组牵引传动系统是高速动车组的主要部分，也是驱动列车行驶决定列车速度及性能的重要环节。动车组牵引传动系统的相关电路图是掌握动车组牵引传动系统的基础，也是发现牵引传动系统故障的基础，所以应该会绘制动车组牵引传动系统的主电路图及相关的辅助电路图。
学习任务	【子任务 1】绘制 CRH₁ 型动车组牵引传动系统工作原理示意图。 【子任务 2】识别 CRH₁ 型动车组主电路中的电器符号，并查资料写出英文全称。 PT CT LB SA ES MT LC MC TM BC BA 【子任务 3】简述 CRH₁ 型动车组主电路中各电器的作用。 【子任务 4】绘制 CRH₁ 型动车组牵引变流器工作原理图。
学习小结	

自我评价	项目	A—优	B—良	C—中	D—及格	E—不及格	综合
	安全纪律（15%）						
	学习态度（15%）						
	专业知识（30%）						
	专业技能（30%）						
	团队合作（10%）						

教师评价	简要评价		
	教师签名		

学习引导文

1. 原型车的一般情况

1) 原型车主要技术特征、用途

Regina 是庞巴迪公司产品范围内最新的车型，它以 Öresund（OTU）列车为设计基础并适当改进以适应严寒的冬季运行环境的特殊需求。Regina 列车的基本设计理念之一是创建可以由客户决定可选项的灵活平台，即可以通过在基础型 Regina 列车上增加不同的选项来生产不同配置的车型。

有轨交通是最环保最节能的运输方式，庞巴迪公司致力于开发更为环保的列车，新技术的使用使得列车更加节能，新设计解决方案的使用使得大多数列车部件退役之后可回收使用。庞巴迪公司的设计以吸引更多人乘坐有轨交通工具为目标，宽敞、明亮、舒适的内装确保乘客旅途愉快；现代化的列车包间噪声等级低，旅客可以用正常高度的语音交谈；外部噪声也被降低至环保水平，可以运行于人口密度大的城区。

列车的侧门（登车门）宽大，每侧有一个高度 580 mm，与站台高度齐平的入口，可方便乘客在车站快速进出列车，并方便残疾人及推童车的乘客进出。

采用宽车体（3 450 mm）设计可以实现 2 + 3 座椅布置，与传统 2 + 2 座椅布置舒适度相同。另外 Regina 动车组还满足新的欧洲碰撞安全标准要求。

由于采用模块化设计，可以很容易地对列车进行更改，使其具有灵活的可变区域，例如需要时可以更改座椅的数量。Regina 车允许站立乘客数量最多为每平方米 2 人。

Regina 动车组采用高质量标准和模块化设计，运行效率高，维护费用低。采用最新的 IGBT（绝缘栅双极晶体管）牵引技术，整列车采用分散型的控制与管理系统，可靠性高，功能扩展方便。

基本型 Regina 动车组为 4 轴车两车编组单元，也可以再连挂一节中间车辆，变为三车编组，见图 4 – 51。同样还可以再连挂上第二节中间车辆，变为四车编组。

在两车编组单元中，这两节车采用的是半永久连挂方式，车辆允许连挂中间车辆。列车前后均装有自动车钩，可以连挂变成多列车单元的动车组。运输高峰期，列车端部的自动车钩可允许 3 个列车单元连挂在一起。

为了在三车或者四车编组单元中保持一致的性能水平，可以将一个或者两个非动力车轴改变为带动力的车轴。

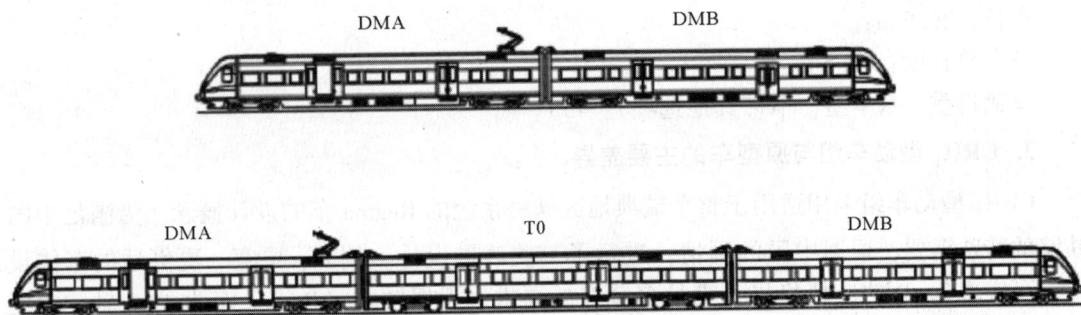

图 4-51 两车编成和三车编成的 Regina 动车组

2）主要数据

（1）两车编组的数据如下。

最大运行速度：180 km/h（或者 200 km/h）；

最大车轴负载（全体有座乘客定员及每平方米 2 个站立乘客定员）：18.5 t；

额定电源：15 kV，$16\frac{2}{3}$ Hz；

负载状态下最大启动加速度：0.8 m/s²；

加速度率：< 0.65 m/s³；

运行制动减速度：1.07 m/s²；

无动力制动情况下的紧急制动减速度：1.2 m/s²；

停放制动最大坡度：30 ‰；

座椅数量（其中 2 个有比较高的坐垫）：169；

轮椅空间数量：3；

列车每侧门的数量：4；

侧门开口宽度：1 300 mm；

地板高度（轨道面之上）：1 150 mm；

磁轨制动器数量：2；

长度：53.9 m；

转向架中心距离：19 m；

车体宽度：3 450 mm；

牵引系统：2 个主变压器；

IGBT 变流器：6×265 kW，三相；

车体材料：不锈钢；

列车自重（基本型，不带其他选项）：120 t。

（2）中间车（三车编组）的数据如下。

入口高度：1 150 mm；

最大轴载重（全体有座乘客定员及每平方米 2 个站立乘客定员）：15.5 t；

座椅数量：112；

车辆每侧门的数量：2；

车长：26.6 m；

三车总长度：80.5 m；

车辆自重（基本型，不带其他选项）：45 t。

2. CRH₁ 型动车组与原型车的主要差异

CRH₁ 型动车组采用适用于整个瑞典地区铁路系统的 Regina 车的设计概念。为满足中国铁路的特殊需要，根据中国的国情，进行了一些改进设计。例如：更宽、更舒适的车体设计，可实现 3 + 2 的座椅格局，满足多载客的要求。根据轴重（Regina 车为 19 t/轴，中国 EMU 为 16 t/轴）的不同及中国网络的特殊性（凸缘的距离为 1 353 mm）等，对相应零部件耐受强度进行了改进。CRH₁ 型动车组与原型车的主要差别如表 4 – 9 所示。

表 4 – 9　CRH₁ 型动车组与原型车的主要差别

项目	Regina	CRH₁ 型动车组
车辆数	2 或 3	8
电压	15 kV, $16\frac{2}{3}$ Hz	25 kV, 50 Hz
变压器	每动车一个给该动车供电	每拖车一个给两动车供电
轴重	18.5 t	16 t
车体宽	3 450 mm	3 328 mm
地板高	1 150 mm	1 250 mm
入口低地板	635 mm	无
轮径（新/旧）	840/760 mm	915/835 mm
车体外表面	不锈钢	油漆
前车钩	可见的固定车钩	防护罩自动车钩
空调	中型紧凑单元	大型分体式（ –40 ~ 40 ℃）
通过台	仅头等车	有
外门	每车每边两个双页门	每车每边一个单页门
厕所	坐式和轮椅坐式	蹲式和轮椅坐式
吧台	无	有

任务实施与评价

（1）下发任务单，明确学习任务、主要内容、知识目标、能力目标、素质目标要求。

（2）学生按任务单要求制订学习计划，完成预习任务及相关知识准备。

（3）CRH₁ 型动车组主电路图认知引入。

（4）学生查阅国标说明主电路图中各电器符号。

（5）教师组织抢答识别牵引电器设备符号。

（6）学生识别几种常用的高压侧、低压侧电气接线形式，教师辅导答疑，学生以个人或学习小组方式进行学习小结及反思。

（7）学生通过学习，能画出 CRH₁ 型动车组的主电路图。

（8）学生进行自我评价及学习小组成员互评，教师及小组长（副组长）进行他人评价，检查任务完成情况。

项目5 CRH₃型动车组牵引传动系统

项目描述

本项目介绍 CRH₃ 型动车组的牵引传动系统，先对该车的牵引传动系统进行概述，然后介绍牵引传动的主要系统部件，包括主电路、高压电器、牵引电机、牵引变流器等。

本项目主要讲述 CRH₃ 型动车组牵引传动的原理及牵引设备，并详细说明 CRH₃ 型动车组的主电路图、牵引变流器电路图，为解决动车组牵引系统故障打下扎实的理论基础。

本项目任务：

任务 5.1　CRH₃ 型动车组牵引传动系统基本组成；

任务 5.2　CRH₃ 型动车组高压电器。

教学目标

1. 知识目标

（1）了解 CRH₃ 型动车组牵引传动系统相关理论知识；

（2）熟悉 CRH₃ 型动车组牵引传动系统中高压电器的基本型号及工作过程；

（3）掌握 CRH₃ 型动车组牵引变流器的基本组成部分。

2. 能力目标

（1）能够区分 CRH₃ 型动车组牵引传动系统中的各电器部件；

（2）能够正确操作 CRH₃ 型动车组牵引传动系统中的一些电器并从事一般维修；

（3）能判断 CRH₃ 型动车组牵引传动系统在工作过程中出现的简单故障；

（4）能读懂 CRH₃ 型动车组主要的牵引电路图；

（5）能对动车组牵引传动系统中的电器进行分解、检修组装及试验。

3. 素质目标

（1）培养学生利用网络自学的能力；

（2）在项目完成过程中培养学生企业经济效率意识、创新和挑战意识；

（3）在项目完成过程中培养学生严谨认真的态度；

（4）能客观、公正地进行学习自我评价及对小组成员的评价。

【任务 5.1】 CRH₃型动车组牵引传动系统基本组成

5.1.1　概述

CRH₃型动车组为 8 辆编组，其中 01、03、06、08 号车为动车，02、04、05、07 号车为拖车，牵引传动系统采用交—直—交的传动方式，每列动车组的牵引传动系统由两个牵引动力单元组成，01、02、03、04 为一个牵引动力单元，05、06、07、08 为一个牵引动力单元，如图 5-1 所示。

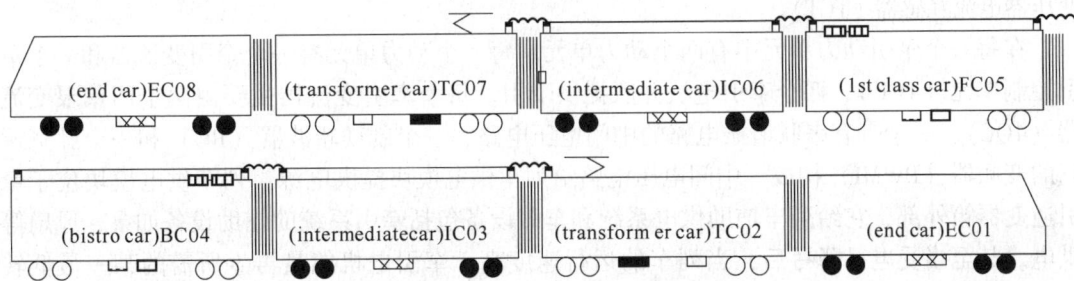

图 5-1　牵引传动系统的布置

一个牵引动力单元的牵引主电路设备主要由 1 个受电弓、1 个牵引变压器、2 个牵引变流器、8 个牵引电机和 2 个牵引控制单元（TCU）组成。每个牵引电机带有一套机械传动装置，包括齿轮箱、联轴节。每辆动车组都由 2 个对称的牵引动力单元组成，它们用一根车顶线（高压线）相连。

各车厢配置如下。

EC01：牵引电动机、变流器箱和冷却装置、电气柜（PIS 149.20、车辆开关装置149.10、Trainguard 159.40、电气柜车载电源）、制动控制单元（BCU 1.1（B02B01）、BCU 1.2（B02B10））。

TC02：车顶高压组件、辅助变流器箱、变压器和冷却装置、电气柜（电气柜 PIS 242.20、车辆开关装置 248.10、电气柜车载电源）、制动控制单元（BCU 2.1（B02B01）、BCU 2.2/BCU4.2（B02B10））。

IC03：牵引电动机、变流器箱和冷却装置、电气柜（电气柜 PIS 342.20、车辆开关装置348.10、电气柜车载电源）、空气压缩机组、制动控制单元 BCU 3.1（B02B01）。

BC04：双辅助变流器装置、电池和电池充电器、电气柜（电气柜 PIS 442.10、车辆开关装置 449.10、电气柜车载电源）、制动控制单元（BCU 4.1（B02B01）、BCU 2.2/BCU4.2（B02B10））。

FC05：紧急车钩，带 UIC 电缆、双辅助变流器装置、电池和电池充电器、电气柜（PIS 559.20、车辆开关装置 549.10、电气柜车载电源）、制动控制单元（BCU 4.1（B02B01）、BCU 2.2/BCU4.2（B02B10））。

IC06：牵引电动机、牵引变流器和冷却装置、电气柜（电气柜 PIS 342.20、车辆开关装置 348.10、电气柜车载电源），空气压缩机组、制动控制单元〔BCU 3.1（B02B01）〕。

TC07：车顶高压组件、辅助变流器箱、变压器和冷却装置、电气柜（PIS 242.20、车辆开关装置 248.10、电气柜车载电源）、制动控制单元〔BCU 2.1（B02B01）、BCU 2.2/BCU4.2（B02B10）〕。

EC08：牵引电动机、牵引变流器和冷却装置、电气柜（PIS 149.20、车辆开关装置 149.10、Trainguard 159.40、电气柜车载电源）、制动控制单元〔BCU 1.1（B02B01）、BCU 1.2（B02B10）〕。

其中，位于 TC02 和 TC07 变压器车的车顶的高压组件包括：受电弓（P）、避雷器（通过接触网的过压）（SA1）、线电压互感器（LVT）、主断路器带接地开关（MCB）、避雷器（变压器保护防止开关过压）（SA2）、线路电流互感器（LCT）、车顶隔离线路开关（RLDS）、变压器电流互感器（TCT）。

在每一个牵引动力单元中有两个动力单元。每一个动力单元有一个牵引变流器和一个牵引控制单元（TCU）、四个牵引电机并联提供牵引。每个牵引变流器主要由两个四象限变流器（4QC）、一个带有串联谐振电路的中间电压电路、一个制动斩波器（BC）和一个脉宽调制的变频器（PWMI）构成。中间电压电路给列车供电模块提供电源，列车供电模块位于牵引逆变器箱外部，它给列车辅助供电系统和车载设备包括牵引系统的辅助设备如泵、风扇等供电。甚至当受电弓降弓后，当列车的运行速度高于牵引电机能量再生所需的某一最低转速，列车供电模块也能给上述系统供电。如图 5-2 所示。

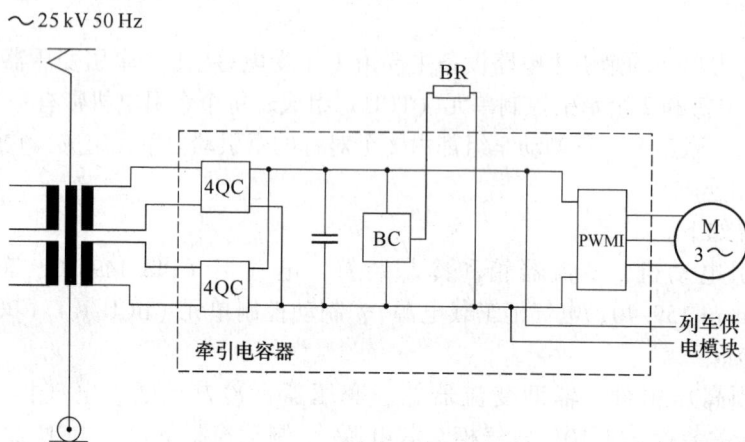

图 5-2 牵引系统的基本图示

5.1.2 牵引传动系统

牵引传动装置利用交—直—交传动技术，采用 AC 25 kV 接触网供电。每列动车组都由两个互相对称的牵引动力单元组成，它们之间用车顶电缆连接起来。每列动车组的牵引功率为 8 800 kW，再生制动时为 8 000 W。

1. 主电路的构成

主电路主要由网侧高压电器、牵引变压器、牵引变流器和牵引电机等组成，如图 5-3 及表 5-1 所示。

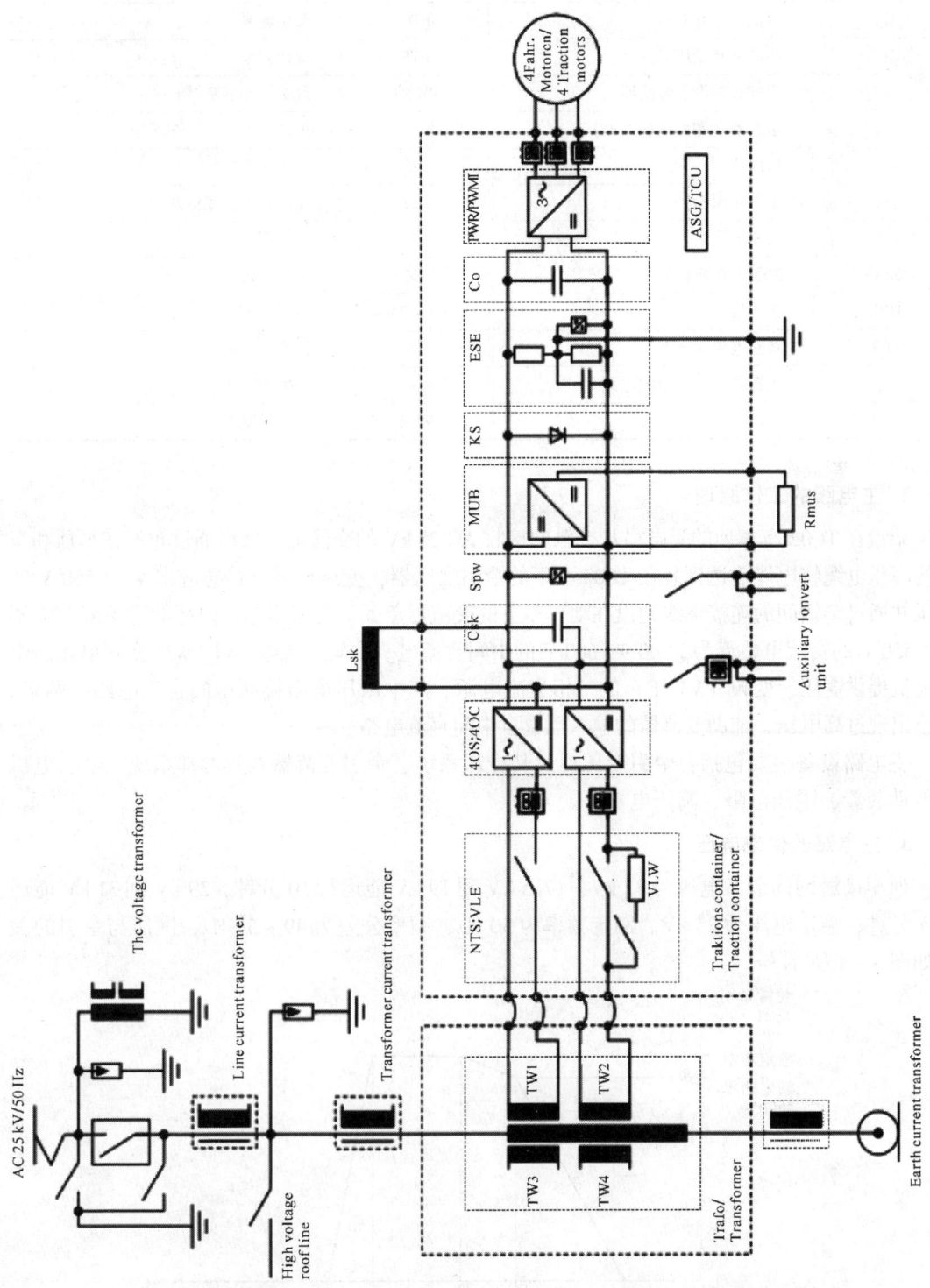

图 5 – 3　主电路构成示意图

表 5 – 1　牵引系统构成

英文缩写	设备	英文缩写	设备
C_D	直流侧电容器	PTC	牵引箱泵
CLF	冷却装置变压器	PTF	变压器泵
CLT	冷却装置牵引转换器	PWMI	脉宽调制逆变器
C_{SK}	电容器（串联谐波电路）	R_{MUB}	限压电阻器
CT	接触线	TC	牵引变流器
FTC	牵引箱风扇	TCT	变压器电流互感器
FTF	变压器风扇	TF	变压器
FTM	牵引电动机风扇	TM	牵引电机
HVL	高压线	TW1 – TW4	牵引绕组
LCT	线路电流互感器	VLW	预充电阻
L_{SK}	电感器（串联谐波电路）	4QC	4 象限斩波器
LVT	线电压互感器	MUB	过压限制器

2. 主电路的工作原理

架设在 TC02 车车顶的受电弓从接触网接收 AC 25 kV 的交流电，然后通过布设在车顶和车端的高压电缆将电能输送到装在 TC02 车下的牵引变压器，变压器的副边感应出 4 × 1 550 V 的电压并通过车辆间的连接馈线到设在动车车下的交流器单元。交流器单元内部的四象限变流器将 1 550 V 的交流电整流为 2 700 ~ 3 600 V 的中间直流电。中间直流电通过 PWM 变频单元向牵引电机提供变压、变频（VVVF）的三相交流电源。其中限压电阻接在中间直流电路的两极，防止出现过高电压，辅助变流器的输入也取自中间直流电路。

主电路设备主要包括：牵引变压器及其冷却系统、牵引变流器及其冷却系统、牵引电机及传动装置、限压电阻、高压电器等。

3. 主电路的供电电压

列车接触网的最大电压为 31 kV，17.5 kV 到 19 kV 能运行 10 分钟，29 kV 到 31 kV 能运行 5 分钟，额定电压为 25 kV。额定频率为 50 Hz，频率公差为 49 ~ 51 Hz，网压与牵引的关系如图 5 – 4 所示。

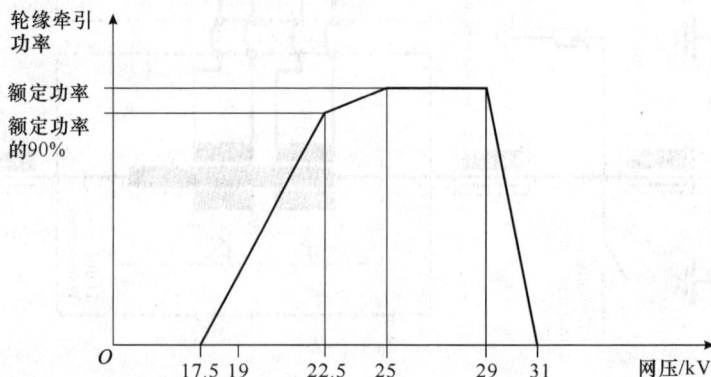

图 5 – 4　网压与牵引的关系

【任务 5.2】 CRH₃ 型动车组高压电器

高压电器主要由受电弓、高压断路器、接地开关、防雷击装置（避雷器）、网端检测装置、高压电缆等组成。

高压系统位于车顶，高压系统的构成如图 5 - 5 所示。除车顶线和 TC02 与 TC07 车之间的高压转换装置外，高压系统的所有组件都位于 TC02 和 TC07 变压器车的车顶。

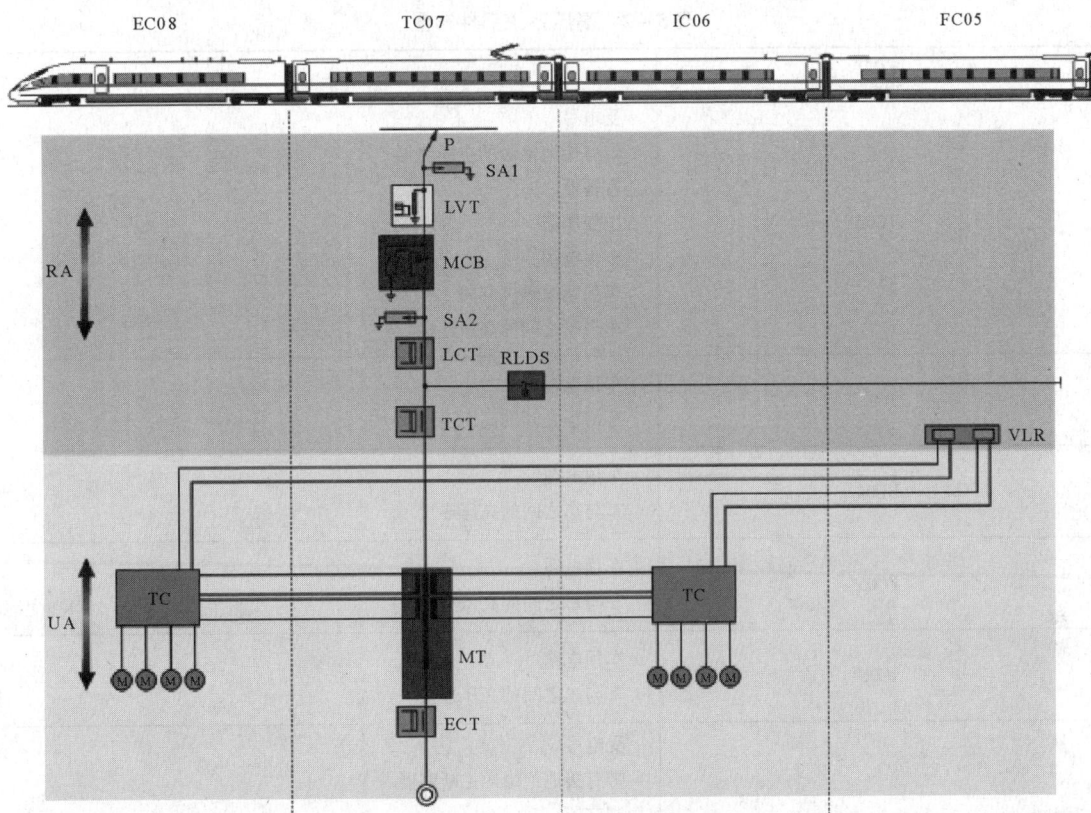

图 5 - 5　高压系统的构成（该图所示为第二个牵引动力单元）

ECT—接地电流互感器；RA—车顶区域；M—牵引电机；RLDS—车顶电缆隔离开关；LCT—线路电流互感器；
SA1，SA2—避雷器；LVT—线电压互感器；TC—牵引变流器；MCB—主断路器/接地开关；TCT—变压器电流互感器；
MT—主变压器；UA—地板下区域；P—受电弓；VLR—限压电阻器

两个隔离开关在列车发生故障时可以将车顶电缆断开，这样一个牵引动力单元主系统发生故障时，另一个牵引动力单元可以继续工作。受电弓得到 25 kV 交流电源后，通过主断路器与车顶电缆连接。在受电弓的右后方有一个避雷器防止空气过压，避雷器的下方是主变压器，作为从接触网获得的 AC 25 kV 变压的传感器，主断路器中集成了接地绝缘和电流互感器用于测量动车组的电流，从电流互感器出来的信号送达中央控制单元进行处理，而从主变压器出来的信号则由中央控制单元和牵引控制单元处理。带有接地绝缘的真空断路器将受电弓和其牵引动力单元主变压器原边绕组连接起来，同时通过车顶电缆与另一个牵引动力单元主变压器原边绕组连接起来。

电流互感器及避雷器通过电缆与变压器原边绕组连接。电流互感器相当于一个变压器原边绕组的输入电流的传感器。变压器的输出端通过接地电流互感器与运用地面连接，电流互感器采集变压器的输出电流。每个牵引动力单元的中央控制单元通过比较两个电流互感器测得的电流差来判断两个电流互感器间的原边电路是否有接地故障。

高压电器的主要组成部分位于每个完整配置的变压器车车顶上。具体每个部件的分布如表 5-2 所示。

表 5-2 高压系统部件布置

EC01	无
TC02	受电弓 带有接地绝缘的主断路器 避雷器 主变压器 车顶电缆 车顶电缆隔离开关 车与车之间的高压连接
IC03	车顶电缆 车与车之间的高压连接
BC04	车顶电缆 车与车之间的高压连接
FC05	车顶电缆 车与车之间的高压连接
IC06	车顶电缆 车与车之间的高压连接
TC07	受电弓 带有接地绝缘的主断路器 避雷器 主变压器 车顶电缆 车顶电缆隔离开关 车与车之间的高压连接
EC08	无

1. 受电弓

接触电网提供 AC 25 kV 电压，该电压通过受电弓收集。由于高压线路（称为"车顶线"）连接 CRH$_3$ 型动车组的两个牵引动力单元，正常操作中只需要升起一个受电弓收集 AC 25 kV 用于整个车厢装置即可。受电弓由压缩空气提升。此外，气动滑板监控系统（自动高速降落装置）可确保在滑板磨损或断裂时通过断开 EMERGENCY OFF （紧急停车）回路来使受电弓降落。

根据列车配置，列车控制系统通常会确定首选受电弓。正常操作期间的首选受电弓配置如图 5-6 所示。

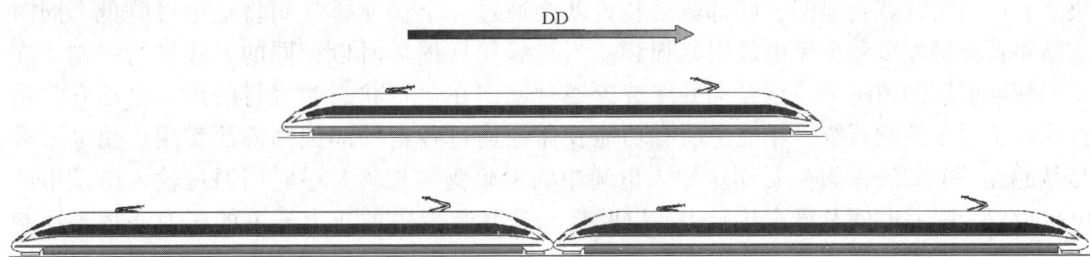

图 5-6　首选受电弓配置

如果首选受电弓被禁用或出现故障（例如，切断线路安全开关或空气压力损失），则可使用如图 5-7 所示的非首选受电弓配置。

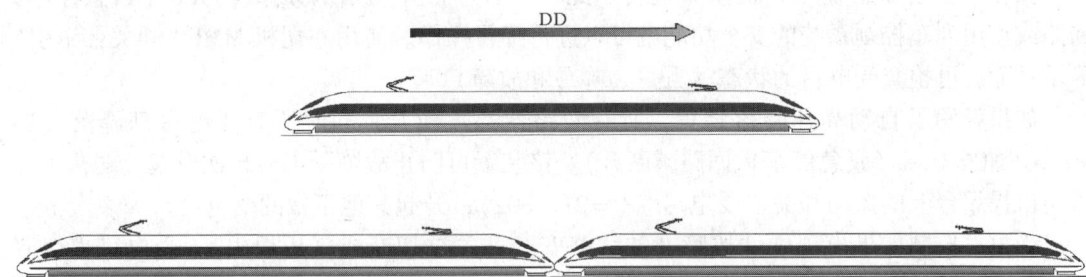

图 5-7　非首选受电弓配置

由于分相段中存在隔离电源短路，图 5-8 所示受电弓配置不可使用。

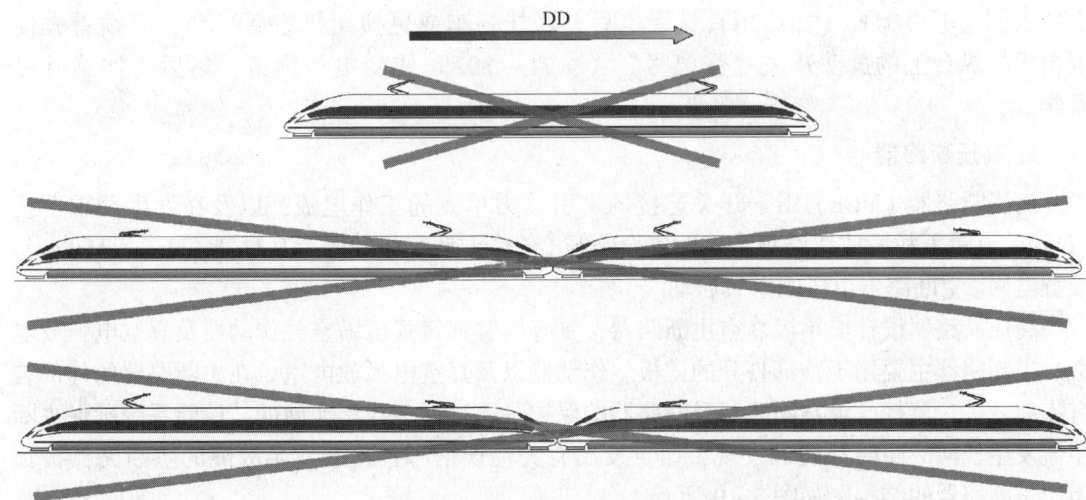

图 5-8　不容许的受电弓配置

1）受电弓工作原理

受电弓配备了一个压缩空气驱动的自动升降装置，当接触带破裂时驱动装置将降低受电弓。在接触带的摩擦块中有一条沟槽里面充满来自驱动装置的压缩空气，如果摩擦块断裂压缩空气就会泄漏，底部驱动装置就会通过一个快速排气阀将受电弓降低，同时主断路器被触发以免由于电弧引起损坏。当绝缘舵杆损坏时以相同的方式进行控制。在压力管路损坏的情况下，该自动升降装置通过塞门在运行状态时进行隔离。自动升降装置受控于列车控制系统。受电弓所有功能及监控通过各自的阀控制模块实现。受电弓升起是通过一个安装在阀控制模块输入电缆中的电磁阀实现。升弓时间通过输入电缆中的电抗设置。降弓时间及静态接触力，以及自动升降装置中的压力开关的压力通过阀控制面板设置。阀控制模块所需的压缩空气由 MR 管提供，当列车整备时辅助空气压缩机会被使用。

2）受电弓的操作

通过司机操纵台上的拨动开关"受电弓"（=21-S02），司机可手动升弓或降弓（三种开关设置："升弓""降弓""降弓和撒砂"）。只有在有源司机室，才可进行升弓操作，而降弓操作可在动车组任一司机室中进行。此外，通过打开 EMERGENCY OFF（紧急停车）回路或使用列车控制系统的安全功能也可以进行降弓操作。使用左司机 MMI "开关；牵引"显示页面，可检查受电弓的状态（升弓、降弓和故障）。

如果触发了自动高速降落装置，所有断路器都被断开，同时所有受电弓都降落（EMERGENCY OFF（紧急停车）回路被断开）。该装置可防止故障受电弓再次升起。司机可通过司机操纵台上的拨动开关"受电弓"（=21-S02），升起其他正常的受电弓。

受电弓控制如果出现硬件故障（如线路安全开关被切断或气压损失），受电弓也会降落。此时，列车控制系统将断开主断路器，以防因电弧导致受电弓损坏。故障受电弓将在左司机 MMI "开关；牵引"显示页面上进行指示。

通过左司机 MMI "开关；牵引"显示页面，司机可手动禁用或启用各受电弓。禁用受电弓时会导致受电弓降落，然而在司机 MMI 上执行启用程序时不会使受电弓自动升起。更换当前受电弓配置（如启用首选受电弓、联挂列车或更换司机室后）前，必须首先使用司机操纵台上的拨动开关"受电弓"（=21-S02）使受电弓降落，然后再实施升弓操作。

2. 高压断路器

高压断路器（MCB）用于开关连接的牵引动力单元的工作电流，以及在发生严重干扰（过流、互感器故障或线路短路）时安全断开 CRH_3 型动车组的两个互感器（LCT／TCT）与接触电网。主断路器由压缩空气启动。

高压断路器设计成单极真空主断路器，具有内置弹簧式压缩空气作动器及真空电弧放电室。主断路器主要用于顶部打开的盖板、作动器以及真空电弧放电室。在主断路器的外部装有隔离开关。监控、触发断路器及断路器的保护是通过列车控制实施的。诊断系统确保主断路器发生任何故障时都能被发现，而且发出有关错误信号，接着发生故障的主断路器被锁闭。主断路器的结构图如图 5-9 所示。

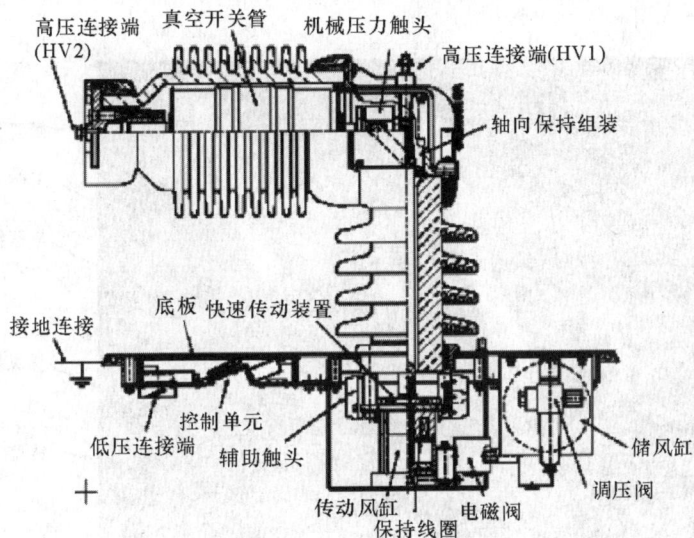

图 5 - 9　主断路器的结构图

1）工作原理

主断路器通过电磁线圈阀以及压缩空气触发后关闭，主触点闭合同时开启弹簧被锁住。开启过程通过电磁触发（通过切断保持电流）。主断路器正在关闭过程中，从 MR 管获得压缩空气。在列车整备时，可以从辅助空气压缩机获得压缩空气。

根据主断路器底座的位置，在一个单独底座上安装了接地隔离开关，在不工作状态下开关手柄处于水平位置，当转到主断路器两端的接地触点时，手柄处于接地位置。接地隔离开关可以在车内手动操作，联锁装置确保只有当列车高压系统与接触网断开后才能起作用。

2）主断路器的操作

使用司机操纵台上的拨动开关"主开关"（= 21 - S03），司机可手动闭合（"On"）或断开（"Off"）主断路器（两种开关设置："On"和"Off"）。断开主断路器的操作可在列车所有司机室中进行，然而，闭合操作只能在有源司机室中进行（当"牵引力控制器"（= 22 - S01）处于"0"位置）。将拨动开关切换至"On"（闭合）位置，牵引动力单元的主断路器将闭合，受电弓升起。

通过左司机 MMI"开关；牵引"显示页面可检查主断路器的状态（断开、闭合和故障）。

通过左司机 MMI"开关；牵引"显示页面，司机可手动禁用或启用各主断路器。

3. 接地开关

接地开关结构如图 5 - 10 所示。

闸刀通过支架安装在转轴上，而轴、曲柄、连接杆组装以及操纵杆组装则组成一个传动机构，转动操纵杆，使整个传动机构进行传动，进而使轴带动闸刀旋转一定的角度。根据设计，在操纵杆从一端旋转 180°到另一端时，闸刀也相应从"工作"位旋转 102°到"接地"位或者从"接地"位旋转 102°到"工作"位。而控制其是否能够转动的则是锁组装。锁组

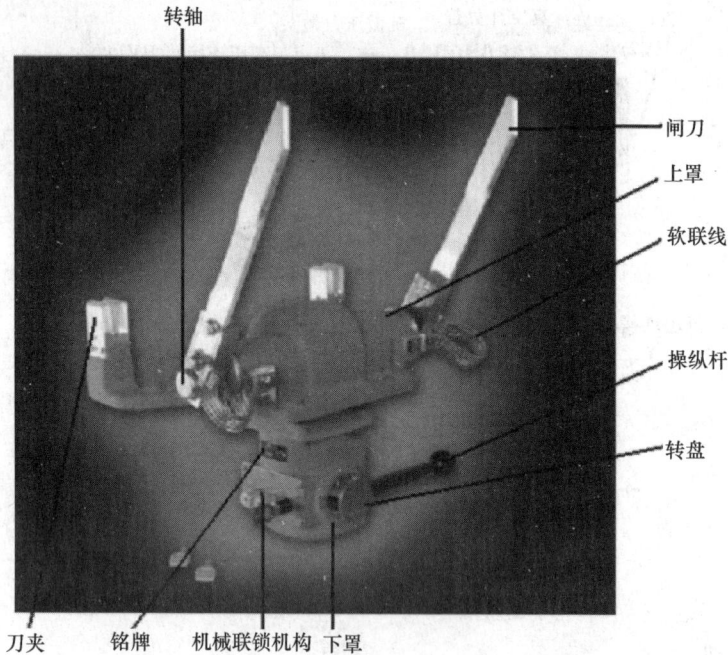

图 5 – 10　接地开关结构

装共有三个锁，其中一个供蓝色钥匙使用，两个供黄色钥匙使用。仅在蓝色锁被蓝色钥匙打开后，操纵杆才能从"工作"位置旋转到"接地"位置。一旦旋转到"接地"位置，联锁机构就被带有黄色钥匙的锁锁在此位置，然后可把钥匙从锁中拔下来。

接地点接通后，支架嵌入主断路器两端的接地触点，停用时该支架处于水平位置。隔离开关从车辆内部手动起动。闭锁装置确保接地隔离开关仅可在车辆的高压系统与接触线断开后才能接合。

4. 隔离开关

1）隔离开关的作用

在车顶高压设备中，均安装有隔离开关。在列车发生故障时，隔离开关可以将车顶电缆断开，这样一个牵引动力单元主系统发生故障，另一个牵引动力单元可以继续工作。

2）隔离开关的操作控制

（1）通过司机 MMI "开关；牵引"显示页面，司机可手动禁用或启动隔离开关。

（2）实施禁用操作时，将导致 8 车编组的动车组所有隔离开关被启动（在所有 8 车编组的动车组主断路器被断开之前）。

（3）开关处于断开状态时，只有在动车组激活的牵引动力单元中才可实施列车操作。

（4）注意：除司机控制操作之外，列车控制系统可自动断开和闭合隔离开关（如车顶线路出现接地故障）。

5. 防雷击装置

避雷器（SA1）安装在受电弓后面，对电气设备进行保护，以防设备受到接触网过压（如闪电）损坏。避雷器的下游装有线电压互感器（LVT），用作列车控制系统接触网电压的记录器。避雷器（SA2）安装在电流互感器（LCT/TCT）上游的高压系统上，能保护电流互感器，防止在主变压器断开期间出现不容许的高的开关电压。

6. 网端检测装置

网端检测装置由电压互感器（见图 5 – 11）、电流互感器（见图 5 – 12）和回流互感器构成。

一个电压互感器有次边绕组，每个绕组分别与一个受电弓连接，用于测量和监视电网接触线的电压，电压互感器位于受电弓与主断路器之间。

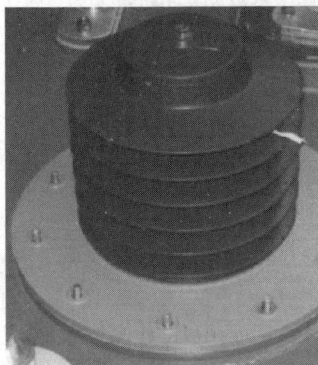

图 5 – 11　电压互感器　　　　　　　　图 5 – 12　电流互感器

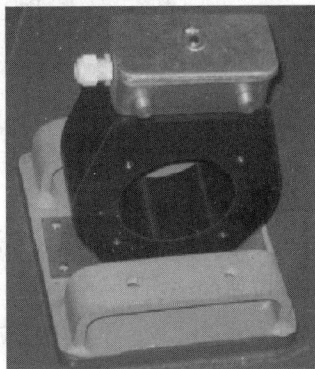

一个电流互感器同时被接到每一个主断路器中，用于测量动车组的电流。电流互感器为直通式互感器。另外两个互感器（电流互感器和回流互感器）用于检测主变压器。这两个互感器用来测量牵引动力单元的线电流以及回流电流。电流互感器位于主变压器的上段车顶，回流电流互感器位于主变压器下段安装在主变压器中。

与线电压互感器（LVT）相反，线路电流互感器（LCT）用作列车控制系统的线路电流的记录器。还有两个电流互感器监测每个互感器的输入和输出电流。根据两个电流之间的差值，列车控制系统可以检测主变压器出现的接地故障。

7. 能量消耗计

为了测定能量消耗，每辆车都具备电子能量消耗测量功能。这一功能在列车控制系统中作为软件模块执行。根据受电弓收集（牵引时的消耗）和反馈（电制动时的消耗）的能量计算所得的所有受电弓的能量消耗值单独显示在左司机 MMI 显示页面"车间；能量消耗计"上。

8. 高压电缆

动车组的两个高压子系统通过高压电缆（见图 5 – 13）相互连接，高压电缆穿过所有中间车。中间车车顶电缆是一种柔软的无卤单芯电缆，电缆穿过车顶多层区域，从车顶转换到底下设备的通道区域是密封的。车顶电缆密封端在车上过渡通过绝缘体支撑。

在变压器车上同样的电缆被用作供电电缆。与车顶设备连接设计成热收缩密封端。电缆在车顶部布置成曲线状朝着车辆端部区域。一个高压弯曲插头作为电缆的连接端子用于和变压器的连接。边缘处向下到达车底变压器。

图 5 – 13　高压电缆

9. 牵引变压器

牵引变压器（TF）位于动车组的两节 TC02／TC07 拖车的地板下，变压器冷却装置（CLF）在每个变压器的旁边。

变压器为单系统变压器，设计在 25 kV 50 Hz AC 电源电压下使用。该电源电压用于生成牵引电压。变压器为单相操作，它将一次绕组上的触线（CL）电压转换为四个二次绕组（牵引绕组）TW1—TW4。

变压器上采取了多种适当的保护措施，以防变压器过载。包括冷却回路中以防热过载执行的温度监控、为检查冷却剂流量执行的流量监控，以及为检测一次电路接地故障执行的一次隔离监控（通过比较外向电流和返回电流进行差动保护）。

变压器系统配有膨胀箱，它位于 TC02／TC07 车的车顶，从而补偿因温度变化而产生的冷却剂流量的变化。

10. 牵引变流器

1）变流器的结构

CRH$_3$ 型动车组有四台牵引变流器（见图 5 – 14），每套牵引变流装置中由两组四象限变流器（4QC）、一组牵引逆变器、一组牵引控制单元、冷却系统及中间直流电路构成，每一组逆变器控制四台牵引电机。牵引变流器的主要功能是将 25 kV/50 Hz 的单相交流电压通过牵引变压器降压后，输出单向 AC 1 770 V/50 Hz 的电压，经四象限变流器得到 2 700 ~ 3 600 V 的中间直流电压，再经逆变器输出电压、频率可调的三相交流电压来控制每台牵引电机。

牵引变流器（TC）位于 EC01/EC08 和 IC03/IC06 车底架下的牵引箱中，牵引变流器冷却装置（CLT）在每个牵引箱的旁边。集成在牵引变流器（TC）中的牵引控制单元用于监控。

CRH$_3$ 型动车组是交—直—交电力牵引列车，牵引变流器首先将来自受电弓的单相交流电转换成直流电，这一功能由网侧变流器模块（4QC）实现；该直流电又被电机变流器模块（PWMI）转换成三相交流电供给三相异步牵引电机，通过对 4QC 和 PWMI 的控制实现列车的牵引、调速及制动。

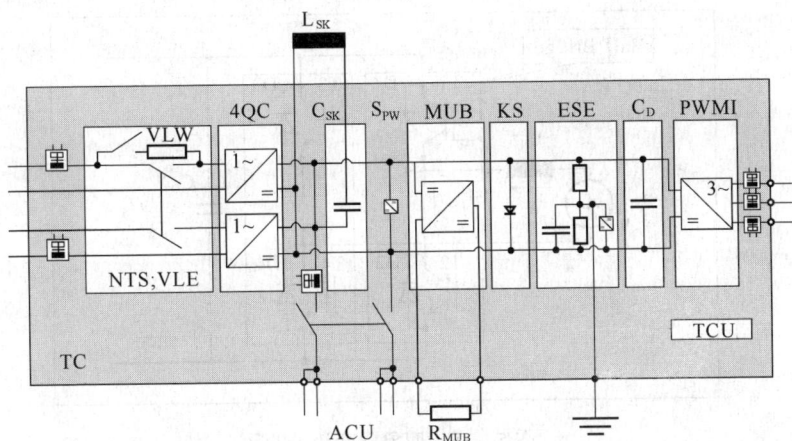

图 5 – 14　牵引变流器电路原理图

C_D—直流侧电容器；R_{MUB}—限压电阻器；C_{SK}—电容器（串联谐振电路）；S_{PW}—电压转换器；

ESE—接地故障检测模块；TC—牵引变流器；KS—短路断路器；TCU—牵引控制单元；

L_{SK}—电感器（串联谐振电路）；VLE—预充电装置；MUB—过压限制器；VLW—预充电电阻器；

NTS—线路接触器；4QC—四象限变流器；PWMI—脉宽调制逆变器

牵引变流器的功率器件为 IGBT（绝缘栅双极型晶体管），控制装置以微处理器为核心，可方便灵活地实现功率转换与保护，也可实现再生制动。每个牵引变流器基本上包括四象限变流器（4QC）、一个带串联谐振电路的中间直流电路、一个过压限制器（MUB）和一个脉宽调制逆变器（PWMI）。

牵引变流器的内部组成为：

（1）2 个四象限变流器（4QC）并联，给 1 个逆变器供电；

（2）1 个三相电压型两电平逆变器，给 4 台异步牵引电机供电；

（3）1 个牵引控制单元（TCU），控制四象限变流器、逆变器的 IGBT 开关，以获得满足车辆牵引/制动性能要求的控制；

（4）装置分通气部分和密封部分，把需要散热的冷却系统安装在通气部分，把有必要进行绝缘防止污损的部分安装在密封部分；

（5）冷却系统布置在牵引变流器的旁边；

（6）具有完善的故障保护功能。

2）四象限变流器工作原理

该变流器在牵引工况下可以将交流转化为直流，在实施再生制动时将直流转换为交流反馈回电网。四象限变流器简图如 5 – 15 所示。

三相桥式逆变器的结构如图 5 – 16 所示，其将 DC 电能变成可控的三相对称交流电源，在电气制动时又能反过来把牵引电机发出的三相交流电变成直流电，对牵引电机进行牵引与制动控制，其功率模块为 IGBT。三个相同的桥臂构成了三个变流器，图中画出了 U 相主电路。IGBT 的开关由门电路驱动单元驱动，门电路驱动单元根据 TCU 的指令接通和断开 IGBT。逆变器简图如图 5 – 17 所示。

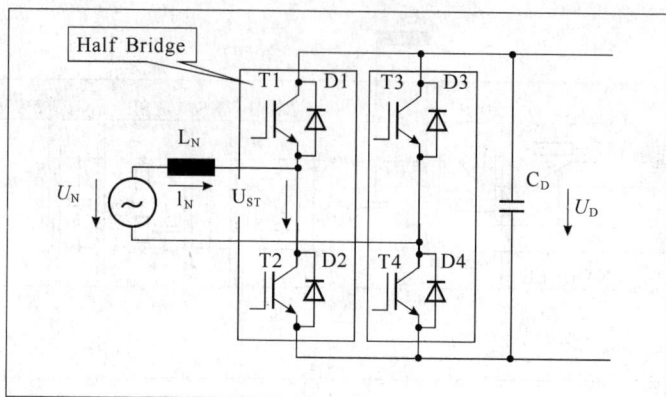

图 5 – 15　四象限变流器简图

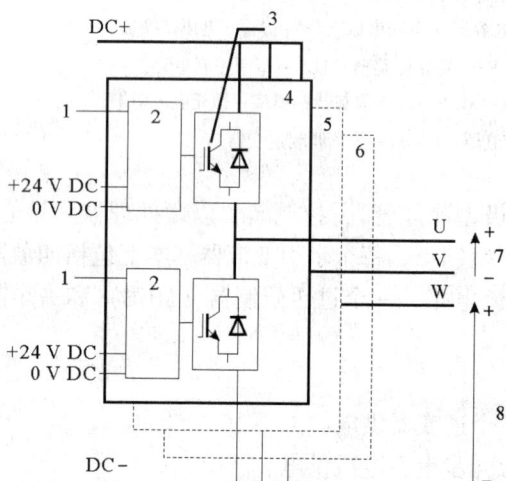

图 5 – 16　三相桥式逆变器的结构

1—光纤信号，来自/去往 MCM 计算机；2—门电路驱动单元；
3—IGBT 模块；4—U 相；5—V 相；6—W 相；
7—相间电压；8—线电压

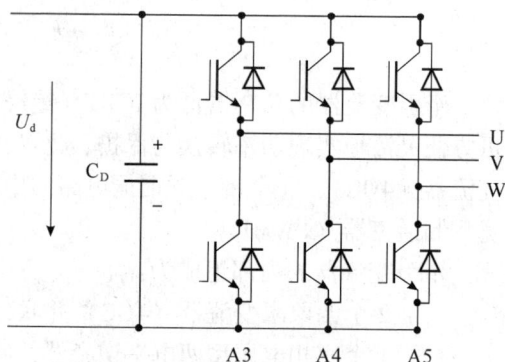

图 5 – 17　逆变器简图

3）中间电路特点

中间电路包括：一个带串联谐振电路的中间直流电路、一个过压限制器（MUB）、接地故障检测模块（ESE）、限压电阻器等。过压限制器（MUB）用于减少牵引中间电路的过压情况，防止对牵引电路的功率半导体造成损坏。

每个牵引变流器（TC）输入端的线路接触器（NTS）由 TCU 控制，用于连接牵引变流器和变压器（TF）的二次侧。牵引变流器的中间电路必须在线路接触器接通之前预先充电。预充电由预充电装置（VLE）执行，该装置包括预充电接触器和相应的电阻器。如果牵引变流器出现故障，则可以先断开主断路器，然后使用线路接触器（NTS）将它与主变压器隔离。

接地故障检测模块（ESE）对系统进行检测，检测系统的接地故障。若出现故障，则断开牵引变流器。在这种情况下，如果主断路器断开并被阻止使用，动车组司机必须首先将受影响的动力装置从地面移开，然后再次闭合主断路器。这样可以确保与该变压器连接的其他组件（如其他牵引变流器）及另一个牵引动力单元变压器的组件可以继续操作。

电感器（L_{SK}）装在牵引变流器的冷却系统中。电感器使用牵引变流器冷却系统的冷却风扇进行强制风冷。

DC 环节电容器室变流器的无功功率源，起稳定 DC 电压的作用，这对牵引变流器的能量转换过程是非常关键的。

动车组配有四个限压电阻器，每个限压电阻器分配给一个牵引变流器。限压电阻器位于 BC04 和 FC05 车二位端的车顶。限压电阻器专用于保护牵引功率转换器，以防过压。当功率转换器出现故障时，限压电阻器可以保证使中间电路以规定方式安全放电。一旦电源线不能再保证电气制动能的吸收，功率转换器即将电气制动能转换为热能。

4）牵引控制单元（TCU）

牵引控制单元（TCU）用于监控牵引变流器的操作。它们是位于 EC01／EC08 和 IC03／IC06 车底架下的牵引变流器的一部分。

TCU 的主要功能如下。

（1）调节指定的牵引或（电动）制动力，调节牵引变流器直流侧的电压，为牵引变流器生成控制信号。

（2）控制开关元件，如预充电接触器和线路断开器开关。

（3）监控和保护牵引组件。

（4）车轮滑动保护。车轮防滑系统软件持续监控车辆和从动轮的运动。若运动变量与容许值有偏差，牵引力会自动降低到一个级别，在该级别，牵引力可从技术上从车轮传送到轨道。由于持续监控与车辆和车轮相关的运动变量，可以确保在所有轨道条件下牵引系统都受到控制。

（5）规定牵引相关的诊断数据，有助维护和提高可用性。

（6）通过 MVB，与 CCU、BCU、司机 MMI 和辅助转换器装置进行数据交换。

11. 牵引电机

CRH₃ 型动车组配有 16 台牵引电机，为四级三相异步牵引电机。电机位于 EC01/EC08 和 IC03/IC06 车上，动力转向架的每个轮对都由牵引电机驱动，牵引电机安装在转向架上。电机采用强制风冷式二，使用温度传感器进行电机的温度检测，以防电机过热情况的出现。

牵引时该电机作为电动机运行，再生制动时作为发电机运行，电机安装有温度传感器和速度传感器，用于测量电机定子的温度和电机的转速，该电机采用风冷的方式进行冷却，额定电压值较高，约为 2 700 V，以适应电机宽调速范围，动车组高速运行需要。

📋 任务单

任务名称	CRH₃ 型动车组牵引传动系统
任务描述	识别 CRH₃ 型动车组牵引传动系统设备及电器符号；识别 CRH₃ 型动车组的主电路图及相关辅助电路图；画出 CRH₃ 型动车组主电路简图。

任务分析	动车组牵引传动系统是高速动车组的主要部分，也是驱动列车行驶决定列车速度及性能的重要环节。动车组牵引传动系统的相关电路图是掌握动车组牵引传动系统的基础，也是发现牵引传动系统故障的基础，所以应该会绘制动车组牵引传动系统的主电路图及相关的辅助电路图。
学习任务	【子任务 1】绘制 CRH$_3$ 型动车组牵引传动系统工作原理示意图。 【子任务 2】写出 CRH$_3$ 型主电路中主要的牵引设备名称，并查资料写出英文全称。 【子任务 3】简述 CRH$_3$ 型动车组牵引变流器组成部分及功能。
学习小结	

自我评价	项目	A—优	B—良	C—中	D—及格	E—不及格	综合
	安全纪律（15%）						
	学习态度（15%）						
	专业知识（30%）						
	专业技能（30%）						
	团队合作（10%）						

教师评价	简要评价	
	教师签名	

学习引导文

1. 牵引控制单元的功能

牵引控制单元（TCU）是铁道车辆上采用微机控制技术的模块化控制单元。它是 SIBAS® 32（西门子 32 位微处理器铁路自动系统/Siemens Bahn Automatisierungs System with 32 Bit Microprocessor／Siemens Rail Automation System with 32 Bit Microprocessor）的一个成员并且符合 IEC 60571、EN 50121 − 3 − 2、EN50124 − 1、EN 50155 标准。

2. 制动控制

CRH₃ 型动车组的制动系统由电制动系统（动车）、空气制动系统（包括直通式空气制动和备用的自动式空气制动系统）、防滑装置和制动控制装置等组成。动车组制动系统具有与车载列车运行速度控制系统的接口，采用电空联合制动模式，电制动优先。正常情况下制动系统的控制是通过每个司机台上制动控制器的手柄或 ATC 装置进行，系统能够基于预先设定（由制动控制器手柄的位置或者由信号系统进行定义）的制动模式曲线控制列车的减速或者停车。

CRH₃ 型动车组每根动轴都具有电制动，可实施再生制动。动车组实施电制动时，控制系统将三相异步电动机转换为发电机工作，将列车运动的动能转变为电能反馈回电网。使用电制动时，电空制动仅供拖车轴使用；对于动车轴来说，电空制动仅可用于无法使用电制动力的速度范围内。如电制动失效，可在有关动车轴上使用空气制动系统。电制动可单独使用或与空气制动一起使用。与空气制动一起使用时，将优先运用电制动，可以减轻拖车的空气制动负荷，从而减少其机械制动部件磨耗。

CRH₃ 型动车组使用的空气制动系统包括直通式空气制动系统和自动式空气制动系统：CRH₃ 型动车组使用的直通式空气制动系统采用电子控制，可按制动模式曲线，控制列车减速或停车。安装在每个车上的微机控制的制动控制装置负责执行本车的制动控制功能，包括接收和解读制动控制器手柄或信号系统发出的制动指令，以及其他用于列车制动控制的重要信息。如直通式空气制动系统出现故障，系统会产生故障导向安全作用，必要时实施紧急制动停车。直通式空气制动系统不能正常工作时，通过手动转换，可启动备用的自动式空气制动系统。

任务实施与评价

（1）下发任务单，明确学习任务、主要内容、知识目标、能力目标、素质目标要求。

（2）学生按任务单要求制订学习计划，完成预习任务及相关知识准备。

（3）CRH₃ 型动车组主电路图认知引入。

（4）学生查阅国标说明主电路图中各电器符号。

（5）教师组织抢答识别牵引电器设备符号。

（6）学生识别几种常用的高压侧、低压侧电气接线形式，教师辅导答疑，学生以个人或学习小组方式进行学习小结及反思。

（7）学生通过学习，能画出 CRH_3 型动车组的主电路图。

（8）学生进行自我评价及学习小组成员互评，教师及小组长（副组长）进行他人评价，检查任务完成情况。

项目 6　CRH$_5$ 型动车组牵引传动系统

项目描述

本项目介绍 CRH$_5$ 型动车组的牵引传动系统，先对该车的牵引传动系统进行概述，然后介绍牵引传动系统的主要部件，包括主电路构成、高压电器、牵引变流器、牵引电机等。

动车组有九大关键技术，即牵引控制、辅助供电系统、空调系统、牵引系统、牵引电机、牵引变压器、网络控制、制动系统、牵引变流器，其中四项都与动车组牵引传动系统密不可分，所以动车组牵引传动系统被喻为高速动车组的"心脏"。

本项目主要学习 CRH$_5$ 型动车组牵引传动系统的基础理论，为解决动车组牵引系统故障打下扎实的理论基础。

本项目任务：

任务 6.1　CRH$_5$ 型动车组牵引传动系统基本组成；

任务 6.2　CRH$_5$ 型动车组牵引传动系统高压电器、牵引变流器及牵引电机。

教学目标

1. 知识目标

（1）了解 CRH$_5$ 型动车组牵引传动系统相关理论知识；

（2）熟悉 CRH$_5$ 型动车组牵引传动系统中高压电器的基本型号及工作过程；

（3）掌握 CRH$_5$ 型动车组牵引电机及牵引变流器的基本组成部分及其工作原理。

2. 能力目标

（1）能够区分 CRH$_5$ 型动车组牵引传动系统中的各电器部件；

（2）能够正确操作 CRH$_5$ 型动车组牵引传动中的一些电器并从事一般维修；

（3）能判断 CRH$_5$ 型动车组牵引控制系统在工作过程中出现的简单故障；

（4）能制订一般的维修计划；

（5）能对动车组牵引控制系统中的电器进行分解、检修组装及试验。

3. 素质目标

（1）培养学生利用网络自学的能力；

（2）在项目完成过程中培养学生企业经济效率意识、创新和挑战意识；

（3）在项目完成过程中培养学生严谨认真的态度；

（4）能客观、公正地进行学习自我评价及对小组成员的评价。

【任务 6.1】CRH₅ 型动车组牵引传动系统基本组成

6.1.1 概述

CRH₅ 型动车组牵引传动系统使用交—直—交传动方式，主要由受电弓、主断路器、牵引变压器、牵引变流器及牵引电机组成。受电弓通过接触网接入 25 kV 的高压交流电，输送给牵引变压器，降压成 1 770 V 的交流电。降压后的交流电再输入牵引变流器，逆变成电压和频率均可控制的三相交流电，输送给牵引电机牵引整个列车。牵引传动系统工作原理示意图如图 6－1 所示。

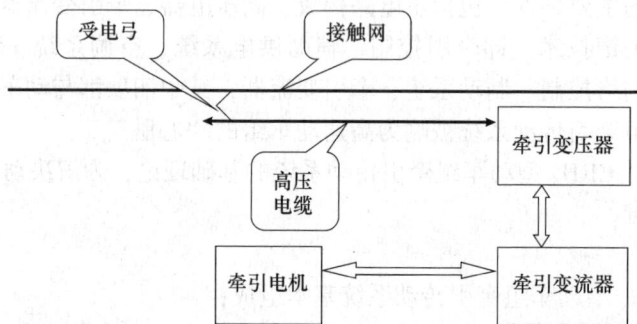

图 6－1　牵引传动系统工作原理示意图

CRH₅ 型动车组牵引传动系统主变压器使用油冷方式，牵引变流器使用成熟的 IGBT 技术。异步牵引电机的功率为 550 kW，采用体悬方式，由万向轴传递牵引力。动车组有两个相对独立的主牵引动力单元，每个牵引动力单元配备一套完整的集电、牵引及辅助系统，以实现所需的牵引和辅助电路冗余，其中一个单元由 3 辆动车加 1 辆拖车构成（M－M－T－M），另一个单元由 2 辆动车加 2 辆拖车构成（T－T－M－M）。动车组编组及动力设备的配置见图6－2。

每个牵引动力单元带有一个主变压器和受电弓。在正常运行中，每列车只启用 1 个受电弓。每个牵引动力单元的牵引设备由下列设备组成：

（1）一个高压单元，带受电弓和保护装置；

（2）一个主变压器；

（3）两套或三套 IGBT 水冷技术的主牵引套件；

（4）四台或六台异步牵引电机，底架悬挂，最大设计负载 550 kW（轮缘处功率）。由于每台电机是由一个独立的牵引逆变器驱动的，在同一车辆内轮对间轮径差最大为 15 mm 的情况下，无须减小负载。每节动车装有两台牵引电机。

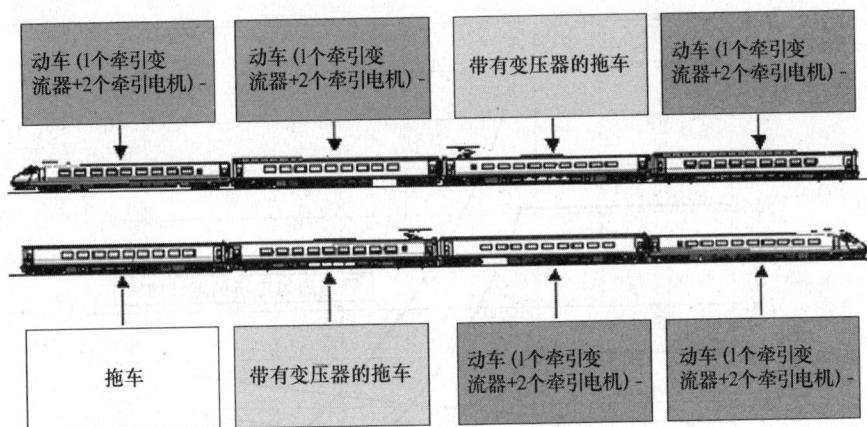

图 6 - 2　动车组编组及动力设备的布置

正常情况下，两个牵引系统均工作，当一个牵引系统发生故障时，可以自动切断故障源，继续运行。

6.1.2　牵引传动系统

1. 牵引/电制动特性（包括技术参数）

在正常负载条件下（定员载客）、平直线路、车轮平均磨耗（车轮直径为 850 mm）和网压为 22.5 ~ 29 kV AC 时，列车的牵引性能如下。

（1）平均启动加速度（0 ~ 40 km/h）：0.50 m/s；

（2）200 km/h 时的剩余加速度：0.11 m/s²；

（3）220 km/h 时的剩余加速度：0.09 m/s²；

（4）250 km/h 时的剩余加速度：0.05 m/s²；

（5）平均最大车轮 - 磨耗黏着系数：0.22；

（6）爬行坡度（100% 牵引力）：30‰；

（7）在二个牵引变流器故障或一个牵引变压器故障条件下（可获得 60% 的牵引功率），爬行坡度为 27‰（连续运行）~ 30‰（以 73 km/h 速度运行 25 km）；

（8）轮周处的最大牵引功率：5 500 kW；

（9）轮周处的最大牵引力：302 kN；

（10）轮周处的最大制动功率：5 785 kW；

（11）列车在全功率和一半故障条件下的牵引曲线，如图 6 - 3 所示。

列车设有再生制动，可在 220 km/h 到 10 km/h 的速度范围内工作。在电分相区段，电制动不会停止但会将再生的电流给辅助变流器供电，并通过制动电阻器消散能量，制动电阻器安装在车顶，靠自然通风。这样设计的目的是允许电制动的时间最长，达 10 秒钟。再生制动可在电分相端部重新启动，如果在电分相区段的时间超过 10 秒钟，电制动会完全停止而且将自动起用空气制动。该列车装备有自风冷式盘式制动装置，每个动轴装 2 个，每个拖轴装 3 个，并有弹簧控制的停车制动装置。

动车组常用制动为电制动和空气制动的复合制动，紧急制动仅为空气制动。电制动在

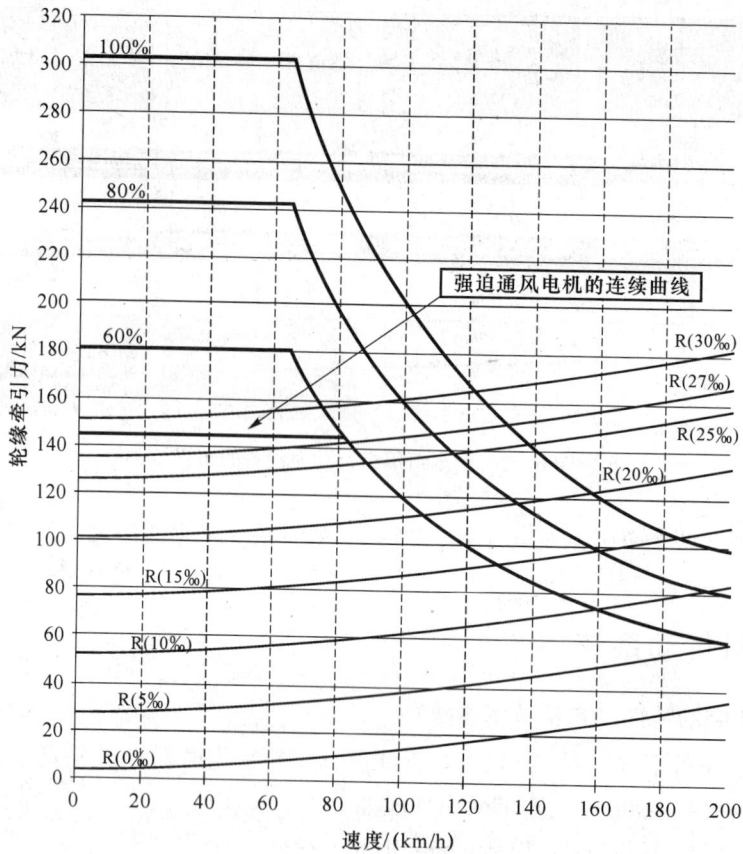

图 6-3 牵引曲线

200 km/h 到 10 km/h 的速度范围内工作，在达到最大电制动的情况下，轮周处的最大制动力和功率如下。

（1）轮周处的最大制动力：205 kN；

（2）轮周处的最大制动功率：5 785 kW。

最大常用制动和紧急制动性能相同，具体如下。

初速度 200 km/h：

（1）平均减速度 0.79 m/s²；

（2）制动距离 ≤2 000 m。

初速度 160 km/h：

（1）平均减速度 0.79 m/s²；

（2）制动距离 ≤1 400 m；

（3）列车制动特性曲线，如图 6-4 所示。

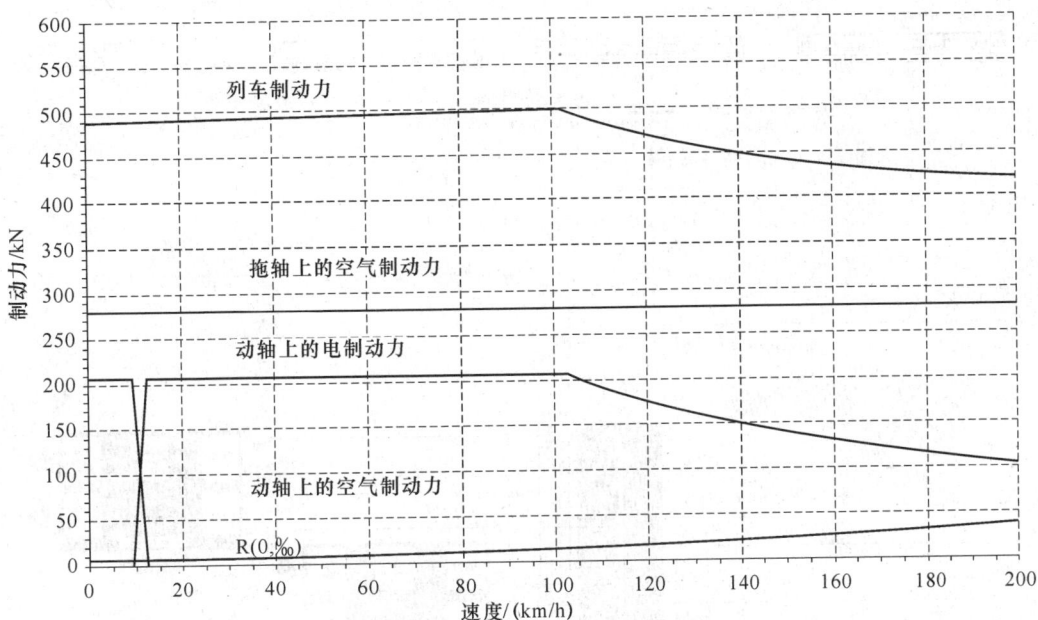

图 6-4　列车制动特性曲线

2. 主电路

图 6-5 为第一牵引动力单元原理示意图，图 6-6 为第二牵引动力单元原理示意图，第二牵引动力单元与第一牵引动力单元极其相似，唯一的区别是仅配备一个辅助变流器（在正常运行条件下，对于整列车来说仅需要两个辅助变流器，第三个仅作备用，随时替换出现故障的辅助变流器）。

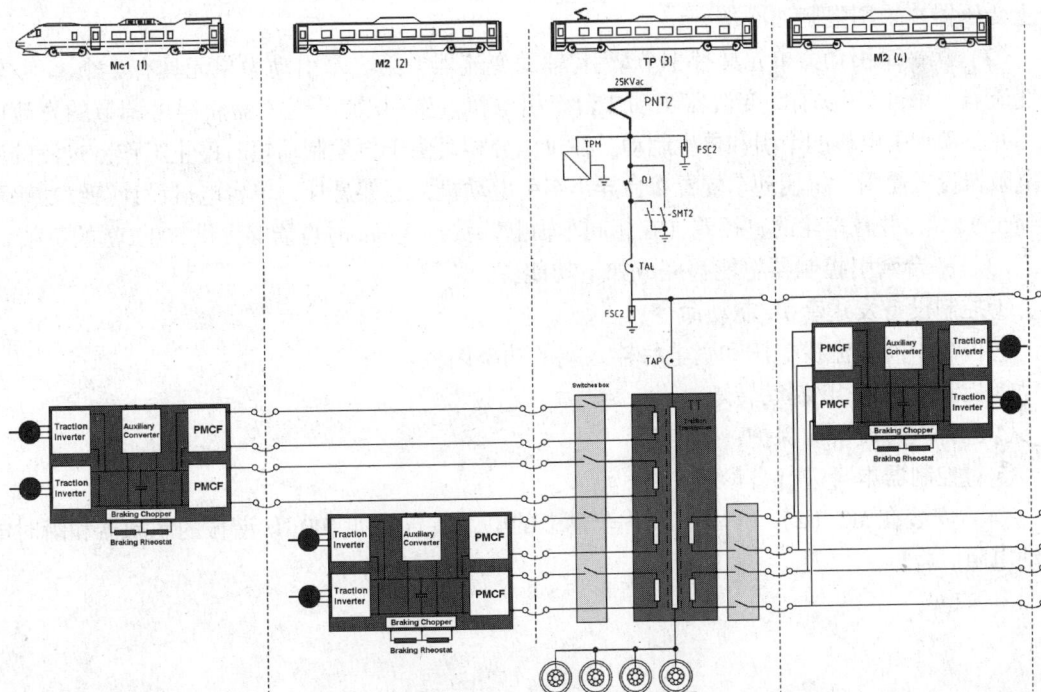

图 6-5　第一牵引动力单元原理示意图

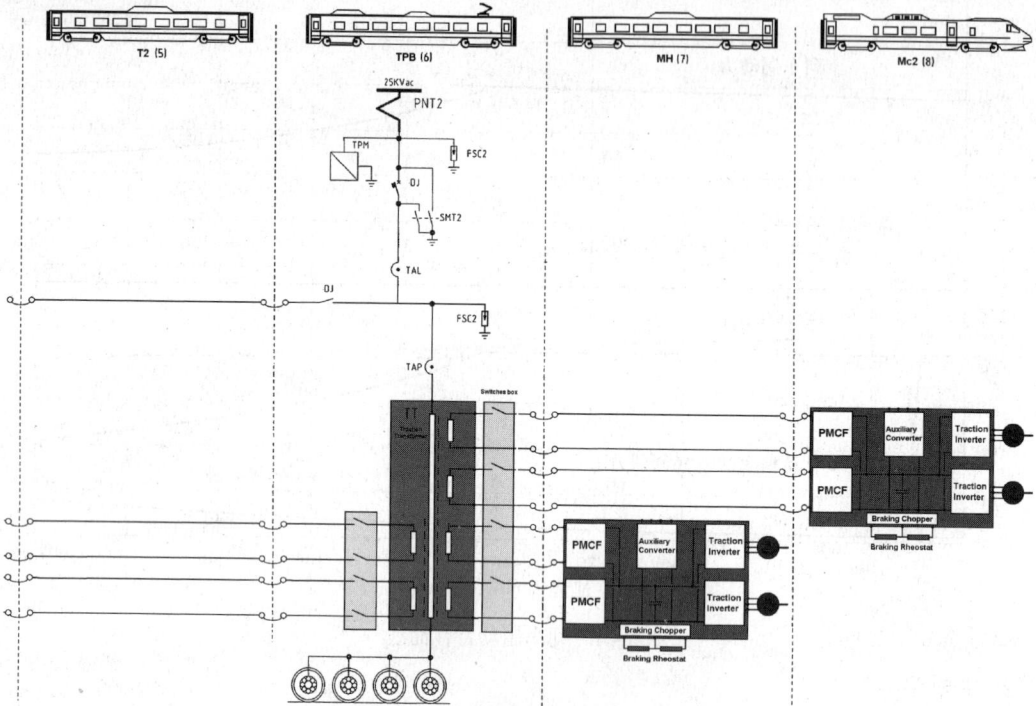

图 6-6　第二牵引动力单元原理示意图

每个牵引动力单元的牵引设备都由下列设备组成。

（1）高压电器单元具有受电设备、保护装置和主变压器，安装在 TTP 和 TTPB 车上。1 个主变压器，采用强制油冷却。

（2）第一牵引动力单元具有 3 个牵引/辅助变流器，第二牵引动力单元具有 2 个牵引/辅助变流器，每台牵引/辅助变流器驱动 2 台牵引电机。牵引/辅助变流器获得可调节的直流电压，并驱动牵引电机的牵引和再生制动。在过电分相时由于再生制动短时停止工作，过渡的制动电阻器投入使用。每辆动车配置 2 台异步牵引电动机，底架悬挂，单台电机设计持续功率可达到 550 kW，并且车轮的直径差（在相同车轴上）接近 3 mm 时也能够提供 500 kW 的负载。

（3）一台牵引控制器，能够完成如下功能：

①控制设备发送牵引/制动命令；

②控制中间直流线电压和受电弓输入端的功率因数；

③控制电机牵引/制动转矩；

④进行电力设备的保护；

⑤对控制器本身进行自诊断。

（4）安装在 M2（2）和 MH（7）车辆上的电气装置，如 100 Hz 谐振的制动器和瞬时电制动电阻。

【任务 6.2】 CRH₅ 型动车组牵引传动系统高压电器、牵引变流器及牵引电机

6.2.1　高压电器

高压电器从高架接触线路采集 25 kV 电流，为牵引设备和其他设施提供动力并进行高压系统的控制、检测和保护。这些电路位于 TP 和 TPB 车上，由受电弓、高压断路器、接地开关、避雷器等组成。

1. 受电弓

受电弓将接触网传送过来的能量引入到动车组为列车提供电能。每列车组需要 2 个 DSA250 型受电弓，安装位置在 TP[(3)] 车和 TPB[(6)] 车的车顶上。接触网和铁轨之间的距离最小为 5 300 mm，最大为 6 500 mm，适用于 250 km/h 的运行速度。受电弓的位置如图 6-7 所示。

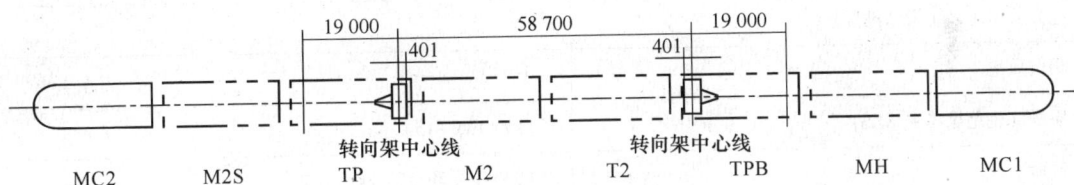

图 6-7　受电弓的位置

在正常操作中，仅使用一个受电弓，不执行互锁，即不在硬件状况下也不在软件状况下，阻止两个受电弓的升起。受电弓管理包括下列功能：受电弓选择、升起/降低命令、受电弓在紧急状况下降下、受电弓隔离、气动受电弓禁用，以及当列车接地时，受电弓锁定在低位处（三通阀）。

2. 高压断路器

高压断路器与接地开关集成在一起形成一个部件，起着切断主电路和主电路的接地保护作用。

高压断路器是按照 EN60077-1 和 EN60077-4 标准设计的，一个基本动力单元一个，并另设一个以便对两个受电弓进行隔离，全列共计三个。主断路器为真空型，额定开断容量为 440 MVA，额定电流为 1 000 A，额定断路电流为 16 000 A，额定开断时间小于 0.025 ~ 0.06 s，电磁控制空气动作。该断路器满足如表 6-1 所示的基本参数。

表 6-1　高压断路器基本参数

电极数	1 个常开
绝缘参考电压	25 000 VAC
脉冲电压	170 kV
连续标称电流	1 000 A
短路电流打开能力	20 kA

控制电路形式	电气
辅助触点数目	4 个常开 + 4 个常闭
标称电压	1 300 V
标称电流	1 000 A
频率	60 Hz – 50 Hz – 16 Hz 2/3 – 25 Hz
次序排列的标称断路电流	在 27.5 kV 下，16 kA，50 Hz
最大断路电流	在 27.5 kV 下，20 kA，50 Hz
标称断路电流	在 17.5 kV 下，25 kA，16 Hz 2/3
短路可承受电流	在 20 kA 50 Hz 下，20 kA 3 s
短路可承受电流	在 25 kA 16 Hz 2/3 下，25 kA 3 s
冲击试验电压	170 kV
电介质耐压（干燥和潮湿）	75 kV
相位数量	一个
质量（瓷绝缘体 + 38KS）	150 kg（135 + 15）
寿命	250 000 个循环/250 000 动作

正常情况下，VCB 连接到一个接地开关上。当接地开关在接地位时，所有电路的牵引流及再生流 VCB 接地。避雷针和铁素体元件可作为选件附加到底板上，用两个连接器进行低压连接，第一个（19 个通路）连接接地开关（38KS）的辅助触点，第二个连接电磁线圈、控制板和 VCB 的辅助触点，使用一个铜制接头将受电弓连接到上部 VCB 接头（当使用铁素体元件时，该接头连接到铁素体顺流端子上）。一个电源接头连接到下部 VCB 端子和主变压器上（上部端子），真空断路器集成在上部 VCB 绝缘体内部，在两个电源接头之间将断路器电力连接。它们也可作为接地开关的主要机械支撑。当电磁线圈通电时，下部绝缘体内的作动杆作为机械传动杆可关闭真空断路器的主触点。当线圈没有通电时，VCB 机构确保其处于打开状态。电控装置和辅助触点在底板之下。断路器基本结构见图 6 – 8。

断路器将列车高压电路从接触网进行隔离切换。断路器的关闭是通过控制电磁铁和其感应线圈动作来完成。电磁励磁是在切换之后（由设备内部的一个接触器完成），给设备内的电容充电大约 1 s。打开断路器可以通过给其感应线圈断电来完成。

关闭时：电磁铁向第 2 个作动杆提供机械力。第 2 个作动杆使用传动杆推动（第 1 个）作动杆（比率为 3）。作用在真空断路器触点水平位置的力确保 VCB 可以断开。对 9.1 mm 触点间隙的关闭速度为 0.5 m/s。

打开时：当电磁铁断电时，复位弹簧将打开主触点。打开速度约为 0.55 m/s。阻尼器用于平稳打开，并可以避免真空断路器波纹管的任何机械损伤。

在每个阶段过程中，辅助触点通过电气接口向列车监控系统通报 VCB 状态。如果主触点被卡住，则一个辅助触点提供信息。

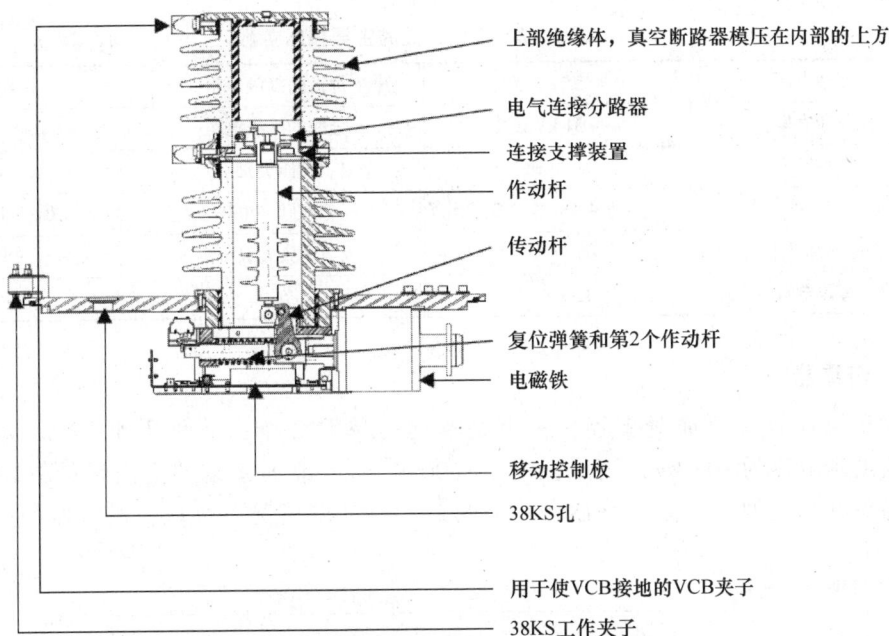

上部绝缘体，真空断路器模压在内部的上方

电气连接分路器

连接支撑装置

作动杆

传动杆

复位弹簧和第2个作动杆

电磁铁

移动控制板

38KS孔

用于使VCB接地的VCB夹子

38KS工作夹子

图 6 - 8　断路器基本结构

3. 接地开关

38KS 型接地开关与 22CBNG 型真空断路器（VCB）集成在一起，并且接地开关安装在真空断路器之前。短路耐压能力 40 kA 可持续 100 ms，总高度 580 mm（VCB 陶瓷绝缘体），质量 15 kg，手柄半径长度 191 mm，辅助触点电流 10 A。

一个基本动力单元 1 个，全列共计 2 个。与主断路器组合在一起，安装在车顶，为便于安全维护，接地开关装有联锁保护。车辆电路的接地开关见图 6 - 9。

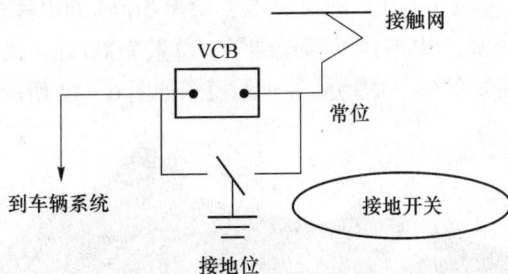

图 6 - 9　车辆电路的接地开关

接地开关是手动操作的，可将转轴旋转 90 ℃，接地杆可从其他位（在安全夹内）转动到接地位。最关键的是：当车辆受电弓升弓并带电时，或受电弓已升起但开关仍处在接地位时，不可操作接地开关。因此，设计接地开关时将两个安全联锁机构合为一体。接地开关配有一个联动钥匙系统，三个微动开关并成电气联锁装置，两个用于监控输入钥匙的位置，其余一个用于监控输出钥匙（作用轴）。接地开关的主要参数见表 6 - 2。

表 6 - 2　接地开关的主要技术参数

标称电压	25 kVAC	每极的接触电阻	0.5 mΩ
操作最大电压	31 kVAC	分配的绝缘电压	$U_{Nm} = 27.5$ kV
标称频率	50 Hz	过压类别	OV3
电压和频率范围	满足 TSI 规范要求	分配脉冲电压	$U_{Ni} = 170$ kV
接地的脉冲电压	170 kV	污染等级	PD4
短路电流	15 kA，1 s		

4. 避雷器

动车组安装有浪涌避雷器，一个基本动力单元 2 个，全列共计 4 个。额定电压为 31 kV，限制电压为 107 kV，满足标准 EN60099 - 4。浪涌避雷器上出现的故障（短路），由车载诊断系统通过电流互感器在相关断路器打开的情况下读取，避雷器的外形图参见图 6 - 10。

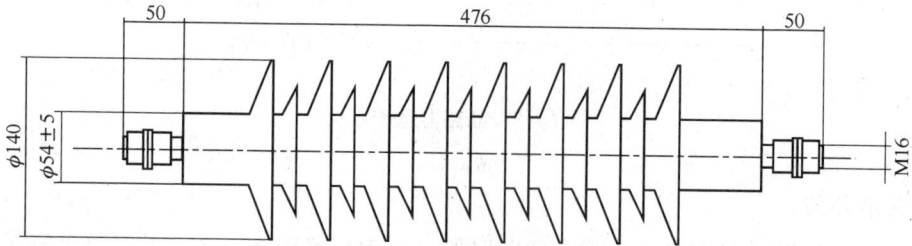

图 6 - 10　避雷器外形图

5. 牵引变压器

牵引变压器是动车组的重要组成部分，由受电弓接收的能量通过主断路器供给牵引变压器的初级绕组，将电压改变成 1 770 V 的交流电，给牵引/辅助电路供电。

整个变压器含网侧高压套管共有 14 个接线端子，总重 7 000 kg，最大外形尺寸为 4 124 mm × 2 465 mm × 685 mm，外形图如图 6 - 11 所示，原理示意图如图 6 - 12 所示。

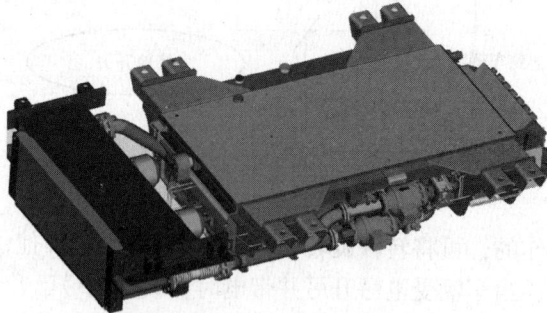

图 6 - 11　牵引变压器外形图

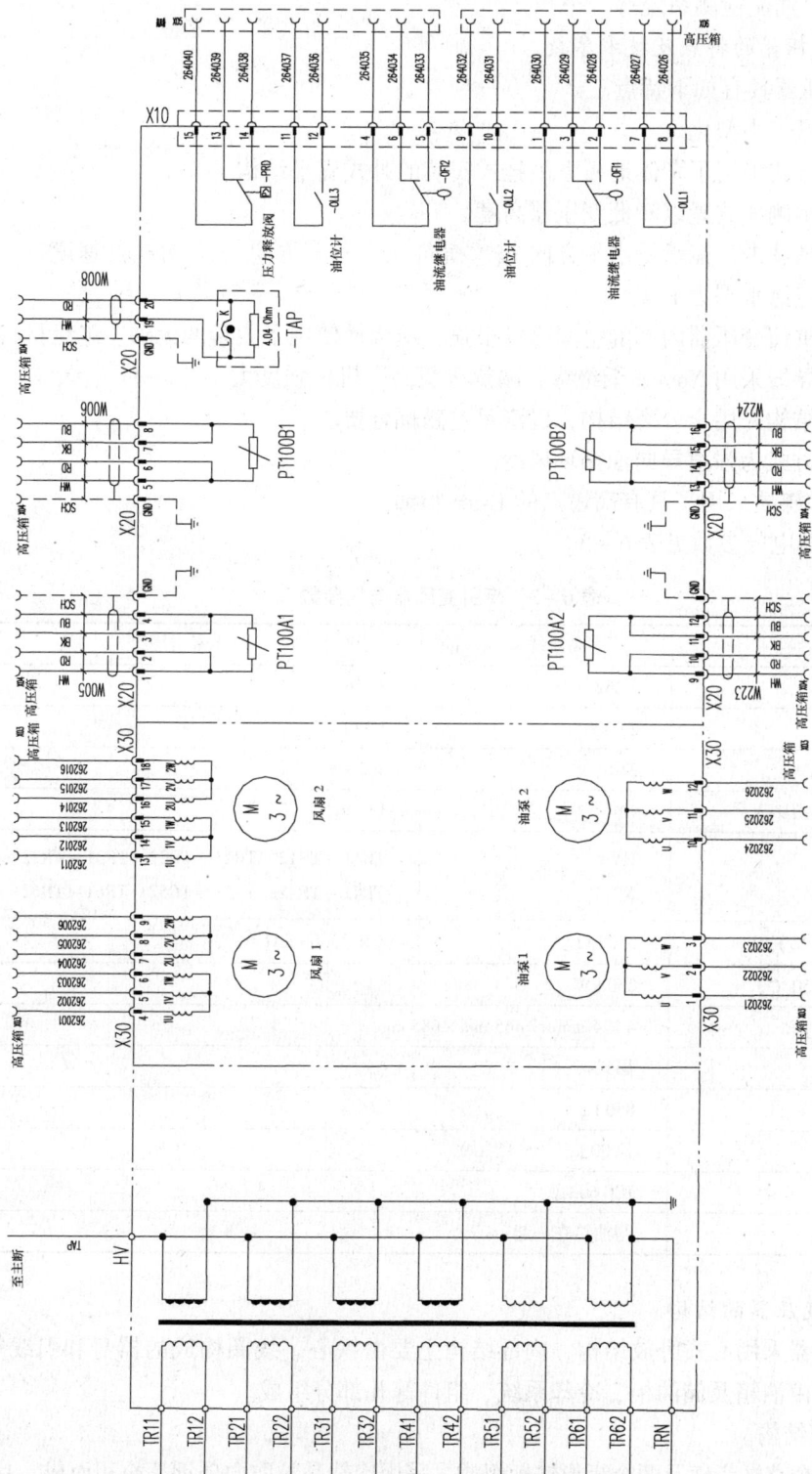

图 6 - 12　牵引变压器原理示意图

从图 6－12 可以看出牵引变压器内部除变压器的机芯外，还包括保证变压器进行正常工作的冷却系统、油流检测系统等。

1）牵引变压器的特点及技术参数

该牵引变压器具有如下特点。

（1）大容量、小型化。

（2）安装方式采用了车体地板下吊挂式安装的卧式扁平结构。

（3）储油柜侧面放置以降低变压器高度。

（4）耐机械冲击，能承受水平方向 $3g$、横向 $2g$、垂直方向 $1g$ 的冲击加速度。

（5）整体绝缘水平为 F 级。

（6）高阻抗使变压器内部的空间磁场很强，结构件使用了大量的无磁、绝缘材料。

（7）线圈导线采用 Nomex 纸绝缘，耐热等级高，机械强度大。

（8）绕组结构采用全分裂结构，以满足电磁耦合要求。

（9）冷却方式为强迫导向油循环风冷。

（10）冷却媒质采用了具有高燃点的 Ester 脂油。

牵引变压器电气参数见表 6－3。

表 6－3　牵引变压器电气参数

	高压绕组	牵引绕组
额定容量/kVA	5 262	8 776
额定电压/V	25 000	$1\,770 \times 6$
额定电流/A	210	495×6
施加的工频耐电压/kV	13	13
端子号	HV N	TR11－TR12　TR21－TR22　TR31－TR32 TR41－TR42　TR51－TR52　TR61－TR62
直流电阻（150 ℃）	3.02 Ω	6×55.08 mΩ
负载总损耗（150 ℃）	250 kW	
最大外形尺寸	4 124 mm×2 465 mm×685 mm	
线圈类型	层式	
油重	850 kg	
总重	7 000 kg	
相关标准	IEC 60310	
储油柜位置	与油箱在一起	

2）牵引变压器的结构

牵引变压器采用心式卧放结构。内部结构主要由铁心、线圈构成的器身和引线等组成，外部结构主要由油箱及储油柜、冷却系统、组件等几部分组成。

（1）内部结构。

铁心由两个心柱旁轭及两个矩形铁轭组成，采用冷轧晶粒取向硅钢片叠积而成，片间有耐热的绝缘涂层。心柱采用多级近似圆形的截面，外接圆直径 200 mm，有效截面积 288.84 cm^2。

为了适应卧式安装的要求，上下铁轭硅钢片冲孔并用穿心螺杆紧固，心柱使用苯乙烯塑料绑带绑扎，使之成为一个结实的刚体。铁心叠积图和装配图见图 6-13 及图 6-14。

图 6-13　铁心叠积图

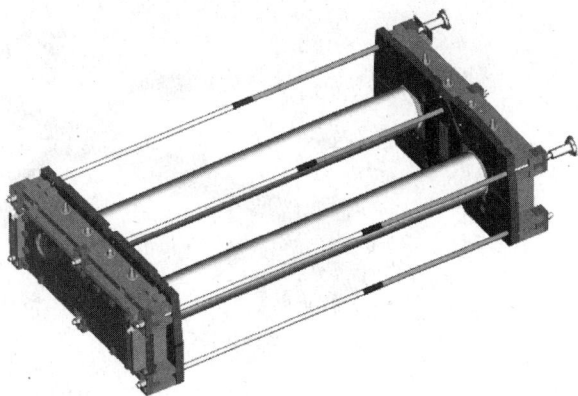

图 6-14　铁心装配图

线圈为层式结构，A 级绝缘等级，线圈有两柱，每柱有 2 段绕组，每段绕组都有由高压绕组、滤波绕组和牵引绕组组成的线饼，每个牵引绕组中都有和它自身对应的高压绕组，每个变压器共有 4 段绕组。从里到外的顺序为：牵引绕组、滤波绕组及高压绕组。线圈的绝缘部分由板材制成。每个绕组带有轴向的同心油道，这些油道用于优化冷却效果。绕组通过端环定位来保证位置的准确，以减少轴向短路作用力。为满足高阻抗的要求，线圈采用分裂式结构，所有线圈之间均采用退耦布置，4 个牵引绕组分别对应 4 个高压绕组（见图 6-15）。6 个独立的高压线圈分别与各自的牵引线圈耦合，实现了 6 个牵引线圈相互退耦，降低了绕组间的相互影响。

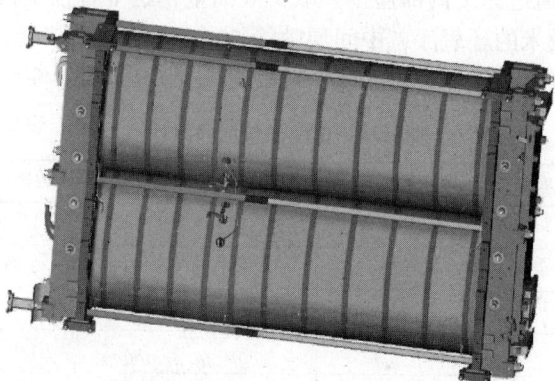

图 6-15　绕组布置图

引线结构紧凑（见图 6-16），顶部出线，占用空间少，引线采用铜排和圆铜棒，导体焊接采用含银材料。引线支架采用强度高的层压木板。原边高压引线采用 T 形头结构。二次接线端子采用接线端子结构，安装在变压器侧壁上。

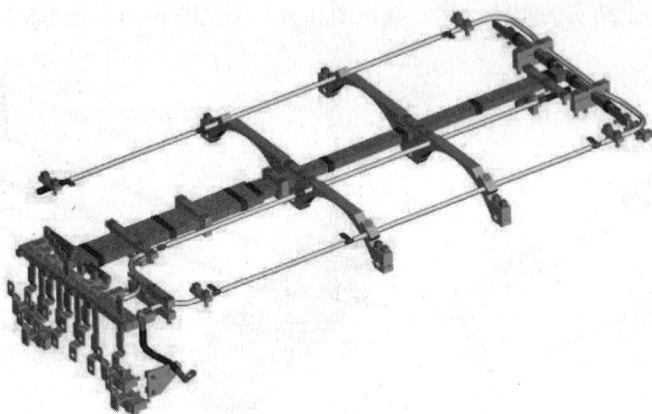

图 6 - 16　引线布置

（2）外部结构。

主变压器采用车体下安装形式，主要包括油箱及储油柜。它是一个钢制的焊接油箱。油箱在真空充油过程中能够承受一定压力。由于变压器要求大容量、小体积，同时还承受运行方向纵向 3g、横向 2g 加速度。因此，对变压器油箱最主要的要求是应具有足够的机械强度，在设计过程中油箱和箱盖均采用 ANSYS 软件对其进行了有限元分析，分析计算了油箱承受 76 kPa 的密封和压力试验，以及提高加速度后变压器的受力变形情况。钢板材料要求耐低温及高强度。几块不锈钢钢板焊接在箱壁上以切断高电流端子的磁场效应。箱盖直接焊接到箱体上，在箱盖上有一个排气孔，在油箱的下部固定有注油阀。油箱通过一个过压阀来保护。打开过压阀时，通过一个内部连接管减少溢油量，这个管位于箱盖下面。油箱喷涂共有三层，首先喷涂 50 微米的环氧漆，中间层喷涂 50 微米的聚亚胺酯，最后表面喷涂 50 微米的聚亚胺酯。储油柜侧面放置在变压器的一侧。变压器包括的附件如表 6 - 4 所示。

表 6 - 4　变压器包括的附件

中文名称	数量
冷却器	1
油泵	2
油位计	1
压力释放阀	1
开口铁心电流互感器	1
电火花放电器	1
PT 100 铂电阻	2
36 kV 630 A 高压 HV 端子	1
低压牵引端子	12
N 端子	1
吸湿器	1

6.2.2　牵引变流器

CRH₅ 型动车组的一套变流装置是引进阿尔斯通技术经国产化后的变流装置（牵引/辅助变流器 YGN2Q213），由 2 个四象限变流器（4QC）、2 个逆变器、1 个牵引控制单元（TCU）、1 个辅助逆变器、冷却系统构成，每个逆变器控制一台 568 kW 牵引电机，辅助逆变器向车载三相 400 V/50 Hz 用电设备供电。变流器的主要功能是将 25 kV/50 Hz 的单相交流电通过牵引变压器降压后，输出单相 1 770 V/50 Hz 的交流电，经四象限变流器得到 3 600 V 的中间直流电，再经逆变器输出电压、频率可调的 0 ~ 2 808 V 的三相交流电来控制每台电机；同时辅助逆变器从中间回路输入 3 600 V 直流电经斩波降压逆变后输出三相 400 V/50 Hz 的交流电，为辅助系统的设备供电。变流器由 8 个组件平台构成，它们分别是 2 个辅助组件平台、2 个牵引模块组件平台、2 个用户组件平台、1 个冷却组件平台、1 个电阻组件平台，8 个组件平台通过中央线槽连接形成一个整体。

1. 牵引变流器的特性

牵引变流器的特点如下：

（1）典型的模块化结构，主要由 8 个组件平台组成，通过紧固件连接；

（2）牵引/辅助变流器集成在一个箱体中，辅助回路输入电压来自中间环节；

（3）冷却方式采用水冷和强迫风冷；

（4）车底安装，防护等级为 IP54；

（5）采用最新的高压 IGBT（6 500 V/ 600 A）技术，中间直流电压在额定工况下为 3 600 V，采用矢量控制技术，多种 PWM 模式优化调制。

2. 牵引变流器的结构

本装置与车辆底板总成在一起，内部组成与功能如下：

2 个四象限变流器（4QC）并联，给 2 个逆变器和 1 个辅助逆变器供电。

2 个三相电压型两电平逆变器，分别给一台异步牵引电机供电。

2 个制动斩波器，当列车处于过分相区时，消耗来自负载的能量（制动阶段中的动能）。

1 个辅助逆变器，给辅助设备提供 400 V/50 Hz 的交流电。

1 个牵引控制单元（TCU），控制四象限变流器、制动斩波器、牵引逆变器的 IGBT 开关，以获得满足车辆牵引/制动性能要求的控制。

1 个辅助控制单元（ACU），控制辅助逆变器的 IGBT 开关，以获得 400 V/50 Hz 的三相交流电。

装置分通气部分和密封部分，把需要散热的冷却系统、变压器、滤波电抗器、电阻器进行绝缘隔离后安装在通气部；把有必要进行绝缘防止污损的部分安装在密封部。

辅助组件 1 主要包括辅助功率模块、辅助控制单元（ACU）、高频变压器和接口插座；辅助组件 2 主要包括斩波电感、滤波器、中压端子板、隔离开关、用于保护的开关组件；牵引模块组件 1 和牵引模块组件 2 的结构基本相同，主要由四象限整流模块、逆变模块、支撑电容和水冷回路接口组成；用户组件 2 主要由中间直流滤波电容器、端子板、传感器组件组成；用户组件 1 主要由牵引控制单元（TCU）、电压、电流传感器组件、接地开关、辅助隔离开关、高压隔离开关组成；冷却组件主要由水冷散热器、风扇、风道、水泵和膨胀箱组成；电阻组件主要由放电电阻、辅助滤波器组成。牵引变流器结构组成如图6－17所示。

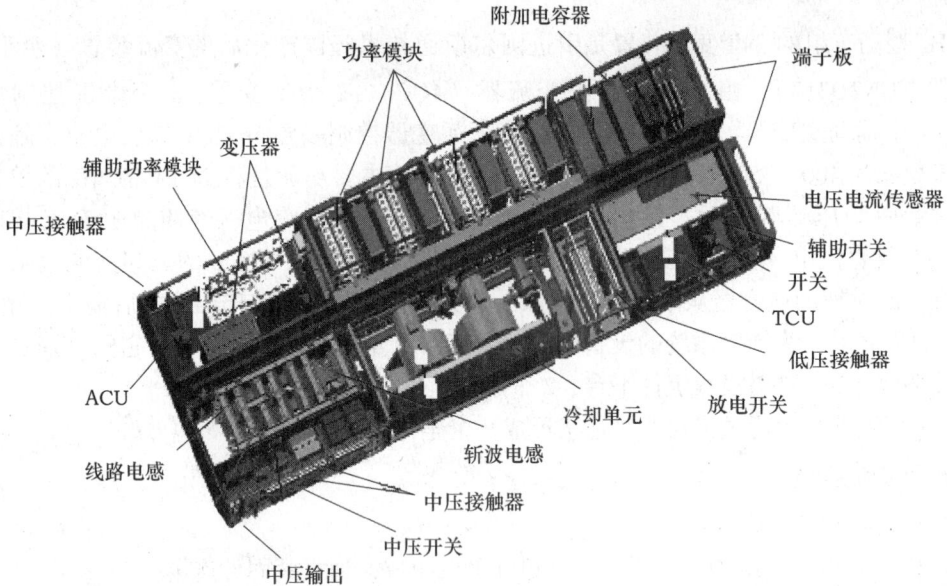

图6－17　牵引变流器结构组成

3. 四象限变流器工作原理及结构

四象限变流器的电气原理图如图6－18所示。由变压器次级绕组提供的两组单相交流电源1 770 V,经过接线端子10×01A（10×02A）、电流传感器TA2（TA1）分别进入四象限变流器模块4QCA（4QCB），经过对IGBT的PWM脉宽调制，将其转换为3 600 V DC。当变流器负载为牵引状态运行时，脉宽调制的电流相位、频率与网压一致，用以提供矢量控制的逆变器电源输入；当变流器负载为制动状态运行时，脉宽调制的电流相位与网压反相，频率与网压一致，实现将中间直流电路的剩余能量回馈电网，并保持中间直流电路电压稳定；由于采用PWM技术，可以实现主变压器次级绕组电压与电流同相位，功率因数接近于1。

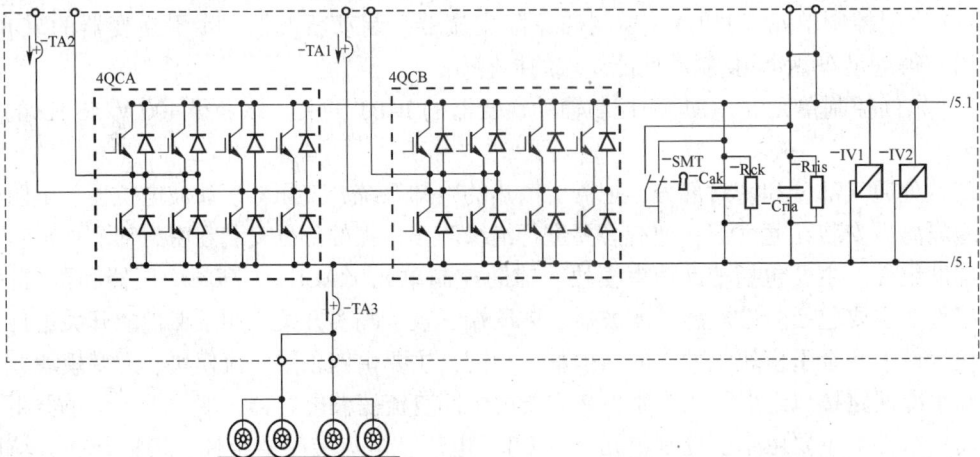

图6－18　四象限变流器的电气原理图

四象限变流器由一个电流传感器及一个四象限模块组成。四象限模块的 IGBT（具有反相并联二极管）采用双管并联的方式，其冷却液采用水乙二酸溶液，四象限模块的冷却方式采用水循环强迫式风冷方式。四象限模块的安装位置示意图如图 6 - 19 所示。

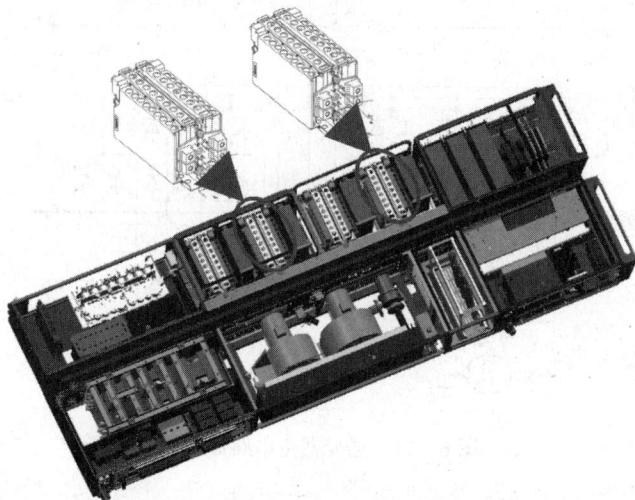

图 6 - 19　四象限模块安装位置示意图

4. 逆变器工作原理

逆变器部分的作用是通过 IGBT 的顺序导通关断，把直流电变换成电压、频率可调的三相交流电，简称 VVVF。采用新型高压 IGBT（6 500 V/600 A）元件，直流输入电压 DC 3 600 V。逆变器采用模块化设计，每个逆变电路由一个功率模块组成，包括 8 个 IGBT，其中 6 个组成两电平三相逆变器，1 个作为斩波器，1 个将栅极和发射极短路作为二极管使用，外形如图 6 - 20 所示。采用矢量控制技术，多种 PWM 模式优化调制。

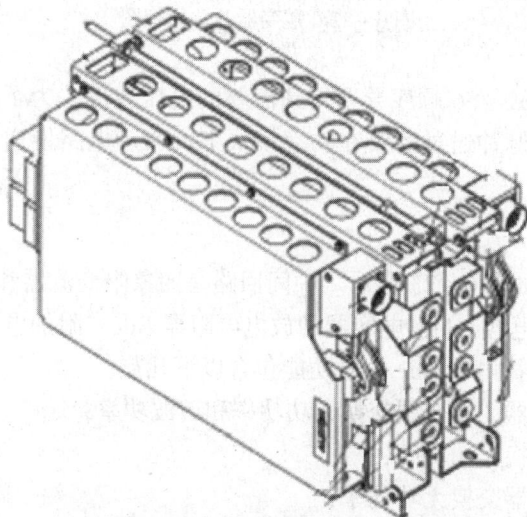

图 6 - 20　逆变器外形

逆变器主电路原理图如图 6 – 21 所示。

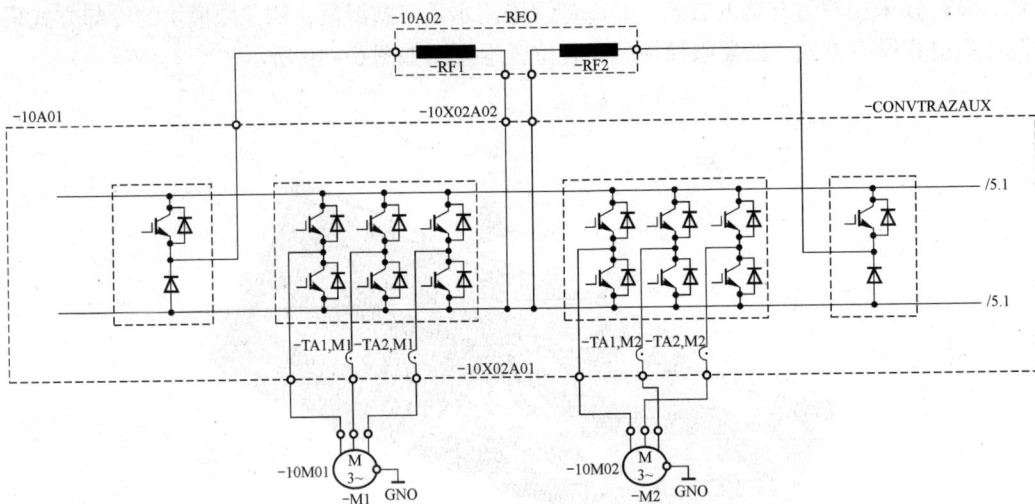

图 6 – 21 逆变器主电路原理图

如图 6 – 21 所示，三相逆变电路由 6 个带无功反馈的二极管的 IGBT 组成。逆变器开关原理图如图 6 – 22 所示。

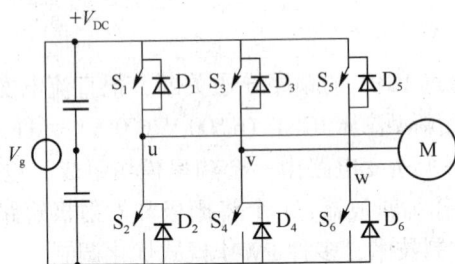

图 6 – 22 逆变器开关原理图

电路工作时开关管 S1 ~ S6 顺序导通得到需要的电压波形。为了能够驱动逆变器，需要由 TCU 发出控制脉冲，脉冲通过安装在功率模块上的驱动电路使逆变器工作。该逆变器的控制采用矢量控制方式。

5. 中间回路原理

中间回路的原理图如图 6 – 23 所示。中间回路是四象限变流器和负载端的逆变器之间的联结纽带，主要由支撑电容 Cdc、电容器的放电电阻器 Rdc、附加电容 Cris、放电电阻 Rris、接地开关 SMT 组成，支撑电容 Cdc 主要功能包含以下几点：

（1）与四象限变流器、逆变器交换无功功率和谐波功率；

（2）与牵引电机交换无功功率；

（3）与四象限电抗器交换无功功率；

（4）支撑中间回路电压，使其保持稳定。

由于采用单相脉冲整流技术，在牵引/辅助变流器的中间回路，势必存在二次谐波，如

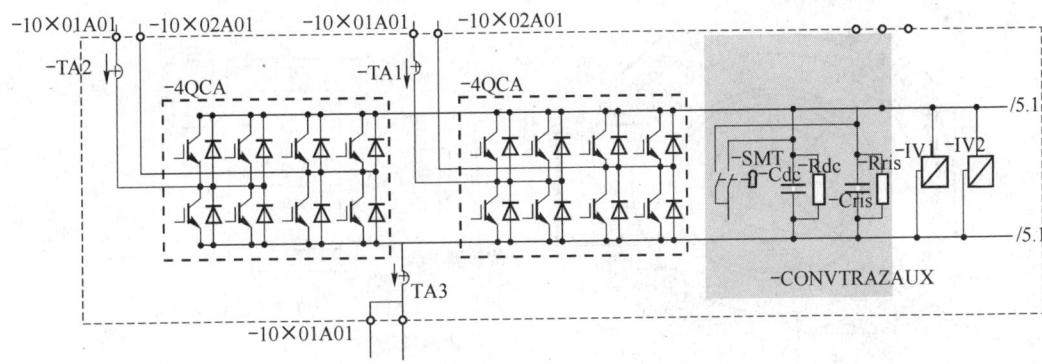

图 6 - 23　中间回路的原理图

果增加二次吸收回路，则势必增加变流器体积与成本，因而在该变流器内，去掉二次吸收回路，而增大直流侧支撑电容的值，以达到减少二次谐波电压的目的。

6. 其他

CRH₅ 型动车组的牵引/辅助变流器的功率模块适应 3.6 kV 等级的中间回路电压，包含两个电压型四象限变流器功率模块 、两个牵引逆变器/制动斩波器功率模块、一个辅助变流器功率模块。各功率模块在牵引/辅助变流器电路结构中的分布如图 6 - 24 所示。

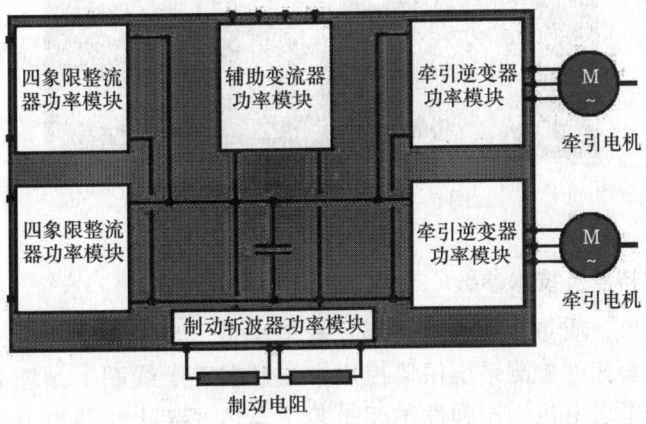

图 6 - 24　功率模块分布

6.2.3　牵引电机

列车上使用的电机是一种三相 6 极开启式强迫通风无机壳异步牵引电机。其外形图参见图 6 - 25，外形尺寸：宽度 828 mm，高度 680 mm，长度 1 070 mm，转子质量 480 kg，总重 1 613 kg。在预防性维护中可进行电机不落车检查。

每辆动车装有 2 个牵引电机。每个牵引电机由一个牵引逆变器供电，每列车 8 辆编组，列车上共有 10 个电机。6FJA3257A 牵引电机是一个三相鼠笼式异步电机，采用开启式强迫风冷。牵引电机的吊装图见图 6 - 26。

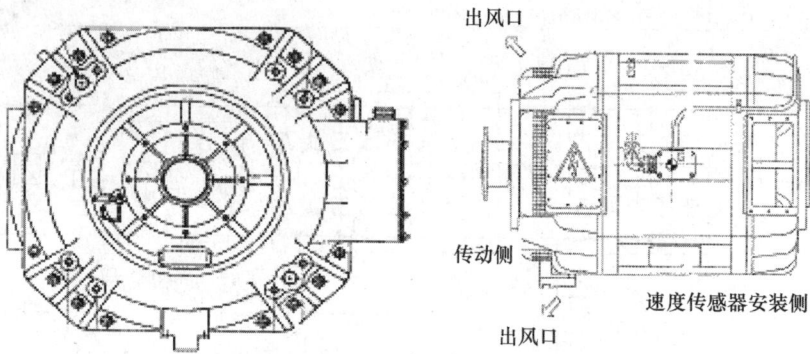

出风口
传动侧
出风口
速度传感器安装侧

图 6-25　牵引电机的外形图

图 6-26　牵引电机的吊装图

1. 牵引电机的特点及技术参数

该电机结构简单，质量小，性能可靠，故障率低，功率大，符合列车运行对电机的要求。电机安装一套速度检测系统供监控用，并且在定子线圈上预埋温度传感器用来测量电机定子温度，牵引电机采用弹性吊架吊装于车体底架上，通过万向轴与转向架上的齿轮箱连接。电机通过弹性悬挂固定在车体地板之下，通过空心轴连接至安装在转向架上的变速箱。

牵引电机通过前后端盖上的螺纹孔和带吊装弹簧的支架机械固定在一起，弹簧支架之间通过型材相连，构成矩形吊装结构，电机在安装时，整体向驱动端倾斜 1.5°。

电机与车辆的机械连接是通过带弹性悬挂装置的支架实现的。运动是通过一个适当的万向轴和变速箱向列车轮对传输的，见图 6-27。牵引电机和万向轴之间通过一个安全装置机械性连接，假设在牵引电机两相线圈之间发生短路，安全接头将会保护万向轴和齿轮箱避免过转矩。当过转矩时，安全装置中连接部分滑动，内部油压增大，剪切阀的顶部被打开，这时在安全装置内释放油压，这个过程在几毫秒内发生，释放后安全装置将会在轴上自由转动。

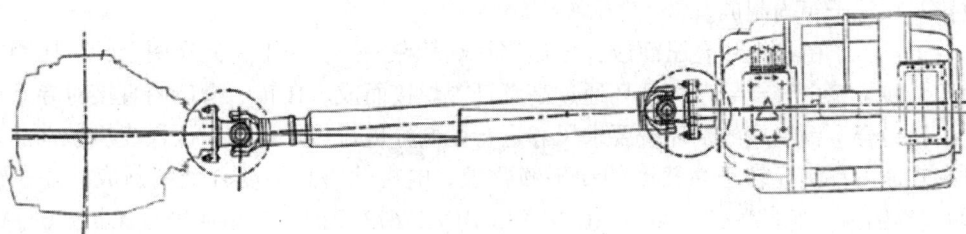

图 6 - 27　电机万向轴连接

该限制转矩的安全连接装置包含一套液压的转矩安装系统，通过调整液体压力，使输出转矩满足需要。

主要技术参数如下。

类型：异步，6 极，鼠笼；

持续额定功率：568 kW；

电压（相电压/线电压）：1 206/2 089.3 V；

电流：211.22 A；

转速：1 177 r/min；

频率：59.8 Hz；

转速范围：0 到 3 638 r/min ；

冷却方式：开启式，强迫通风冷却；

电源：三根电缆通过接线盒连接到电动机上；

连接方式：万向轴；

安装方式：纵向布置，通过两端盖固定在支架上，并悬挂于车体上；

定子机座：全叠片结构；

端盖 - 传动侧轴承：滚柱轴承；

端盖 - 非传侧端轴承：球轴承；

定子绕组接线方式：Y；

绝缘等级：200 级；

额定效率：93.5%；

功率因数：0.795。

2. 牵引电机的结构

牵引电机由定子、转子、轴承、端盖、传感器等部件构成，定子绕组与牵引变流器连接，接受电能和回馈电能。部分部件介绍如下。

定子：定子框架为焊接结构，由高强度低损耗的硅钢片叠压而成。由 8 根拉板分布在定子冲片的四周，焊接到定子压圈上。定子绕组由菱形线圈组成，线圈由扁铜导体绕成。导体外包聚酰亚胺"Kapton"薄膜。采用玻璃云母带连续绕包作为线圈地线绝缘。线圈嵌入定子槽内，定子槽绝缘采用"Nomex Kapton"。槽楔采用聚酰亚胺树脂浸润玻璃制成。嵌线完成后，通过高温铜点焊连接引线。之后采用不溶解硅树脂的 VPI 对整个绕组进行浸渍处理。整个绝缘系统可达到 200 等级的温升指标（对应于最大环境温度 40 ℃ 的 200 K 温升极限），电源接头在端子箱内制成。

转子：转子由硅钢片叠压而成，该硅钢片热套在一个套筒上，并在两个转子压圈之间进行叠压。转子笼由合金导条和端环通过高频钎焊焊接而成。在转子槽口内直接对导条进行镦压，由铬锆合金铜制成的端环按要求尺寸进行锻制并进行热处理以保证最终机械性能。电机在最高转速内都满足转子高精度的动平衡要求。电机轴由高强度合金钢制成，并在轴端有2%的圆锥倒角。通过一个"Cu Al 10 Ni F75 DIN 17673"护环对端环进行保护。6FJA3257A牵引电机转子轴是由经过锻造、硬化淬火和回火的合金钢制成，在锻造和粗车加工后，需要对轴进行机械和超声检查，在所有机械加工过程完成后对轴进行验磁检查。转子轴由适当的轴承支撑，可以承受一定转矩产生的应力，所有轴承均使用脂润滑，安装在带有阀门的气密壳体中，通过阀门可以排除多余的润滑脂。油脂可以通过端盖上的加油嘴进行补充。

外端盖：外端盖对电机部件起到保护、支撑的作用。

轴承：轴承更换周期为2 500 000 km，使用有高热特性的油脂将轴承绝缘并对其润滑。根据维护手册，润滑周期为120 000 km。

通风系统：6FJA3257A牵引电机采用开启式强迫风冷。通风装置在电机内部可产生内部气流。空气通过速度传感器外端盖上的2个进气口进入电机；2个带有过滤器的沟槽将空气从动车两端吸入。然后空气通过气隙，被引入定子和转子铁心中的孔，最终由风扇叶轮经由外壳传动装置侧面上的4个覆有保护网的口排出，见图6-28。额定性能以1 900 r/min情况给出，其流量为0.83 m³/s，压强为770 Pa。

图6-28　电机的通风

📋 任务单

任务名称	CRH₅型动车组牵引传动系统
任务描述	识别CRH₅型动车组牵引传动系统电器符号；熟悉CRH₅型动车组的主电路图及相关电器；画出CRH₅型动车组主电路简图。
任务分析	动车组牵引传动系统是高速动车组的主要部分，也是驱动列车行驶决定列车速度及性能的重要环节。动车组牵引传动系统的相关电路图是掌握动车组牵引传动系统的基础，也是发现牵引传动系统故障的基础，所以应该熟悉牵引电路中的各电器的基本结构、工作原理及经常出现的故障。

学习任务	【子任务 1】绘制 CRH₅ 型动车组牵引传动系统工作原理示意图。 【子任务 2】写出 CRH₅ 型动车组的牵引动力单元。 【子任务 3】简述 CRH₅ 型动车组主电路中各电器的作用。 【子任务 4】绘制 CRH₅ 型动车组牵引变流器工作原理图。
学习小结	

	项目	A—优	B—良	C—中	D—及格	E—不及格	综合
自我评价	安全纪律（15%）						
	学习态度（15%）						
	专业知识（30%）						
	专业技能（30%）						
	团队合作（10%）						
教师评价	简要评价						
	教师签名						

学习引导文

1. CRH$_5$ 型动车组原型车

1）原型车概况

CRH$_5$ 型动车组的原型车是 ALSTOM 公司为芬兰铁路开发的 SM3 型动车组，该动车组是 Pendolino 系列摆式列车家族中的一个成熟产品。其由 2 个牵引动力单元，6 辆车编组构成，是动力分散式摆式电动车组，适应芬兰铁路 1 524 mm 的宽轨轨距。每个牵引动力单元（如图 6 - 29 所示）采用 4 个牵引电机，编组牵引功率 4 000 kW，轮周牵引力 160 kN，最高运营速度 220 km/h，定员 325 人（包括两个残疾人座席）。SM3 型动车组可在运营需要时由短编组连挂成长编组，最大可由 3 个短编组组成 18 辆车的长编组投入运营。

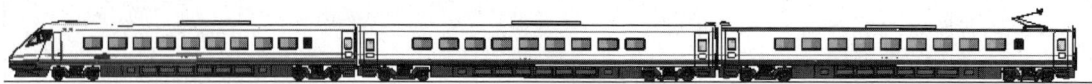

图 6 - 29   SM3 型动车组牵引动力单元组成图

1992 年芬兰铁路公司订购 2 列 SM3 型动车组（当时被称为 S220）作为样车，由 ALSTOM 公司设计，并提供全部散件，在芬兰组装，1995 年交付运营。1997 年芬兰铁路公司订购了 8 列 SM3 型动车组，该批动车组根据 1995 年交付的样车的运营情况作了适当的改进，全部在 ALSTOM 意大利塞维利亚工厂制造，2000—2002 年交付运营，2002 年芬兰铁路公司又追加订购了 8 列 SM3 型动车组，也全部在塞维利亚工厂制造，2005 年年底前全部交付运营。已上线运营的 13 列 SM3 型动车组已累计运营了 800 万公里，平均每列车每年运营 30 万 ~ 35 万公里，其中单列车最多已运营了 130 万公里。2003 年芬兰铁路公司将 1995 年交付运营的 2 列样车的车内装饰全部更新为同后续动车组相同的内饰。

SM3 型动车组由 2 个相同的"二动一拖"牵引动力单元（见图 6 - 29）组成，每个单元均为 2M1T（M + M + T）的结构。SM3 型动车组的 6 辆车分别为：1 辆一等座车、1 辆餐车和 4 辆二等座车。

一等座车客室座椅采用 1 + 2 布置方式，二等座车客室座椅采用 2 + 2 布置方式。餐车设用餐区和酒吧区，如图 6 - 30 和图 6 - 31 所示。带残疾人卫生间的车厢内设有两个残疾人座席。为适应寒冷气候环境，空调机组放在车顶部，在客室中央设有送风风道。在 3、4 号车上设有受电弓，动车组运行时采用单弓受流方式，另一个备用，在车顶设贯通的高压母线，分别向两个牵引动力单元供电。牵引传动系统使用交—直—交传动方式，主要由主变压器、牵引变流器、牵引电机组成。主变压器使用油冷方式，牵引变流器使用成熟的 GTO 技术。牵引电机的功率为 550 kW，采用体悬方式，由万向轴传递牵引力，转向架上只有齿轮箱，大大地降低了转向架的簧下重量，改善了动力学性能。

图 6 - 30　一、二等座车客室

图 6 - 31　餐车酒吧区和用餐区

2）原型车主要技术特征、用途

SM3 型动车组的主要技术参数见表 6 - 5。

表 6 - 5　SM3 型动车组的主要技术参数

编组型式	M + M + T + T + M + M
车辆数量	6 辆（1 辆一等座车，1 辆餐席车，3 辆普通二等座车，1 辆带 2 个残疾人座席的二等座车）
最高速度/（km/h）	220
适应轨距/mm	1 524
传动方式	交—直—交
动力配置	2 ×（2M1T）
牵引功率/kW	4 000
车体结构	中空铝合金挤压型材焊接结构
两端头车车辆长度/mm	27 650
中间车车体长度/mm	25 000
车辆宽度/mm	3 200

车辆高度/mm	4 100
车辆定距/mm	19 000
列车长度/m	158.9
空车重量/t	330
定员重量/t	364
定员/人	325
转向架数量	12
轴数	24
车轮配备	1A－A1＋1A－A1＋2－2＋2－2＋1A－A1＋1A－A1
轴重/t	平均轴重 15.2，最大 16.5
轮径/mm	890
受流电压制式	AC 25 kV，50 Hz
牵引变流器	GTO VVVF
牵引电机/kW	550
最大启动牵引力/kN	167
平均启动加速度（0~40 km/h）时/（m/s²）	0.40
200 km/h 时剩余加速度/（m/s²）	0.10
紧急制动距离（200~0 km/h）	1 600 m
制动方式	再生制动、空气制动
辅助供电制式	DC 1 500 V/3 AC 400 V
空调系统	车顶单元式空调机组

为适应芬兰极为寒冷的气候条件（－40~＋40 ℃），SM3 型动车组在耐寒、耐雪设计上进行了大量的改进，对车钩连接系统、转向架、受电弓、车下牵引系统均进行了特殊设计，使得动车组可以在 －40 ℃的外温条件下正常运行，在 －45 ℃的外温条件下可以存放，在 －25 ℃时可以启动运行，具有较好的耐低温性能。

图 6-32　摆式车辆转向架

3）高新技术采用的情况

（1）性能优良的转向架。

转向架属于 ETR 转向架系列，是摆式车辆转向架。配有世界上最先进成熟的倾摆机构。该转向架采用 SKF－TBU 锥形滚珠轴承，构架采用焊接结构。电动机向车轴的传动是通过齿轮箱和万向轴实现的，并采用空心车轴，有效地控制了簧下重量，经过动力学仿真优化的两系悬挂参数确保了转向架的优良性能，如图 6-32 所示。

（2）轻量化的铝合金车体。

车体与 Pendolino 系列的列车相同，采用大断面铝合金闭口型材、开口型材和板材制造，是当前国际铁路上最成熟的超轻量化铝合金车体结构之一。车体可承受的载荷为：

压缩载荷（车钩高度）：1 500 kN；

拉伸载荷（车钩高度）：1 000 kN。

为最大限度地减少辅助构件的焊接，底架型材的下部设有"T型槽"，便于固定底架设备并能增加底架的刚度。同样，侧墙和车顶型材也设置"T型槽"，以便安装绝缘材料、内装饰板和设备等。

（3）成熟、可靠的牵引系统。

SM3 型动车组由两个相对独立的牵引动力单元组成，每个单元由 2 个动车和 1 个带变压器的拖车构成，每个拖车安装一个受电弓，如图 6 - 33 所示。两个受电弓之间通过高压电缆并联。每个牵引动车配备一套完整的受电、牵引和辅助系统，使牵引电路和辅助电路实现冗余。每个牵引动力单元的牵引设备由下列设备组成：

①1 个高压单元：受电弓、主断路器和保护装置（安装在拖车上）。

②1 个主变压器：强制循环油冷却（安装在拖车上）。

③1 个牵引变流器：采用 GTO 技术，实现 VVVF 变频调速和再生制动，在过分相时可以为辅助供电系统提供不间断电源。

④4 个异步牵引电机：采用体悬方式，持续功率为 550 kW，在车轮的直径差为 3 mm 以上时也能够提供 500 kW 的功率。

⑤1 个牵引控制单元：能够获得控制设备发送的牵引制动命令。其作用是控制直流控制电压和受电弓输入端的功率因数，控制电机牵引/制动转矩，保护电力设备，以及对牵引控制单元本身和受控的电气部件进行诊断。

⑥安装在动车上的电气装置：如 100 Hz 谐振制动器和瞬间制动电阻。

图 6 - 33　防雪型受电弓

牵引性能如下。

平均启动加速度（0 ~ 40 km/h）：0.40 m/s²；

200 km/h 时的剩余加速度：0.10 m/s²；

220 km/h 时的剩余加速度：0.08 m/s²；

平均最大车轮 - 磨耗黏着系数：0.14；

爬行坡度（100%牵引力）：30‰。

（4）辅助供电系统。

每个动车组配备四台辅助逆变器，每辆头车和中间拖车各有一台。在正常情况下，每个牵引动力单元中的辅助供电系统由动车的辅助逆变器提供三相 AC 400 V 电源，当其发生故障时由拖车中的冗余逆变器提供电源。

辅助供电系统提供 6 根不同的馈电线：25kV 和 2.3 kV 的高压线；1 500 V 交流电线用于全车的电源传输；辅助逆变器为中压主负载馈线提供 380 V 三相 50 Hz 交流电（如主变压器、冷凝器电机风扇、空气压缩机电机等）；1 500/230 V 交流供暖变压器（每车一台）提供的 230 V 交流电（供暖和通风）等。

（5）制动系统。

动车组采用电制动和空气制动的复合制动。电制动在 25 km/h 以上速度工作，在接触网断电区实施电阻制动。电制动和空气制动采用连续工作方式，制动力的大小受司机制动手柄的控制。

动车组配备 2 个空气压缩系统，每个压缩机配备一套空气干燥系统。两根风管连通全车，其中，制动风管，用于空气制动的控制，压力保持在 5 kPa；主风管，用于向所有连接到空气系统的设备供风（如制动系统、集便系统、报警风笛、轮缘润滑装置、撒砂机、收放式车钩和车内门等），压力保持到 8 ~ 10 kPa。另为受电弓的升降各配备 1 台辅助压缩机。

制动控制有空气控制和电气控制两种，在实施制动时，操纵手柄动作会造成风管中压力的逐步减少，辅助风缸通过 UIC 分配器和继电器风门向制动缸加压。同时，一个电信号将通过电子制动控制单元发送给制动阀，造成制动管局部迅速排风。

动车组还设有微机控制的电子防滑装置和停放制动装置，旅客可以在车内实施紧急制动，但司机可以解除紧急制动的实施，以保证列车驶出不适合停车的区段。

（6）控制系统。

动车组控制系统为每辆车提供基于微机控制的多单元装置，执行如下功能。

①对速度调节进行闭路控制，调节电动机的转矩基准；

②受电弓自动指令和操作程序；

③断路器控制；

④司机台对线路电压和电流的测定；

⑤司机台对牵引/制动总作用力的测定，其绝对值还可用作牵引设备首次诊断电平；

⑥作为辅助变流器的启动程序和一级诊断；

⑦AC 400 V 负载连接顺序；

⑧冗余辅助转换器的管理；

⑨主压缩机启动指令；

⑩停车条件的解除可由两个司机室根据驱动方向的选择来进行，司机只有在处于工作状态中的司机室中时才能切除一个牵引动力单元。

2. 与原型车的主要差异

CRH$_5$ 型动车组和原型车 SM3 型动车组的主要差异对比见表 6 - 6。

表 6 – 6　CRH₅ 型动车组和原型车 SM3 型动车组的主要差异

	CRH₅ 型动车组	SM3 型动车组
环境温度	− 25 ~ + 40 ℃	− 40 ~ + 40 ℃
轨距	1 435 mm	1 524 mm
编组数量	8	6
编组结构	5M3T	4M2T
定员	622 人	325 人
转向架型式	非摆式	摆式
二系悬挂	空气弹簧	钢弹簧
牵引变流器	IGBT	GTO
牵引功率	5 500 kW	4 000 kW
电机冷却	强迫风冷	自然风冷
控制电压	DC 24 V	DC 110 V
制动系统	直通式 + 备用	自动式
空调机组	单元式	分体式
卫生间设置	一等座车一个坐式和一个蹲式卫生间 二等座车两个蹲式卫生间	每车一个坐式卫生间
饮水机	每车一个	无
司机室布置	单司机操作模式	双司机操作模式
适应站台高度	500 ~ 1 250 mm	500 ~ 760 mm
座椅排布方式	一等座车 2 + 2 二等座车 2 + 3	一等座车 2 + 1 二等座车 2 + 2

附录 A CRH380A 主电路图

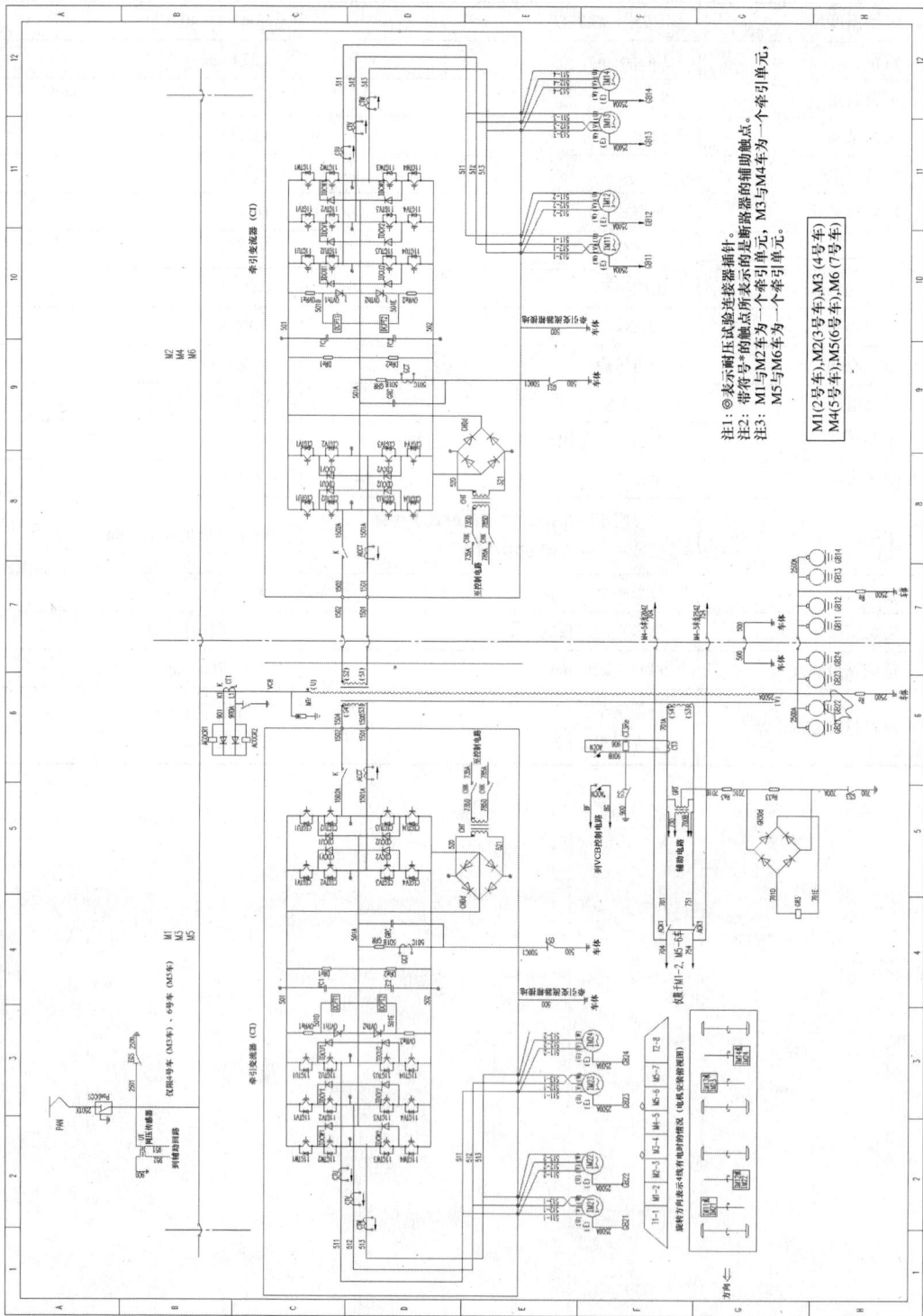

注1: ◎表示耐压试验连接器插针。
注2: 带符号＊的触点所表示的是断路器的辅助触点。
注3: M1与M2车为一个牵引单元，M3与M4车为一个牵引单元，
　　 M5与M6车为一个牵引单元。

M1(2号车),M2(3号车),M3 (4号车)
M4(5号车),M5(6号车),M6 (7号车)

174

附录 B 受电弓控制电路图

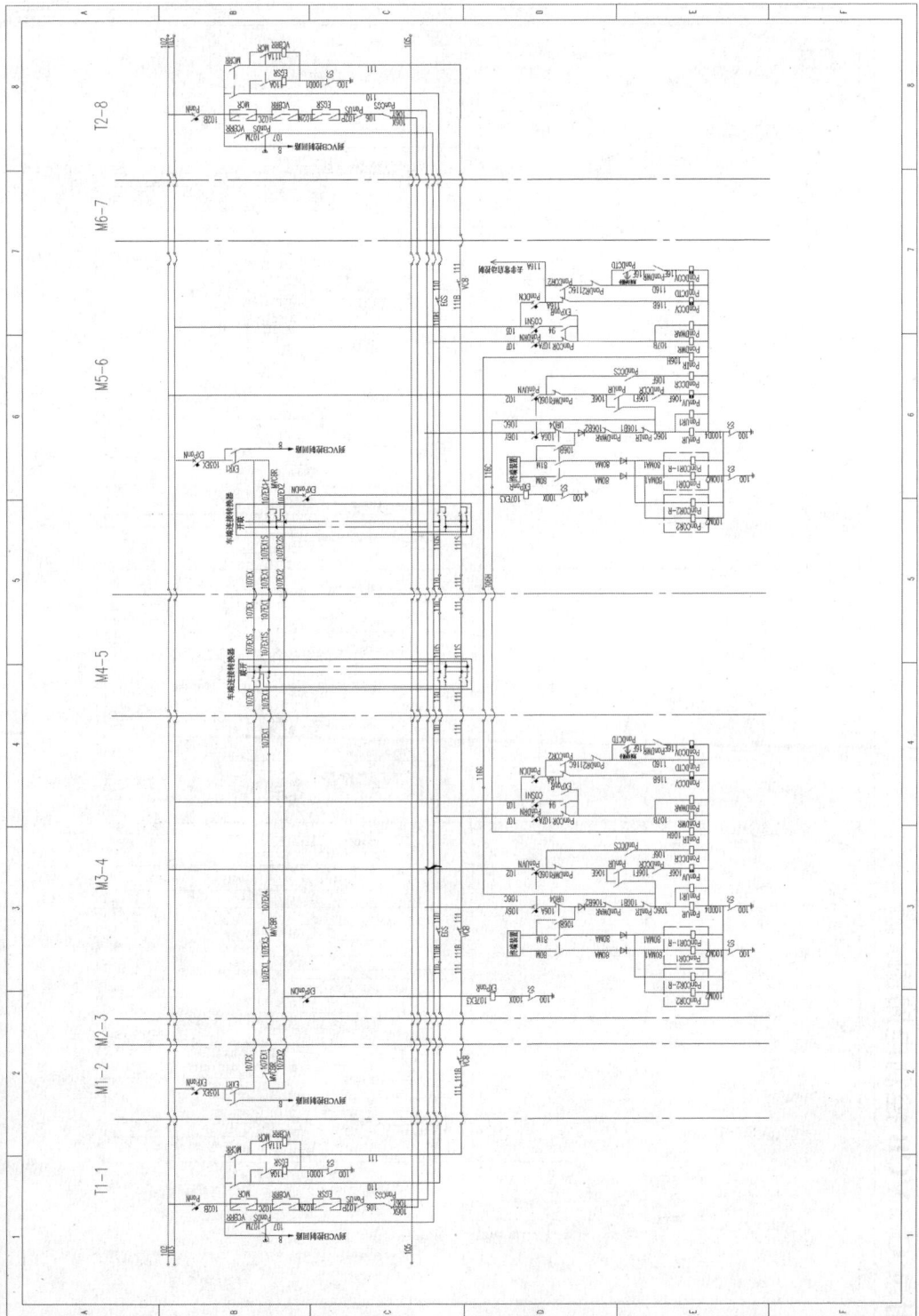

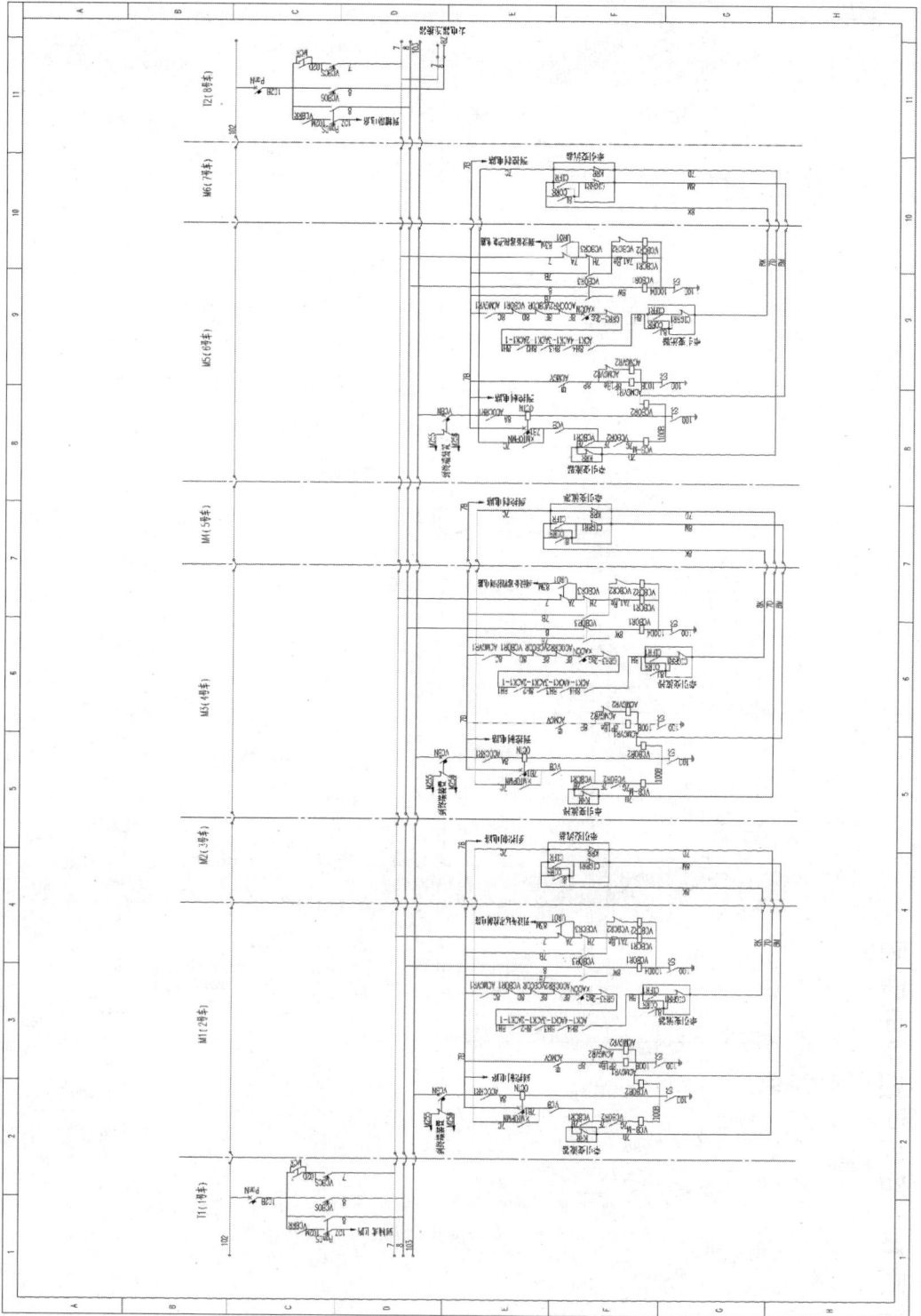

附录 C　VCB 控制电路图

参 考 文 献

[1] 张曙光. CRH$_1$型动车组 [M]. 北京：中国铁道出版社，2008.

[2] 张曙光. CRH$_2$型动车组 [M]. 北京：中国铁道出版社，2008.

[3] 张曙光. CRH$_5$型动车组 [M]. 北京：中国铁道出版社，2008.

[4] 胡汉春. 机车电传动与控制 [M]. 北京：中国铁道出版社，2012.

[5] 黄秀川，王峰. 动车组牵引与控制系统 [M]. 成都：西南交通大学出版社，2014.

[6] 郭世明. 机车动车牵引交流传动技术 [M]. 北京：机械工业出版社，2012.

[7] 刘文正. 城市轨道交通牵引电气化概论 [M]. 北京：北京交通大学出版社，2012.

[8] 宋雷鸣. 动车组传动与控制 [M]. 北京：中国铁道出版社，2012.

[9] 铁路职工岗位培训教材编审委员会. CRH$_2$型动车组 [M]. 北京：中国铁道出版社，2009.

[10] 张欣欣. 动车组运行控制系统 [M]. 北京：北京交通大学出版社，2012.

[11] 杜彦良. 现代轨道交通技术与装备 [M]. 北京：科学出版社，2012.

[12] 连级三. 电力牵引控制系统 [M]. 北京：中国铁道出版社，1994.

[13] 余卫斌. 韶山9型电力机车 [M]. 北京：中国铁道出版社，2005.

[14] 黄济荣. 电力牵引交流传动与控制 [M]. 北京：机械工业出版社，1998.

[15] 张龙. 动车组电机与电器 [M]. 成都：西南交通大学出版社，2009.

[16] 路小娟. 动车组控制技术 [M]. 成都：西南交通大学出版社，2011.

[17] 董锡明. 高速动车组工作原理与结构特点 [M]. 北京：中国铁道出版社，2007.

[18] 洪从鲁，张洪河. 动车组牵引系统维护与检修 [M]. 成都：西南交通大学出版社，2014.